2014年国家教育部人文社科规划基金一般项目
（体育科学类）（14YJA890006）

航空体育课程

模块构建

HANGKONG TIYU KECHENG
MOKUAI GOUJIAN

李金华◎著

科学技术文献出版社
SCIENTIFIC AND TECHNICAL DOCUMENTATION PRESS
·北京·

图书在版编目（CIP）数据

航空体育课程模块构建/李金华著．—北京：科学技术文献出版社，2017.12

ISBN 978-7-5189-3707-3

Ⅰ.①航… Ⅱ.①李… Ⅲ.①航空运动—体育教学—课程—教学研究—高等学校 Ⅳ.①G875

中国版本图书馆 CIP 数据核字(2017)第 299659 号

航空体育课程模块构建

策划编辑：曹沧晔　　责任编辑：曹沧晔　　责任校对：赵　瑷　　责任出版：张志平

出 版 者　科学技术文献出版社
地　　址　北京市复兴路 15 号　邮编 100038
编 务 部　(010)58882938，58882087(传真)
发 行 部　(010)58882868，58882874(传真)
邮 购 部　(010)58882873
官方网址　www. stdp. com. cn
发 行 者　科学技术文献出版社发行　全国各地新华书店经销
印 刷 者　三河市华东印刷有限公司
版　　次　2018 年 1 月第 1 版　2018 年 1 月第 1 次印刷
开　　本　710×1000　1/16
字　　数　339 千
印　　张　19.5
书　　号　ISBN 978-7-5189-3707-3
定　　价　59.00 元

前　言

进入21世纪,我国民航业取得了举世瞩目的成就,早在2005年中国就已经成为全球仅次于美国的第二大航空市场。特别是“一带一路”战略提出以来,我国民航又快速进入了国际化的阶段。然而,作为民航运输业“黄金资源”的飞行驾驶员的培养却远远滞后于高速发展的民航业。据美国波音公司和亚太航空协会预测,中国未来20年需要10万名民航飞行员,照此推测,我国每年需要培养5000名民航飞行员才能满足需求,而我国在整个“十二五”期间总共培养民航飞行员10312人(年均2062人)。目前,我国通用航空也正在崛起,据了解,目前我国在册通用航空飞行员数量不足4000人,通航专家预计,未来10年我国对通用航空飞机需求10000架,而飞行员的需求量将超过15000人。2016年5月25日,民航局发布了《关于进一步深化民航改革工作的意见》,就“十三五”期间民航业的改革提出了“以人为本、安全第一”的思路和目标,国家民航局前局长李家祥指出:“在安全保障链条中,人是起决定作用的核心因素。”飞行实践表明,在影响飞行安全的诸多因素中,飞行员的身体安全是第一位的。大量的飞行实践表明,体力是影响民航飞行员身体素质的一个最重要的因素,而随着飞行时间的不断增长,飞行强度的不断增大,对民航飞行员自身素质的评判需要从多个方面来进行,不仅包括身体素质方面还包括航空工作者的心理素质方面。因此,民航飞行大学生在普通的体育训练的基础之上要针对民航业对飞行员的要求做出具体的改变,使各种体育运动项目更加符合飞行大学生进行身体锻炼的需求,真正起到锻炼飞行大学生的飞行耐力、高空耐力、良好的空间知觉能力等的作用。作为民航飞行员重要输出基地的高校而言,面临的首要任务就是能够培养出身体合格、身心智和谐发展的优质飞行员。要实现和完成这一目标,航空体育课程构建无疑起着最为重要的作用。通过调研,对比反思近年来高校航空体育课程建设和运行实施情况表明,目前高校航空体育课程还没有真正从理论和实践层面上形成科学系统的课程体系,导致课程决策目标不够明确、运行管理杂乱无序、课程内容设置缺乏科学性,教学模式单一等诸多问题。正是基于上述原因,特撰写了《航空体育课程模块构建》一书。本书重点结合当前民航业对飞行员的身体要求和飞行大学生的实际需求,把航空体育课程诸多项目按照性质进行分类组合,形成五大模块,包括航空体育理论类模块、航空体育体能类模块、航空体育技能类模块、航空体育专项类模块、航空体育休闲类模块。五大模块既包含理论基石,又包含技能、体能提升,也包含当下流行的一些健身项目,同时也紧密地结合了飞行大学生身体锻炼需求。特别是书中介绍的一些练习方法,是作者几十年在教学训练中的积累。

本书第一模块——理论类模块主要对航空体育理论知识进行了阐述,包括航空体育简要概述、体育与航空体育、航空体育教育的特点、飞行员的生理特点与航空体育、航空体育运动时的能量供应、航空体育中的运动性疲劳及其恢复过程、航空体育的心理学基础、飞行学员飞行能力的培养、航空体育的运动保健知识等;第二模块——体能类模块主要介绍体能包含的内容及力量、速度、耐力、柔韧与协调、灵敏六大素质的概念及训练方法;第三模块——技能类模块主要对大球类、小球类、技巧、搏击4大运动体系的概念、基本技能、基本战术及训练方法进行阐述和介绍;第四模块——航空专项类模块主要针对飞行大学生未来所从事的飞行驾驶职业所必须具备的航空专项体能、素质及训练进行阐述,如固定滚轮、旋梯、浪木技术及训练方法等;第五模块——休闲类模块主要针对飞行职业相关的时尚项目,如定向越野、攀岩、团队拓展等进行阐述。

总体上看,本书内容全面,逻辑清晰,图文并茂,生动形象,同时注重将理论与实践紧密结合,具有较强的针对性,对培养身心智和谐发展的高素质民航飞行员具有一定的现实意义。

由于时间和能力所限,本书难免存在疏漏与不妥之处,恳请广大读者批评指正。

目　录
CONTENTS

第一章

航空体育课程理论类模块

航空体育理论主要是为指导飞行大学生运动实践而设立，结合民航业对飞行大学生的身体标准要求，根据高校飞行大学生需掌握的航空体育理论知识体系，使飞行大学生通过有效的学习，运用所学理论知识指导运动实践，并结合大学生生理、心理、年龄特点和未来需求，整合航空体育和大学体育的结合点、相容点，将基础航空体育的理论与运动健康、运动能力的培养等内容规整融合，形成航空体育理论模块，内容包括航空体育基本概述、航空体育与身心发展、航空体育与运动技能的培养、航空体育与运动保健、航空体育与飞行体能(具体模块构建见图1－1)。

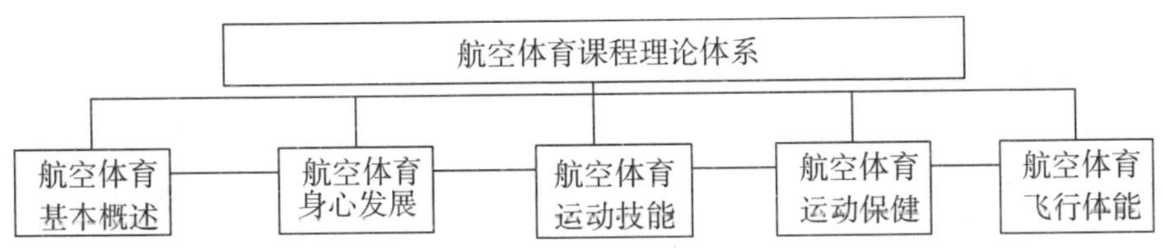

图1－1　航空体育课程理论模块

第一节　航空体育的基本概念

一、航空体育基本概念界定

航空体育课程是我国高校面向民航专业高校或普通高校设有民航类飞行技术专业大学生开设的一门必修课程，其主要目的和任务是发展飞行大学生在飞行过程中特有的专项素质和技能。它区别于普通大学生的大学体育课程，不仅内容涉及广泛，还要根据行业要求设置专项课程。航空体育课程源于航空体育，而航空体育又有广义和狭义上归属。广义的航空体育早期又叫体育航空，它是指人们利用航空器或其他航空专业器械在空中或者地面上进行的系列有益于身心健康和具有观赏性、娱乐性的体育活动。而狭义的航空体育则隶属于教育的范畴，是以高智能信息技术于一体的飞机对飞行员飞行体能的高要求为基础，以促进飞行员飞行驾驶技能的形成，提高飞行质量，确保飞行安全，延长飞行寿命为主要目的，对飞行大学生实施以身体教育、训练（包括航空体育专项器材训练）为主要内容的一系列提高身体机能、身体素质和航空飞行特殊体能等的教育活动。因此，从航空体育教育属性视角立论，把航空体育课程定义为：以各种身体练习为主要手段，通过系统、科学、合理的体育教育、教学、训练、锻炼过程（包括航空体能专项训练），以提高飞行大学生的各种身体素质和体能，促进飞行技能形成主要目标的一系列教育活动，它是学校课程体系的重要组成部分，是寓促进飞行大学生身心和谐发展、运动技能与体能、飞行体能与运动习惯养成、运动营养与体质健康、飞行安全与飞行寿命、团队协作与意志品质教育等于一体的教育过程。它与普通体育课程的最大区别在于教学、训练、锻炼内容的设置与未来职业对身体体能的要求更加密切，除发展一般身体素质外，更加注重通过滚轮、旋梯、浪木等航空专项器械训练来发展职业要求的飞行耐力、高空耐力、前庭耐力、平衡协调等能力。

二、航空体育课程教育的概念及内涵

随着社会的进步和人类文明程度的提高，体育早已成为现代人生活中的重要组成部分，而对于能够接收到体育教育的人来讲，其意义和作用更是不言而喻，它在传授运动技能的同时也在传播体育文化，现代人不仅可以从中掌握体育与健康的知识，而且可以完善素质教育的内容，使人们牢固树立“健康第一”的理念，使其终身受益。航空体育课程由于其独特的教育性也同样属于体育教育的范畴，航空体育课程教育不仅可对从事航空事业人员进行更深层次的教育，而且对促进航空从业人员身心智和谐发展中进一步得到进步和升华。民航飞行实践表明，一名优秀的民航飞行员，他首先必须是一个健康的人，另外，飞行职业所需要的飞行体能、飞行心理、飞行智力也必须具备，且达到三者的高度融合。而这些特殊素质的获得正是通过航空体育课程教育来实现的，因此，航空体育课程的有效实施与运行对我国培养优秀飞行员起着至关重要的作用。

随着民航飞行器智能化的不断提升，在高端技术条件下，民航飞行员必须具备良好的飞行体能——强壮的体力（力量、耐力、速度能力）、飞行耐力（抗飞行疲劳能力）、前庭耐力（抗晕机能力）、高空耐力（抗缺氧和低气压能力）、灵敏与协调和反应迅速的能力、时差适应力(抗生物节奏紊乱、适应夜航能力)、良好的空间知觉能力、注意力分配广与转移快的能力,以及情绪稳定性,果断、勇敢,意志坚韧、思维的敏捷性及有效性,良好的记忆力等能力。这些飞行体能素质的提升,都必须通过航空体育课程来实现。

20 世纪 50 年代,由于整个航空技术欠发达、高新技术含量较低、信息化程度不高,因此,飞行员的体力就成了飞行体能素质的关键因素。进入 21 世纪,高新技术被广泛应用到飞行领域中。随着飞行器设备的高新技术密集,飞行时间越来越长,飞行强度越来越大,对飞行人员飞行技能的要求不断提高,由此,体能、智能、心能、技能的相互渗透和融合就成为优秀飞行员的基本要求。国内外飞行实践证明,飞行员的飞行已发展成为"脑力—体力—心力"的综合活动。因此,构成飞行员飞行体能素质的关键要素也发生了质的变化,航空体育课程也已发展成为一门覆盖体育学、生理学、心理学、航空医学、保健康复、航空环境生理学、时间空间生物学等交叉性极强的综合性课程。

因此,在高度信息化和高技术的航空飞行领域,现代航空体育教育不同于一般及竞技体育领域所指的体育教育概念,而是被赋予了特殊的内涵。现代航空体育的基本内涵就是为提高飞行员必须具备的航空体能素质和飞行技能而对飞行员开展的体育教育活动。可以说,现代航空体育教育是指以高信息化、高技术在飞行技能中的含量大大增多的情况下对飞行员航空体能要求为牵引,以促进飞行技能的形成、提高飞行质量、确保飞行安全、延长飞行寿命为主要目的的体育教育。因此,对飞行员航空体育的概念和内涵的正确认识以及不断强化体能训练和体育教育的意识与工作,在对进一步提高飞行质量,保证飞行安全具有重要的战略性意义。

三、航空体育与飞行人员的职业关系及作用

民航飞行员是一种特殊的职业,由于职业的特殊性及其本身具有的特点,决定了民航飞行员的工作环境在天空而不是地面,因此,对民航飞行员的身体储备提出了很高的要求,只有具备良好的飞行体能,才能胜任和良好的完成飞行任务。因此,要求飞行员不仅能够准确的判断和处理高速飞行中所出现的各种变化多端的复杂情况(天气、气流等),同时还要抵抗因飞行中连续颠簸、摇晃、噪音等因素引起的"晕机"症状。除此之外,飞行员还必须具备对抗长时间飞行疲劳的能力。因此,在身体素质、体能的要求上,对从事民航飞行工作的飞行员的要求与从事其他行业的人员有很大差异,即必须具备特殊的飞行素质。从总体上看,从事民航

飞行员必须具备以下方面的身体素质:适宜的前庭耐力,灵敏、协调、反应迅速的能力,长时间飞行耐力及对航空环境变化的适应能力。以上这些能力的获得对于民航飞行员来讲至关重要,它对飞行员能否熟练驾驭飞机并保证飞行安全有着直接的关系。而航空飞行体能必须通过系统的训练和锻炼才能有效地获得。因此,对飞行人才实施航空体育训练和锻炼对于飞行职业者都具有十分重要的意义。

四、航空体育教育的特点

(一)紧扣飞行职业培养目标重点开展航空专业器械课程

航空体育教育内容的设置是以培养航空飞行人员为特定目标的,因而航空体育教育是针对航空飞行人员所进行的一项特有的素质教育。航空体育教育的培养目标决定了其不仅是培养全面发展的现代人而更重要的是为培养和塑造适应现代航空事业发展的合格的飞行人才服务的。一名优秀的飞行员,不仅要具备现代化的文化科学专业知识,同时还必须具备良好的身心素质,通过航空体育教育就可以达到这一要求。航空体育教育过程具有十分鲜明的特点与作用。航空体育教育的重要方法和手段是航空体育专门器械练习。航空体育专门器械课程主要包括:旋梯、旋转秋千、浪木、活动滚轮、固定滚轮等。

1. 活动滚轮练习

活动滚轮练习根据参与人数的多少可分为单人练习和多人练习。单人练习是练习者主动在活动滚轮器械上变换各种动作而进行的滚动练习。多人练习是指学生在单人练习的动作基础上,通过协调配合而进行的组合练习。

活动滚轮练习在航空体育专门器械练习项目中深受学生欢迎。此练习动作内容丰富、精彩、优美,具有挑战性、艺术性、技巧性,与航空从业人员及青少年生理、心理特点非常相符,另外,在对培养学生的灵敏协调能力、协调合作能力及良好的心理素质都具有重要的作用。

活动滚轮练习的动作内容包括:挂足前后滚、挂膝后滚、支撑前滚、侧滚、踏环侧滚、穿杠前滚、燕式前滚、骑撑前滚、前螺旋滚等。

2. 固定滚轮练习

固定滚轮练习是指练习者在固定滚轮器械上,主动进行左右侧转、前后转、前后卧转、挂足前后转等练习。此项目的运动特点是转动速度快、离心力较大、对人体前庭器官刺激比较大,因此,经常锻炼对提高飞行人员的前庭耐力有很大的作用。

3. 旋梯练习

旋梯练习是指练习者在旋梯器械上所进行的前后回环练习。此项目分为站立前后回环和坐杠回环两种练习。其主要的运动特点是旋转速度快、离心力大，常年进行锻炼对提高神经系统对心血管系统的调节机能有很大效果，进而增强飞行人员的抗正反负荷的能力。

4. 旋转秋千练习

旋转秋千练习是指练习者在旋转秋千器械上主动进行的回环、旋转运动练习。旋转秋千练习具有旋转速度快、离心力大的特点，可以从多角度运动刺激人体的平衡器官，因而能够有效地提高人体在空中环境里的适应能力。

5. 浪木练习

浪木练习是练习者在浪木器械上利用浪木的晃动所进行的各种跳跃、前后走动、转体等运动练习。浪木练习运动的特点主要是提高人体的平衡能力。

6. 弹跳板练习

弹跳板练习是练习者利用弹跳板起跳而进行的各种跳跃、腾空、转身等运动练习。其运动特点主要是锻炼人体的灵敏、协调能力。

(二)强化航空体育意识和终身健身健康意识

1. 加强航空体育意识

在现代高技术条件下，飞行员必须具备强壮的体力(力量、耐力、速度能力)、飞行耐力(抗飞行疲劳能力)、前庭耐力(抗晕机能力)、高空耐力(抗缺氧和低气压能力)、灵敏与协调及反应迅速的能力、时差适应力(抗生物节奏紊乱、适应夜航能力)、良好的空间知觉能力、注意力分配广与转移快的能力，以及情绪稳定性，意志坚韧、果断、勇敢，思维的敏捷性及有效性，良好的记忆力等能力。飞行员的第一生物学素质是航空体能素质，它是构成飞行员整体素质的一个重要方面。因此，在促进飞行技能的形成、提高飞行质量、确保飞行安全、延长飞行寿命等方面现代航空体育具有重大的意义。所以，树立良好的航空体育意识，充分认识航空体育与飞行职业的密切关系，把接受航空体育教育、加强体育锻炼变为更加积极的行动，是一名从事现代航空事业人员必须具备的素质。

2. 航空体育锻炼是飞行人员终身健身健康的需要

高校航空体育对培养合格的民航飞行员具有至关重要的作用。飞行大学生能否保持良好的身体机能水平，将直接关系到能否保证飞行安全、延长飞行寿命。因此，成长起来的飞行员也必须进行终身的航空体育锻炼。另外，一名成熟的飞行员多进行一年的商务飞行，在现代市场经济条件下所创造的经济价值是不可估量的;相反,其遭受的损失也是巨大的。由于飞行职业特点对飞行员身体素质的特殊要求,航空体育教育应是终身教育。对于任何一名飞行职业者来讲,只有进行长期的航空体育训练才能保持良好的体质和高水平体能(空军战机飞行员其要求将更高)。现役飞行职业者要牢固地树立"健康第一"的指导思想,无论其飞行任务有多紧张,无论是否年轻,都必须坚持常年的航空体育锻炼。航空体育对任何一个飞行员的作用和影响都是终身的。

(三)航空体育教育对提高现代飞行员素质和能力的作用

1. 正确认识航空体育对培养现代飞行员能力的重要作用

随着现代航空飞行领域的高度信息化和高新技术化,现代航空体育也被赋予了新的内涵。它与一般的体育及竞技体育有着不同的体育概念,更不是一个狭义的提高体能的过程,而是为飞行员在空中飞行的飞机驾驶舱里这种特殊环境下,要完成各种长时间、大强度、高标准的飞行任务所必须进行的综合生物学、人体生理学、人的因素、时间生物学、运动训练学等多学科的素质教育过程。在现代的飞行领域中,随着高新科学技术的发展及其在飞行领域的广泛应用,以及现代航空器中高新技术的密集,从而要求飞行员不仅要具备强壮的体魄,而且要满足越来越高地对飞行员的整体素质的要求,飞行驾驶已发展成为"脑力—体力"的综合活动。因此,构成飞行员飞行的综合素质也随之发生了变化。航空体育已逐步发展成为覆盖航空心理学、航空航天医学、航空环境生理学及时间生物学等学科,形成交叉性极强的综合性应用学科。在培养飞行员的飞行能力及综合素质等方面有着十分重要的战略意义。

2. 树立航空体育教育科学发展观

(1)航空体育教育具有鲜明的职业特色

航空体育教育的内容构成立足于航空飞行实践,一切从飞行技能的形成、飞行质量的提高、飞行安全的保障和飞行寿命的延长出发。航空体育对运动能力的提高是基于满足飞行实践的要求。例如,通常情况下,以健身为目的或以竞技为目的的体操项目,会选择姿态优美、动作难度较小的内容;而航空体育中以提高飞行员的前庭耐力为目的的体操项目,无论是单杠、双杠,还是垫上运动等,均会选择与滚翻、翻转和旋转等有关的技术动作。

(2)航空体育教育的效果与飞行技能的形成具有高度相关性

体育具有健身、教育、政治、经济、调节社会情感等多种功能。体育运动功能的提出是基于体育运动的动作能在客观上产生以上诸多的效果。然而,体育运动的动作大多需要进行一些转化过程,有的还需要较长的时间,才能产生效果。并且同一个体育实践可能产生多种不同的效果。而航空体育教育却并非如此,经过多年的教育和训练实践以及深入的研究发现,航空体育教育实践效果好的飞行员其飞行技能也十分优秀,两者呈正相关关系。也就是说,它的实践效果对飞行技能和飞行能力有着直接的影响。

(3)航空体育教育的实践过程具有高度的自觉性和严格的强制性

从认识的宏观和微观层次上看,体育与人类的衣食住行没有直接的硬性关系。因此,人们多是在有余暇时间才去参与体育活动。而飞行员的航空体育教育却不一样,飞行员在神圣的责任感和使命感的驱使下,在飞行职业特点的要求下,投身于航空体育训练具有明显的自觉性和主动性,不管在任何时候度都不能削弱航空体育训练规定的强制性。整个航空体育教育过程是严格的、严肃的,它不会因为参加者的兴趣爱好而转移,无论自觉与否,都必须参与。

(四)航空体育教育具有突出的延续性和终身性

由于航空职业的特点对飞行人员身心素质有着特殊要求,因而航空体育教育应是终身教育。只有通过经常的航空体育训练才能保持良好的体质和高水平飞行状态。所以,不管飞行员是在学习飞行技能的初级阶段,还是在飞行能力的保持阶段航空体育教育都是同等重要的。一名优秀的、高水平的飞行人员必须终身参与航空体育教育与训练。另外,随着科学技术的不断发展,航空体育教育也必须注入新的内涵与内容。因此,无论是航空体育教育的工作者,还是受教育者,都必须牢固地树立科学发展观的思想,将航空体育教育提升到新的、更高的层次,进而促进航空飞行的发展。

第二节 航空体育与身心发展

在民航专业院校或者普通高校设有飞行技术专业学习的飞行大学生是航空体育教育的主要对象。从我国学制上看,高校飞行大学生的年龄一般都在 18 ~ 22 岁。这一年龄阶段的学生从学校到学校,没有经历社会的洗礼,因此他们在身体、思想感情和行为方面不同于成年人,像早晨初升的太阳,正处在充满生机、蓬勃向上的兴旺时期,是独立走向社会的准备时期,也是一个开始严肃思考人生道路的时期。因此,作为大学航空体育课程的管理者和执行者——体育教师,要深刻剖析和了解飞行大学生的特点,全方位地让每个飞行大学生都能深刻地了解和认识航空体育的科学原理和飞行学员的生理、心理特点,并在科学的基础上,精准地把握这些特点,按其所提示的规律办事,使航空体育教育、教学、训练能得到有效的贯彻和顺利实施。

一、飞行大学生航空体育的生理学基础

(一)飞行大学生的生理特点与航空体育

航空体育能够有效地改善和发展正处于生长发育时期的飞行大学生的身体机能、形态、体能和素质,而民航高校飞行大学生应该具有怎样的生理特点?航空体育课程的实施对他们的生理功能有哪些影响?在航空体育运动时的能量供应、运动性疲劳及其恢复过程等都必须使每一个飞行大学生有一个清楚的认识,并很好地掌握和理解。

由于飞行大学生正处于生长发育时期,身体具有很强的可塑性,因此,对飞行大学生有计划地安排和实施航空体育课程,使他们经常参加航空体育锻炼,能够极大地促进机体的新陈代谢、增强体质(体质包括:形态发育——体格健壮、体型完善、姿势端正;生理机能——各器官系统的功能;身体素质——力量、速度、耐力、柔韧与协调、灵敏等),同时,主管身体运动的大脑细胞和神经在航空体育课程教学训练时,常常处于一个兴奋与抑制的交替转换过程中,因此能有效地锻炼调节功能、反应速度等方面,从而改善大脑的工作能力,如注意力集中、思维敏捷、判断能力强等,这些对飞行大学生未来从事的飞行驾驶工作非常重要。

1. 运动系统的生理特点及航空体育对其的影响

肌肉、骨骼和关节组成了人体的运动系统,是人们工作、劳动和运动的器官。

(1)骨骼

骨骼是人体的支架,其功能是塑造人体体型。飞行大学生正处在青少年时期,骨骼含有较多的有机物和水分,而矿物质的含量相对较少,骨松质多而骨密质少,因此骨骼弹性大,不易折断。大学本科四年间,随着飞行大学生年龄的逐渐增长,骨骺软骨也逐渐骨化,在骨骺软骨骨化完成后,骨骼也就停止了生长。人体在21~22岁时骨化过程完成(这个年龄段正是学生完成学业毕业到航空公司从事飞行工作),身体也就基本不再增高。

也就是说,飞行大学生通常是在经历了人生最后一个生长发育的高峰期后,才转入缓慢的发展阶段,此时其骨骼发育尚未完全停止,骨化过程也尚未彻底结束。通过适当的体力劳动、良好的卫生习惯、有规律的生活和合理的营养,特别是从事各项航空体育运动锻炼、训练,能更好地促进骨骼的生长。由于航空体育锻炼能加强骨骼的新陈代谢、改善骨骼的血液循环,使血液供应充分,从而使骨细胞

生长能力增强，骨的长度增加，骨质增厚、变粗，骨组织的机械稳定性加强。有关统计资料研究表明，经常参加航空体育锻炼的飞行大学生与同年龄普通大学生相比，在身高上要平均高出 4 ~ 7cm。

在这一时期，由于骨骼表现的既柔软又有很强的可塑性，特别是脊椎软骨成分较丰富，骨盆处于尚未完成骨化的阶段，因此飞行大学生在进行航空体育锻炼时，必须注意身体姿态是否端正及身体是否全面发展。在做单臂支撑、投掷、单脚踏跳等非对称性练习时，应注意对身体侧肢体的相应练习，以免引起脊柱出现病理性弯曲和影响对侧肢体的发育。在硬地上做大量踏跳练习或大负荷的力量练习时，也应该注意飞行学员骨骼继续发育生长、尚未完全骨化的特点，以免导致骨盆的畸形和妨碍骨骼的生长。因此，要求航空体育专任教师要深入研究飞行大学生的生理特点，科学合理的安排练习内容，练习时要特别注意，安排重量不宜太大，却可以锻炼爆发力、弹跳力的练习，并注意大肌肉群的均衡发展。

有资料表明，经常锻炼不仅能使身高增长，而且可以使体重、胸围、肩宽、臀围、腿围也有所增大，使骨骼变得更加粗壮、坚固，同时还能提高骨骼在抗弯、抗折、抗压缩、抗扭转方面的性能。据报道，普通人的股骨在 2940N 的压力下就会断裂，而经常锻炼的人则能承受 3430N 的压力。

（2）肌肉

肌肉是人体运动的动力组织，也是构成人体健美的外在表现，身材的匀称与肌肉的健美对于飞行大学生的外在形象和气质尤为重要。经历了人生最后一个生长发育高峰期的飞行大学生，肌肉的生理特点也由肌肉纤维纵向发展、中枢神经系统对肌肉的调节不完善、肌群活动不协调、肌肉力量差的状况转向肌肉纤维横向发展、中枢神经系统对肌肉的调节逐渐完善、肌群活动逐渐协调、肌肉力量强的状况。在转向的过程中，肌肉中的水分逐渐减少，而肌肉收缩的有效成分蛋白质、脂肪、糖和无机盐的含量逐渐增加，肌肉的重量已接近成人的水平。

由于此阶段人体肌肉的生理特性，因此，要引导飞行大学生加强肌肉的锻炼，通过科学的航空体育项目锻炼，能使肌肉的活动次数和肌肉中的毛细血管网增多，因此改善了肌肉的血液供应情况，促进了肌肉的新陈代谢，使肌肉得到更多、更充分的营养物质，进而有效的增加了肌肉内蛋白质、肌糖原等物质的含量。随着肌肉纤维逐渐变粗、肌肉体积逐渐增大、肌肉的结缔组织逐渐增多，肌肉显得更加结实丰满，从而肌肉的力量逐渐加大，工作能力也逐渐提高。资料表明，经常进行航空体育锻炼，能使人的肌肉体积增大、肌肉纤维横断面积加大，肌肉张力增加，因而人的力量也增大。这在生活中是显而易见的。

同时,经常进行航空体育锻炼对加强关节周围肌肉力量,提高关节周围韧带和肌肉的伸展性能有很大的作用,进而扩大关节的活动范围,提高关节的灵活性和稳定性。

2. 心血管系统的生理特点及航空体育对其的影响

人体的心脏、血管和血液组成了心血管系统,心血管系统担负着人体新陈代谢的运输任务。心脏是血液循环的总枢纽,其机能主要为人体的新陈代谢运输氧气和营养物质,并且排出二氧化碳等代谢物质。

由于年龄因素,飞行大学生的心脏在形态结构和功能作用上都已达到了成人的水平。心脏重量300~400g,心脏容积240~250ml,心跳频率每分钟65~75次,血液量占体重的7%~8%,每搏输出血液量约60ml。这时,大多数学员的心脏系统可以承受各项激烈的航空体育锻炼运动。

强化航空体育锻炼对心血管的形态、结构和机能都会产生不同程度的良好影响。在运动中,由于肌肉的紧张活动,可使心脏的工作量增加、心脏毛细血管开放增多、心肌的血液供应和新陈代谢加强,并且增加了心肌中蛋白质和糖原的储备,心肌纤维变粗,心肌增厚。通过良好的体育锻炼,可以增大心脏的收缩力量、增加心脏容量,进而增加心脏的每搏输出量和每分输出量。资料表明,一般人每搏输出量为70~90ml,经常锻炼的人为100~120ml。由于每搏输出量不同,所以安静时一般人心率为70~80次/min,经常锻炼的人可减到50~60次/min,心脏容积也由一般人的785ml增大到1027ml。大强度剧烈运动时,经常锻炼者的心率显著增加,可达到220次/min,而一般人心率只能达到180次/min。经常锻炼能使人在安静时心率低、在进行一般活动时心率升高较小、进行紧张活动时心率升高较多而活动后心率又能较快恢复到安静状态。

由于锻炼还能影响血管壁的结构,改变血管在器官中的分布,使冠状动脉口径增粗、心肌毛细血管的数目增加。因此,体育运动对预防一些心血管系统疾病,保护心脏健康有着积极的作用。

由于某些内分泌腺(性腺、甲状腺等)分泌旺盛,一些飞行学员会出现高血压现象,这种现象称为青年性高血压。但这种现象会随着年龄的增长、内分泌机能的稳定而逐渐消失。有青年性高血压的学员,由于在运动时循环系统反应较大,所以应在教师的指导下参加适当的航空体育锻炼。

3. 呼吸系统的生理特点及航空体育对其的影响

呼吸系统是由呼吸道(包括鼻、喉、气管和支气管)和肺组成。呼吸道是运动时呼吸气体的通道,肺是进行气体交换的场所。

处于青年期飞行大学生的肺的结构和机能迅速生长发育，呼吸肌的力量逐渐加强，呼吸差、肺活量已接近成人。呼吸频率逐渐减慢（一般约为16次/min），呼吸深度相应增加，呼吸系统已达到健全程度。

航空体育锻炼对呼吸系统的发育，使其构造和机能发生良好的变化有很大的促进作用。通过运动可保持肺组织弹性、改进胸廓活动度，使呼吸深度加深、肺活量增大。一般男子肺活量为3500ml左右，女子为2500ml左右，呼吸差只有5～8cm；经常锻炼的男子肺活量可达4000～7000ml，女子可达3500ml左右，呼吸差达到9～16cm。通过运动还能提高呼吸系统的通气和换气功能。在安静时一般人的呼吸频率为12～18次/min，肺通气量为4～7L，经常锻炼的人呼吸频率仅为8～12次/min就可达到同样的肺通气量。在处于定量工作的情况下，呼吸机能还能表现出节省化现象，能够长时间地保持工作能力不下降，并且具有很大的机能储备力，使呼吸系统能够适应和满足较强的运动要求。

4. 神经系统的生理功能及航空体育对其的影响

神经系统由中枢神经系统和周围神经系统组成，它是人体生理活动、思维活动的物质基础。中枢神经系统包括脑和脊髓，它是指挥整个机体活动的"司令部"；周围神经系统散布于机体各处，在中枢神经与各器官系统之间起连接作用；周围神经系统把人体刺激传给中枢神经，并且把中枢神经系统的冲动传到人体各部分。神经系统调节和控制着人体任何一个器官、系统的活动。例如，人体在运动时会出现心跳加快加强、呼吸加快加深、胃肠活动减弱等反应，这些反应都是在神经系统的调节下，将各器官、系统的活动迅速协调统一起来，从而满足机体在运动时的需要。

神经系统是人体发育最早、最快和成熟最早的系统。处于生长发育期的飞行大学生在这一阶段恰好是脑细胞建立联系的上升期，大脑神经细胞的分化机能在这一时期得到迅速的发展，逐渐达到成人的水平。大脑皮质的结构和功能在神经系统的发展中发生了巨大的变化。虽然大脑基本成熟，体积和重量不再增加，但是皮层细胞的活动数量和联络大脑两个半球各个部分的神经纤维都会大量增加。由于神经元联系扩大，脑回深化，第二信号系统最高调节能力大大增强，从而使第十信号系统和第二信号系统的联系完善起来，为思维发展创造了良好的物质条件。

人体中枢神经系统的活动表现为兴奋和抑制两种。二者相互影响、相互加强。兴奋和抑制过程经常不断地运动变化着，它的活动形式包括扩散、集中及相互诱导等。人的一切功能活动都是兴奋和抑制的不同表现形式，脑力劳动中的思维、推理、分析、综合等都是在大脑高度兴奋中进行的。单调的学习内容和强化的学习手段使飞行学员的大脑皮质在长时间的学习中产生抑制和疲劳状态。运动生理学研究证明,神经系统的疲劳比肌肉和内脏的疲劳难恢复得多。因此,我们要及时地采取调节措施,防止因过度疲劳而产生神经衰弱,保障飞行学员的身体健康和正常的学习生活。

休息对调节大脑皮质兴奋和抑制有很大的作用,而航空体育锻炼则是一种最好的、积极的休息方式。在航空体育锻炼中,神经系统由抑制转为兴奋,兴奋的神经系统促进了机体的代谢能力,改善了能量和氧气的供应情况,缓解了神经系统和机体的疲劳。同时,航空体育锻炼使人体肌肉的活动及内脏器官的活动非常的频繁,进而中枢神经系统的工作也就更繁忙。据资料报道,乒乓球的飞行速度可达 30km/h,人运动的轨迹长达 86km。对这样高速来球和对场上复杂变化及时做出协调反应,能够极好的锻炼神经系统。即使是缓慢的运动也需要精神高度的集中。所以经常锻炼,可以使大脑皮质长时间保持在兴奋和抑制之间有节律的转换,并且能够改善大脑神经过程的均衡性,促进脑神经细胞的工作能力与神经系统调节机能得到提高,使之反应更加灵敏迅速、准确协调,并且持久不易疲劳。同时,使神经系统对心血管系统、呼吸系统、运动系统等器官系统的调节功能也得到了改善,从而有效地保证了飞行大学生在校期间的学习,使其记忆功能增强、抽象思维得到发展、分析综合能力显著提高。

(二)飞行大学生航空体育运动时的能量供应

人体内,糖、脂肪、高能磷酸化合物和蛋白质都是能源物质。人体在运动时主要靠人体糖、脂肪、高能磷酸化合物来提供能量,只有在特殊情况下,蛋白质才转化为能源供应运动需要。

1. 肌肉活动的直接能源——三磷腺苷(ATP)

三磷腺苷(ATP)是肌肉活动直接使用的化学能形式。ATP 储存在肌肉细胞中,是肌肉唯一的能量来源,同时也是人体其他任何细胞活动的直接能源。肌肉活动时 ATP 的储量甚少,仅有 5g 左右,因此,只有通过边分解边合成的方式才能保证肌肉活动的能量需要,进而使运动得以持久。根据运动中的具体情况人体内供能有三条途径:一是直接能源;二是无氧供能;三是有氧供能。

(1)直接能源

人体运动所需能量直接来源于高能磷酸化合物——三磷腺苷。其供能过程示意如下:

三磷腺苷→二磷酸腺苷 + 磷酸 + 能量→供肌肉收缩

人体肌肉中三磷腺苷的含量非常少,只能供肌肉短时间消耗。在人体内可以通过两种系统来合成 ATP,一种是在无氧条件下产生,另一种是在有氧条件下产生。

(2)无氧供能

无氧供能具有两种方式:

一种是非乳酸能供能方式,即

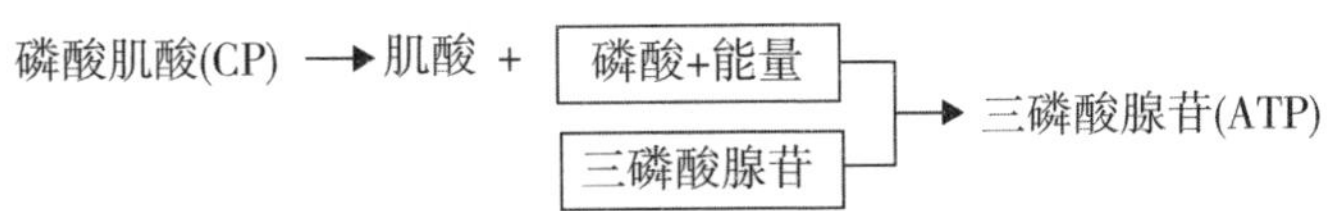

这种方式的供能时间可持续 8s 左右。

另一种是无氧酵解供能(乳酸供能系统供能)方式,即肌糖原通过无氧酵解来提供能量,可持续 33s 左右的时间。同时在供能的过程中会产生乳酸积累。

(3)有氧供能

人体运动在氧气供应充分的条件下,由糖和脂肪有氧代谢供能。随着时间延长,脂肪供能的比例逐渐增加,蛋白质也参加供能。这一供应能力和人体心肺功能关系密切。图 1-2 为有氧酵解示意图。

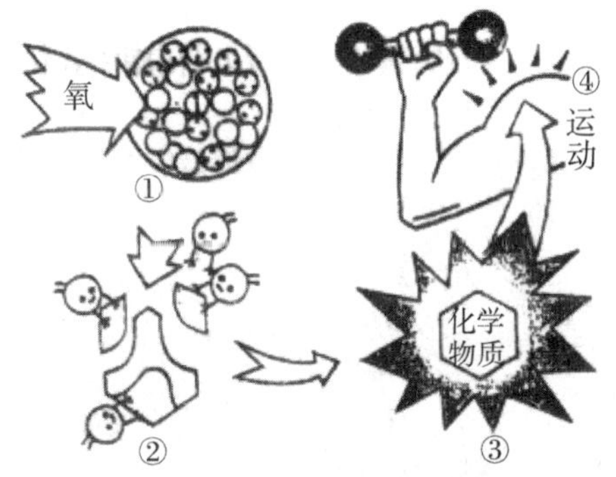

①氧气供给充足时;②肌糖原、葡萄糖、脂肪有氧分解;
③能量供给磷酸肌酸再合成;④供给运动能量

图 1-2

有氧供能和无氧供能是人体在不同水平上,根据需氧量的不同情况而进行的紧密相连、不可分割的两种供能方式,但二者在供能中所占的比例有所不同。这种比例上的差别体现了不同项目的供能特点,同时也是我们选择不同训练手段进行训练的根据之一。图 1-3 为不同时间和不同项目有氧供能和无氧供能的比例示意图。

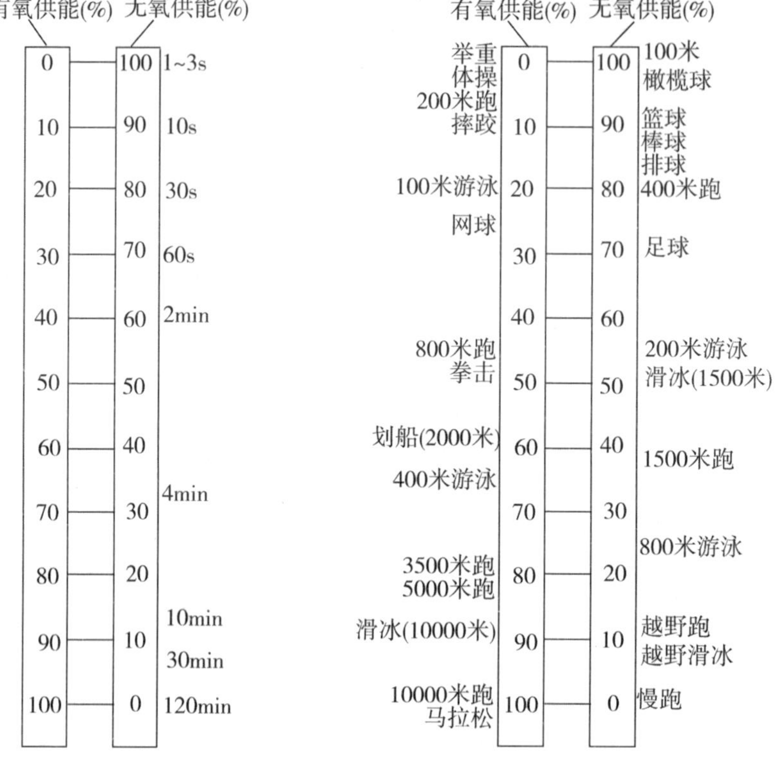

图 1－3

2. 人体运动中能源物质的消耗与补充

ATP 是人体运动时肌肉活动的直接能源，但最终消耗的能源物质是糖和脂肪，可能还有蛋白质。糖和脂肪是运动中合成 ATP 的主要能源物质，在实际运动中，由于受到运动强度和持续时间、膳食类型及锻炼程度三个因素的影响，因而两者的特点和比例并不相同。

(1)运动强度和持续时间

在进行时间短、强度大的运动时，消耗的能源物质主要是糖，因为在时间短、强度大的运动中，ATP 的生成主要由乳酸供能系统提供能量，即依靠无氧酵解来产生 ATP，而糖是无氧酵解的唯一能源；而在进行持续时间长、强度较小的运动时，消耗的能源物质主要是脂肪，如长距离跑的后期，约有 80% 的 ATP 供能来自脂肪的氧化。即便如此，我们还是应该知道，虽然脂肪是长时间剧烈运动的主要能源，但糖仍然是重要的，因为持续时间较长的运动，运动开始时，糖的利用多余脂肪,而随着运动的继续进行,脂肪才慢慢地变成了主要能源。另外,在终点冲刺时,主要由乳酸功能系统提供能量,所以糖仍然是主要能源。

(2)膳食类型

糖和脂肪能源利用的多少受到膳食类型的影响。图 1 – 4 为膳食类型对运动时糖和脂肪的利用实验。

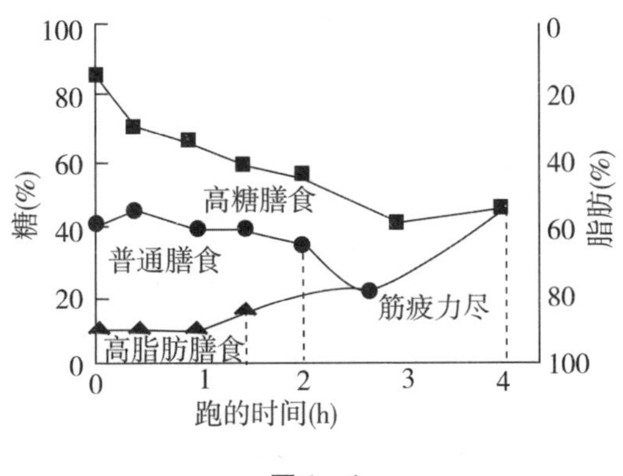

图 1 – 4

在耐力运动中(如长跑),食用普通膳食者(普通膳食约含有 55% 的糖、30% 的脂肪和 15% 的蛋白质)的能源利用模式如上所述,在运动开始时利用糖,随后逐渐转向利用脂肪。当受试者连续食用几天普通膳食后,在运动时连续跑 2h 才会筋疲力尽;而当受试者连续食用数天高脂肪、低糖膳食后,其在运动时优先利用的是脂肪,甚至在跑的开始阶段也是如此,受试者只持续跑了 85min 就已经筋疲力尽了。这一实验结果也说明了能源的可用性取决于膳食。由此我们可知,膳食是选择运动时能源的一个重要因素,因而也是与运动能力相关的重要因素。

上述事实进一步为食用几天高糖、低脂膳食的受试者证实。受试者在食用几天高糖、低脂膳食后,其在运动时优先选用的能源和筋疲力尽的时间有以下三个显著的特点:

①在运动中糖被大量利用,尤其是在运动开始时。

②即使有大量的糖可供利用,随着运动的继续进行,仍逐渐偏向利用脂肪能源。

③食用高糖膳食的受试者在筋疲力尽前能跑 4h,其耐力是食用混合膳食者的 2 倍,几乎是高脂膳食者的 3 倍。

(3)锻炼程度

最大摄氧量(VO_2max)是有氧耐力指标,在完成 VO_2max 的百分率相同的亚极量运动时,锻炼者与未锻炼者的糖原消耗量是相同的。有实验证明,当锻炼者和未锻炼者分别以68%的 VO_2max 和69%的 VO_2max 的强度运动275min 和291min时,两者动用的糖原量和由糖原释放的能量均相同;锻炼者完成的绝对工作量较未锻炼者几乎多60%,其附加的能量由其他能源物质提供,这一能源物质就是脂肪。

通过上述实验,我们可以了解到锻炼者由脂肪供应的能量超出未锻炼者1倍之多。事实上,在用于做功的总能量中,由脂肪提供的能量是:锻炼者为50%,未锻炼者为41%。当锻炼者和未锻炼者在相同的时间完成同样的工作量时,锻炼者消耗的脂肪和糖原量较少,而被锻炼者利用的ATP和CP的量也较少。另外,在工作负荷相同的情况下,锻炼者与未锻炼者相比,其利用脂肪供能的比例也较大。

二、飞行大学生航空体育中运动性疲劳及其恢复过程

(一)运动性疲劳产生的原因

1. 对疲劳的解释

疲劳是指人在运动或工作后,组织器官甚至整个机体工作能力暂时降低的现象。它是机体功能暂时性障碍,是一种正常的生理现象,在经过适当的休息或睡眠之后就能得到恢复。但是,由于疲劳在产生时,人体内发生了十分复杂的变化,因此对疲劳产生的根本原因目前尚不清楚,各种学说也不能对其进行全面解释。1983年,在美国举行的第五届国际运动生化会议上,对疲劳的定义取得了统一的认识,即“疲劳是机体生理过程不能持续在特定的水平上进行,或整个机体不能维持预定的运动强度”。这个定义的特点是通过把疲劳时体内组织和器官的机能水平与运动能力结合起来,来评定疲劳的发生和疲劳的程度,从而有助于选择客观指标(如心率、血乳酸、最大摄氧量和输出功率等),并在某一特定的工作期间用指标的单独改变或同时改变来评定疲劳。

运动性疲劳通常可分为两个阶段。第一阶段是代偿性疲劳,这个阶段的运动能力靠增强中枢神经系统的兴奋性和机体其他系统更加紧张的活动得以维持,在这个阶段人体每一个单位的能量消耗多,动作结构也发生了变化,如在步幅缩小的情况下,通过增加动作的速率来维持跑速。第二阶段是非代偿性疲劳,这个阶段的特点是运动能力下降,在这个阶段中,即便是常年从事专项训练的专业运动员越来越用力,他(她)也克服不了这种状态。

学者们认为,由于运动性疲劳是因运动引起的,故与由营养、环境、疾病、药物等所致的疲劳有区别。运动性疲劳导致工作能力下降是暂时的,在经过休息之后可以得到恢复,因而应与过度疲劳相区别。

2. 疲劳的分类

运动性疲劳在人体可分为心理疲劳和躯体疲劳。心理疲劳即精神疲劳,其主要表现在行为改变方面;躯体疲劳包括肌肉疲劳、内脏疲劳两个方面,主要表现是运动能力的下降。

(1)肌肉疲劳

肌肉疲劳是由肌肉活动引起的,常表现为疲惫乏力、肌肉胀痛、肌力下降、关节僵硬、肌肉放松时间显著延长等。

(2)心理疲劳

心理疲劳产生的原因包括过度用脑、精神紧张或过于兴奋等因素,常表现为大脑皮质产生抑制和疲劳状态、注意力不集中、反应迟钝、判断失误、记忆障碍、血压调节紊乱等。

(3)内脏疲劳

内脏疲劳产生的原因是长距离等耐力活动。在运动之后,肺脏气体交换能力下降,呼吸浅快;心脏在疲劳状态时心率加快,收缩压下降,舒张压减小,并伴有心电图改变,如S－T段上移、T波倒置等。

当然,将各种疲劳截然分开是困难的,各种疲劳常交叉在一起,共同影响人体的生理过程。疲劳的程度是逐步加重的。局部肌肉在疲劳后经过短暂休息完全可以恢复工作能力;全身肌肉在经过几天时间的耐力运动(如长距离自行车、铁人三项、马拉松等)以后将会发生疲劳,同时心脏也会处于疲劳状态,这时就需要几天的时间才能恢复,这种疲劳称为急性疲劳;如果在急性疲劳还未完全消失的情况下,又增加运动量,就会使疲劳加重,导致疲劳积累,从而形成慢性疲劳,此时的生理机能低下,短时间休息体力仍不能恢复,同时还有种种器质性损害;若慢性疲劳再加重,并伴有健康损害时,则称为过度疲劳。此时,不仅神经体液机制紊乱并且有组织、器官的形态改变,在临床上已成为了一种病态。

3. 疲劳判断常用方法

科学地判断运动性疲劳及其程度,对合理安排体育运动训练有很大意义。一般来说,在进行疲劳的判断时,常用的方法主要包括以下几种。

(1)形态改变

下肢围度增加,是长距离行走、长跑或长时间站立工作后,由于血液滞于下肢,组织液增多所致,下肢围度增加与疲劳的程度成正比;在进行大强度、长时间的运动时,泌汗量的增加会导致体重的下降,而体重下降的程度与持续时间的长短成正比。

(2)主观感觉

疲劳时,不仅会出现肌肉酸痛及僵硬、全身无力、头痛、胸闷、恶心等不良感觉,还会出现失眠、多梦、易醒、食欲减退、排汗量增加等现象。

(3)训练观察

通常,当运动员的表现及反应出现,如脸色苍白、眼神无光、表情淡漠、连打哈欠、协调性及节奏性紊乱、反应迟钝、运动成绩下降等状况时,则说明已发生疲劳。

(4)肌力测定

在通过肌力测定来判断疲劳时,一般用握力计与背力计早晚各测握力与背力一次,求出其差,如果次日晨肌力恢复,可视为正常的肌力恢复;呼吸肌力可测5 次肺活量,每次间歇 30s,疲劳时肺活量一次比一次下降。

(5)生理指标

通过测定皮肤空间感判断疲劳时,通常用触觉计测量皮肤某一部位,发生疲劳时皮肤的两点辨别值上升,即辨别皮肤两点距离的增加;闪烁值,在疲劳状态时会出现视觉机能下降,闪光融合频率减少;反应值,运动反应时间在疲劳状态时会延长;膝跳反射值上升,叩击股四头肌下端肌腱,需加大力量才能引起反应,也可以用专门的仪器测定;血压体位反射,在疲劳状态时恢复时间延长,心电图常表现为 S-T 段下降,T 波倒置或下降,并常出现肌电干扰;尿蛋白在用于评定运动量和身体机能情况时也广泛用到,运动量越大,蛋白尿反应越明显。

另外,人体在疲劳时辰脉数比平时增多,功能测试可发现疲劳时心血管及呼吸功能下降。年龄、性别、思想情绪、训练水平、运动条件等因素的差异对疲劳的产生都有影响,只有通过综合观察评定才可靠。

(二)身体恢复过程

人体的各项功能活动在体育运动结束以后,都要经过一段时间才能恢复到运动前的状态,这一段功能变化过程称为恢复过程。

恢复过程不仅存在于训练之后,而且贯穿于整个训练过程之中。在运动时,随着能量物质分解后的再合成就已经开始了恢复,由于此时能量物质的分解超过合成,所以不可能完全恢复,只有在运动结束之后,此时大量的消耗已经停止,合成过程超过分解过程,人体的功能才能逐步彻底得到恢复。

1. 超量恢复

(1)恢复过程的阶段性

1950 年,雅美尼科夫(俄)提出了超量恢复的理论,人体运动时根据运动生化原理,可以将整个消耗与恢复过程分为 3 个阶段(图 1 –5)。

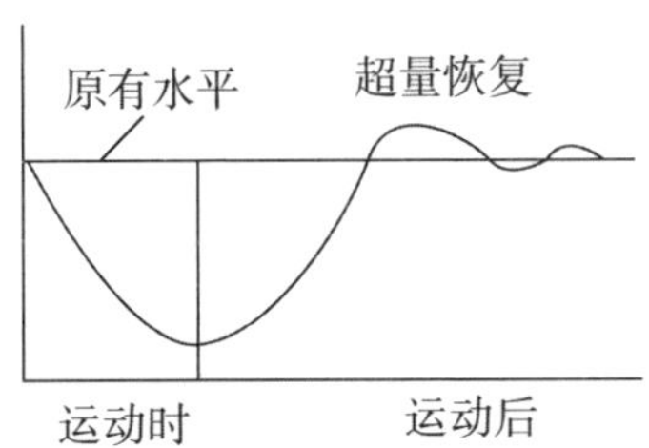

图 1 –5

第一阶段:消耗。在运动时能量物质的消耗大于恢复,随着能量物质的逐渐减少,各器官系统的工作能力也会逐步下降。

第二阶段:运动后的恢复阶段。在这一阶段能量物质的恢复过程大于消耗过程,能量物质和各器官系统的功能逐渐恢复到原来水平(表 1 –1)。

表 1 –1 衰竭运动后的恢复时间

恢复过程	恢复时间(min)	
	最小	最大
肌中磷酸原(ATP 和 CP)恢复	2	3
非乳酸氧债的偿还	3	5
氧合血红蛋白的恢复	1	2
肌糖原的恢复(长时间运动后)	10	46
(间歇运动后)	5	24
消除肌肉中的乳酸(运动性恢复)	30	1
(休息性恢复)	1	2
乳酸氧债的偿还	30	1

第三阶段:超量恢复阶段。在此阶段运动时被消耗的物质不仅恢复到原来水平,而且在一段时间内还会出现超过原来水平的情况,这种情况被称为“超量恢复”或“超量代偿”,随后又会回到原来水平。

(2)超量恢复的规律

20世纪初,生理学家维盖尔特首先发现了超量恢复的规律。巴甫洛夫(俄)及其学生福里波尔特等研究证明:消耗的程度决定超量恢复的程度和时间。在人体的正常生理承受范围之内,肌肉活动量越大,消耗过程越剧烈,随之而来的超量恢复就越明显。如果活动量超过了人体的生理承受范围,则恢复过程就会延缓。因此,适宜的运动量对在体育课和训练收到好的效果非常重要(表1-2)。

表1-2 工作总量相同、强度不同时,肌糖原(mg/100g)的消耗与恢复

工作条件	肌肉运动后	休息4h	休息24h
工作10min,每分钟收缩30次	-150	+56	+22
工作5min,每分钟收缩60次	-385	+83	+37
工作3min,每分钟收缩104次	-439	+43	+42
工作1.5min,每分钟收缩208次	-590	-55	-47

超量恢复是客观存在的规律。国外学者采用活检针抽取人体的肌组织进行微量分析的方法,对运动员体内的一些能源物质的超量恢复进行了一些研究。例如,两名受试者各站在自行车测功计的一侧,用一条腿运动,另一条腿完全休息。两名受试者同时运动,其中一名用左腿,另一名用右腿。当股外肌运动到筋疲力尽时,肌糖原储备下降几乎至零。运动后连续三天,让两名受试者食用全部是糖的膳食,并不进行运动。结果三天后运动腿肌肉中糖原储备相当于安静腿肌肉中糖原储备的两倍。

有资料报道,人体在进行运动之后,不同的能源物质超量恢复在时间上有所区别。例如,在跑100m后,酸肌酸的超量恢复在2~5min;通过短时间、大强度的运动后,肌糖原大约在15min出现超量恢复;运动后蛋白质的超量恢复比肌糖原出现的晚;跑马拉松后,脂肪的恢复要到第3天;游泳运动员经过大运动量训练后,对身体产生的影响会持续3~7天,在训练后的第1~第3天,身体机能明显下降,到了第3~第5天才能恢复到原来水平,第5~第8天则可出现超量恢复。

(3)超量恢复中的营养因素

在运动时被消耗的能源物质在运动后能得到恢复,而且是良好的恢复。营养因素是在超量恢复中首先要考虑的,在运动后被消耗物质的恢复是建立在营养的基础上。在2h内的竞技运动项目中的主要能量来源是糖,因此,糖类膳食的数量和种类都要进行合理的安排,如淀粉、蔗糖、果糖、葡萄糖等。用果糖合成肝糖原优于蔗糖,而在合成肌糖原时蔗糖优于果糖,淀粉类食物在恢复期24h后,对肌糖原合成效果又优于葡萄糖。在赛前或连续比赛期间,增加糖的摄入量非常重要,如赛前采用糖原填充法时,糖类食物应达600g左右,应占总能量的70%。在训练期、赛前、赛中,以及连续有预、复、决赛的赛期中,都要注意糖类食物的安排,只有这样,运动员才能保持充沛的体力。从能量物质方面来说,膳食中糖的科学安排是首要问题;可是从提高肌肉力量和肌能来说,蛋白质的补充却显得最为重要。另外,蛋白质营养也存在质和量的问题,即要保证摄入含有各种必需氨基酸的食物蛋白。运动员膳食中蛋白质的量应根据项目特点来增加,当食物中蛋白质的量过量时身体不但不能合成蛋白质,反而增加肝、肾的负担。为了达到增加肌肉蛋白质的目的,有人采用加速蛋白质合成的合成类固醇,但常服这种药物对身体有害(属兴奋剂),并不是用科学方法来提高肌肉力量,因此,禁止使用合成类固醇药物。

另外,在恢复期补充脂类、矿物盐、维生素、必需微量元素等营养因素,也是非常重要的。

2. 加速身体恢复的几种对策

在经过剧烈的体育运动后,身体必然会产生一定程度的疲劳,而消除疲劳、促进恢复则是体育医务监督工作的中心环节。它对于提高机体工作能力和运动成绩,更好地投入再训练,促进机体超量恢复,并在新的基础上,再度进行一个新水平的循环有着重要的意义,同时,对预防过度疲劳也有着积极作用。

(1)休息

休息是消除疲劳的重要方法。它包括两种形式:一种为静止性休息,另一种为积极性休息,即在休息时进行其他活动。俄国生理学家谢切诺夫发现,当用右臂拉重物疲劳后,左臂进行不太紧张的活动,比右臂单纯静止性休息能更快地恢复工作能力。他认为支配右臂的中枢疲劳时受到抑制,左臂活动能使相应的中枢兴奋,使神经细胞轮流工作,通过负诱导作用,加深支配右臂的中枢神经的抑制过程,可以使右臂得到更彻底的休息。根据这一原理,体育训练中有多种积极性休息的方法,但要掌握好活动的强度及活动持续时间。

(2)睡眠

大脑细胞在觉醒状态下是兴奋的,而单纯无止境的觉醒也会产生疲劳,故充分睡眠对消除疲劳有非常重要的作用。睡眠是处于物质代谢减弱、脉搏与呼吸频率减慢、血流缓慢、肌肉松弛、腺体分泌减少、生长激素分泌明显增加的慢阶段,此阶段有利于促进体力恢复。当睡眠处于慢阶段时,肌肉完全松弛,各种感觉进一步减退,脑内蛋白质合成加快,做梦也发生在这个阶段。睡眠时机体消耗的能量只占一个人全天消耗能量的10%～25%，有利于促进精力的恢复。因此，制定一个合理的作息制度来保证睡眠很重要，但如果睡眠过多，大脑处于深抑制。

（3）整理活动

人由紧张状态过渡到安静状态可以通过整理活动来实现，整理活动有放松肌肉、加深呼吸、加速乳酸消除、促进血液循环的作用。有助于肌肉伸展性的练习在整理活动中应该多一些。

（4）补充营养

能源物质是恢复的物质基础。只有通过摄取足够的食品和全面的营养物质，调节消耗与供给之间的平衡，才能使消耗的物质得到补充，进而修复失常的体内结构。我国的运动营养品是十分丰富的。在急性疲劳时，应首先供给充足的糖、B族维生素与维生素C，在夏季要注意补充水分及盐分，多食用碱性食物及新鲜水果、蔬菜；处于慢性疲劳时，优质的蛋白质、B族维生素和磷酸盐应得到充足的补给。同时，人体必需的微量元素，如锌、铁、硒、镁、铜、碘、钼等也要得到补充。

（5）药物

通过使用一些合适的药物也能起到消除疲劳、调节生理功能和增强体能的作用，如各种中药补益药制品、各种人参制剂、维生素、蜂王浆制品、刺五加等，对促进机体合成代谢、增强运动能力方面，比蛋白质同化作用更显效果，后继作用强，不良反应小。

（6）物理方法

加速身体恢复的物理方法有很多种，如日光浴、吸氧、局部蜡疗与负压、空气负离子吸入、水浴（包括温水浴、蒸气浴、海水浴）等。

三、飞行大学生航空体育的心理学基础

（一）飞行大学生的心理特点及心理健康

飞行大学生的心理过程和心理状态是一个动态的发展过程，随着年龄的增长和受大学生活、社会生活、社会适应等各方面的影响下，特别是飞行大学生本身固有的个性特点，使他们在心理上主要表现出以下五个方面的特点。

1. 个性特点基本形成

飞行大学生的个性在经过了青年期的社会洗礼和积累过程之后趋于定型，理想处于不同的层次，对未来飞行职业抱着美好的希望和幻想，表现出极大的广泛兴趣，精力充沛，乐于探索科学的各个领域，具有明显的方向性和选择性。意志力、承受力、耐受力等各种品质得到了较大的发展，性格逐渐形成，基本上确立了

世界观、人生观,对自然现象和社会现象都有着自己的独立见解,形成了比较系统的观念和认识。一方面,他们不满足于社会现状,思维活跃,敢于创新,关心社会和行业的发展,勇于改革;另一方面,由于他们缺乏社会实践经验,因而对事物的认识又表现出一定程度的轻率和片面性,对问题的分析和认识不能客观、全面、深入、准确。

2. 智力发展基本达到顶峰

飞行大学生的智能发展在大学阶段达到高峰,其注意力已达到相当水平,记忆能力和理解能力发展突出,想象能力极为丰富,观察能力显著提高,尤其需要注意的是飞行大学生的思维方式,逐步转向理论型逻辑思维,并在思维方式中占有主导地位,又由于他们在思考和讨论问题时,不再满足于现象简单罗列,而是对揭示事物的本质规律及理论深度都有所要求,因此其思维的独立性、批判性、创造性大大增强。但由于受到较低的心理成熟度,认识结构和思维方法还比较简单,社会经验还不够丰富等方面的影响,因此他们对所观察和接触的事物难免会出现主观片面、固执己见、盲目自信的现象。

3. 情感丰富但情绪易于激动

出于大学阶段的大学生都有着一样的共同点,集中表现在容易激动,热情奔放,其情感世界丰富、复杂而又强烈,同时也表现出情绪不够稳定,容易偏激和冲动。因此,常常既可以做出轰轰烈烈的业绩,也可以因一时莽撞而发生某些过激行为。与中学生相比大学生的这种丰富而又复杂的情感世界在情感的体验及情绪上具有更长的延续性,甚至外显的形式和内隐的体验有时会完全不一致;但与成人相比却显得动荡多变,具有不稳定性。因此在实施教育的过程中对大学生情绪和情感所具有的二重性要特别注意,要支持与鼓励他们豪情满怀为真理而献身的积极情感和行动,同时对他们不冷静、易冲动等消极方面的情感和行为要进行教育和疏导。

4. 自我意识进一步提升

飞行大学生在大学阶段和普通大学生在自我意识上没有明显的区别,主要是对自我现象的了解是丰富多彩的,他们会根据社会的期望来深思自己的情况,进而来设计自己未来的发展方向;人际关系意识增强,不仅力求了解别人对自己的评价,而且自我评价能力也有较大发展并且有一定的自我教育能力;同时自尊心、自信心和独立感明显增强,喜欢发表自己的见解和表现其才能;唯父母、师长之命,人云亦云的现象大为减少,要求别人尊重自己,对他人干涉自己言行的举动表现出厌恶的心理,希望成为自己命运的主人。因此,顽强、坚毅、坚忍不拔、做竞争中的强者等优良的心理品质获得较大发展。但是,由于自我意识的发展在大学生中存在着很大的个体差异性,甚至有些大学生表现为自命不凡、脱离集体、追求虚荣、个人主义倾向及形成逆反心理,从而做出一些蠢事和坏事。

5. 性意识明显增强

大学期间,随着年级的上升,飞行大学生和其他普通大学生一样追求异性和选择配偶的欲望逐渐增强。恋爱也成为飞行大学生情感体验的一个重要方面,也是心理发展上的一个突出特点。他们向往美好的爱情,多数人对接近异性方面表现积极,同异性交往不再敏感,男女同学间的相互吸引力显著增强,希望在异性面前表现自己的才能并引起对方对自己的注意,希望选择一个理想的对象作为终身伴侣。作为大学生对选择配偶标准的认识,总是健康的。当然也存在一些问题,如新生刚入学就急于谈恋爱,有些同学对爱情与学业的关系处理不当,加之对异性意识带有较强的理想主义色彩,在热恋时影响学业,在失恋时又不能自拔,陷入消极悲观的境地,从而对专业学习甚至自己的前程产生重大影响;由于飞行大学生受未来职业的影响,高大上的职业,收入高,因此受众多女大学生的青睐、推崇和追求,使得部分飞行大学生不能自拔,甚至有些飞行大学生对待恋爱和两性关系的方式比较轻率。因此,作为学校管理者应针对这些问题加强道德情操和行为规范的教育。

(二)对飞行学员心理健康标准的解释

对飞行大学生而言,心理健康对完成学业和未来职业有着深层次的影响,因此,要教育学生深入了解心理健康标准有助于促进他们的心理健康。然而,心理健康却没有一个公认的标准,一些国家的学者对此曾有不同的阐述。通过综合国内外多数学者的意见,心理健康的人大致应具备以下条件:

1. 能正确的面对现实,适应环境并改造环境。

2. 拥有积极向上的心态,精力充沛,能充分发挥劳动能力。

3. 对自己有清楚正确的认识,自信、自尊、自制。

4. 乐于交往,善于与人相处,能保持和发展融洽互助的人际关系。

5. 拥有稳定、乐观、开朗的情绪,对未来充满希望,能避免因过度紧张或焦虑、忧伤而产生病态症状。

对于飞行大学生心理健康的评定,除上述5点外,还应特别强调的是:必须具有正确的世界观、人生观和价值观。在当今经济社会制度下,必须要有正确看待社会、人生及自己的职业理念,行为规范要与国家的建设和发展息息相关,只有这样才能树立起远大理想,对社会主义现代化事业和飞行事业充满信心,才能做到工作积极向上、充满正能量。只有这样才能正确对待和处理生活中的各种矛盾，才能避免许多无谓的烦恼，经受得住各种挫折。如果一个人不能正确地看待社会与人生，就不能正确地对待和处理周围所发生的事件，以致形成焦虑或抑郁。这种心理就不能说是健康的，在工作和生活中，易促发疲劳、过度疲劳、神经官能症或身心疾病等。

四、航空体育锻炼与心理健康

长期的运动实践表明，通过适当的航空体育锻炼可以消除疲劳、调节情绪，同时，对飞行大学生气质和人格的培养能够起到积极的作用。体育活动在增进人的相互交往、克服孤独感、培养心理适应能力等方面具有重要作用，因而已作为一种心理治疗手段被广泛地应用。

（一）促进人的认知能力的发展

航空体育作为大学体育的一种形式与其他体育运动项目有着共同的特点，就是在运动或高速运动中过程中，要求运动参与者既能对外界物体（如篮球、排球、网球、各种器械等）做出迅速准确地感知与判断，又能迅速应激、感知、协调自己的身体以保证动作的完成。坚持长期的运动对人的感觉、知觉能力的发展有促进作用，同时还能提高人的反应速度和直觉判断能力，使人变得敏锐、灵活。有些运动项目能充分锻炼人的思维能力、判断能力、记忆能力，如围棋、象棋、国际象棋等，而人的想象能力和表现能力却能通过体操、健美操、武术等运动项目得到充分的发展。体育运动对于飞行大学生智能发展的影响突出体现在以下两个方面。

1. 运动能使氧的供应增加，使动脉畅通，还能改善神经细胞的营养和功能

加拿大一位学者对 300 名飞行大学生做的 3 年研究，结果表明：那些每天进行体育锻炼的飞行大学生，不但身体健康，而且学习成绩的分数高，他们精力充沛而且情绪稳定，同时想象力也十分丰富。

2. 能够开发右脑功能，激发人的创造潜力

因为右脑是与人的空间图形、直觉、想象相联系的优势大脑半球，而体育运动充满了空间深度、动作节律、直觉、想象和各种操作性的逻辑思维和非逻辑思维，因此是开发右脑的极好手段。有资料记载，爱因斯坦是善于用右脑的人，他的思维方式是先把问题变成图像和情景，然后再把图像和情景翻译成语言和数字符号。对飞行大学生来说，开发右脑是增强体质和发展智力的需要。

（二）航空体育锻炼可缓解压力，消除心理疲劳

疲劳是一种与人的心理和生理因素有关的综合性症状。体育锻炼是一种娱

乐活动,它能使人从紧张性思维活动中解放出来。有规律的锻炼将引导身体适应和积极的自我表现,从而提高人对应激的抵抗力。对身体活动与心理健康关系的大量研究表明,尽管长期的身体锻炼能够促进心理健康和治疗身心疾病,但这种促进和治疗作用并不是绝对的,只有通过科学的身体锻炼才能起到上述作用。由于身体活动有不同类型,活动量也有大小之分,锻炼有不同项目,同时锻炼者在年龄、基础健康状况、体格特征等方面存在极大的差异,因此适合一类人的锻炼方案未必也适合另一类人。所以,只有因人而异,具体问题具体分析才有可能使身体活动取得最大的心理效益。

(三)航空体育锻炼可愉悦身心,调节情绪

在体育锻炼中,情绪是影响心理健康的主要因素之一,通过体育锻炼可使情绪得到调控。不良的情绪会导致生理、心理异常和疾病的产生,而体育锻炼能消除紧张和不安,直接给人带来愉快和喜悦,从而调控人的情绪,改善心理健康。研究表明:力量型运动可使人减少情绪上的负担,甚至能减轻因精神压力的偶发事件而造成的心理负担。这就像人们通过摔东西来发泄愤怒一样,通过运动行为的替代作用,可以减弱或消除情绪障碍。

(四)航空体育能有效地促进人格的全面发展

任何一种体育项目都有他的竞争性的功能,因此,通过航空体育运动能使飞行大学生学会竞争,学会表现自己的才能与实力;体育运动也能使人学会合作,学会相互配合,通过共同努力去获取成功;体育运动能让你掌握一条与人相处、健全人格的法则,即自己成功时要善于谦虚,别人成功时要善于欣赏,大家共同成功时要善于分享;体育运动能使人多方面的能力得到发展,如身体运动能力、协调能力、操作思维能力、直觉思维能力、应激能力等;体育运动对人的性格也能起到锻炼作用,使人变得坚强、刚毅、开朗、乐观。通过体育运动,人们能够学会控制自己的需要与动机,从而使自己的个性倾向性更趋于成熟。另外,体育运动还能够促进人与人之间的相互接触,人们通过与他人的接触,可以忘却自己的烦恼和痛苦,消除孤独感。人们在体育运动中还必须学会遵守规则、尊重裁判、尊重对手,若把这些观念迁移到广泛的社会生活中,则能有效地促进人的社会化进程,使人的个性日趋完善。

(五)航空体育锻炼对大学生性格、气质的培养

性格是指一个人较稳定的对现实的态度和与之相适应的习惯化的行为方式所表现出来的心理特点。有学者把人的性格归纳为 3 个基本的维度:内外向性、

情绪稳定性、精神病。气质是高级神经活动在人的行动上的表现,是指人的相当稳定的个性特点,如活泼、直率、沉静、浮躁等。根据神经活动类型的强弱,可将气质分为4种类型:胆汁质、多血质、黏液质和抑郁质。体育锻炼能够有效地促进飞行学员性格、气质的发展,如通过集体对抗项目能使学生养成团结协作的精神;还有不少运动项目对培养勇敢、顽强、吃苦耐劳、不怕困难、坚忍不拔等意志品质有很大作用。通过研究证明,活泼性格的人一般从事球类运动,稳定性格的人一般从事耐力性的运动项目如马拉松或长跑等。总之,不同的运动项目对飞行学员心理品质的发展起着不同的作用,因此体育锻炼应当采用多种手段,发展学生的心理品质。

(六)航空体育锻炼可加强人际关系交往

人际关系对人的心理有重要的影响,人类的心理适应,最主要的就是对人际关系的适应。随着社会的发展和人们生活节奏的不断加快,人与人之间的练习越来越缺乏。然而,体育锻炼则能促进人与人之间的相互联系、相互交流,它能起到协调人际关系的作用。因为体育锻炼总是在一定的社会环境中进行的,锻炼的参加者不能孤立存在,而必须与他人进行交往和联系。良好的体育锻炼会给个人带来心理上的益处,通过运动人们能够较好地克服孤僻,忘却烦恼和痛苦,协调人际关系,扩大社会交往,提高社会适应能力。马塞等人在1971年的调查中发现,与内向性格者相比,外向性格者的社会需要更强烈,这种社会需要可以通过跳舞、健美操等集体性的体育运动而得到满足。因此,体育锻炼能够有效地治疗孤独症和人际关系障碍。由此可见,体育运动在增进人的相互交往、克服孤独感、培养心理适应能力等方面具有重要的作用。

五、航空体育锻炼中保持健康的心理

飞行大学生在进行航空体育锻炼时,应制定科学的锻炼计划,明确锻炼的目标。制定实施方案时,应全面考虑飞行大学生的兴趣、目的、注意力和休闲入手,只有保持健康的心理状态,才能达到良好的锻炼效果。

(一)要有明确的锻炼目的和强烈的运动欲望

在运动前,要有一种跃跃欲试的运动情绪,要有积极参加运动的自觉性和热情,避免那种“身随而心违的被动状态”。

(二)要注意力集中,排除杂念

在体育锻炼中,应将思想集中在如何掌握正确呼吸,如何掌握正确运动技术等方面上来。

（三）要尽力使体育锻炼轻松

通过在运动前听听音乐，或找自己亲人和知心朋友一起参加锻炼等方式来使体育锻炼轻松愉快的进行。

（四）要选择自己感兴趣的运动

在进行体育锻炼时要选择自己感兴趣的运动项目，特别是注意多参加一些“轻体育”项目，如定向运动、攀岩、爬山、游泳、滑冰、拓展等，尽量使运动和娱乐相结合。

（五）要掌握心理调节方法，不断地调节心理

心理调节并不神秘，人人都可以调节自己的情绪、心境和意志。例如，在跑步前，可以照一下镜子，整理一下着装，看看自己的面容，或伸伸胳膊，或摸摸隆起的肌肉块，当看到自己脸色好、肌肉强健时，马上会精神振奋，这就是一种积极的心理调节。如果在镜子里看到自己面色苍白、眼睛有黑圈、精神不振时，此时自己就会产生这样的想法：“一到户外，就会有良好的感觉。我不是那种精神不振、易受情绪制服的人。”这也是一种积极的心理自我调节。

第三节　航空体育与运动技能

飞行大学生航空体育课程设置其锻炼的主要目标和任务不仅是使飞行大学生掌握必要的运动技能，还要使飞行大学生认识和掌握运动技能形成的规律。实践表明，飞行大学生如果有很好的身体素质和体能对进一步学习和训练飞行技术、技能非常有利。因为通过多年的研究和实践证明，运动技能和飞行技术、技能之间的相互关系非常的密切。凡运动技能发展好的飞行大学生，飞行技能均能很快掌握且掌握得较好，反之亦然。因此，飞行大学生在大学期间，学习和掌握诸多运动技能形成的规律非常重要。

一、技能概念的界定

技能是指人们在各种活动中，运用一定的知识经验，经过反复的练习而获得的完成某种任务的动作方式或心智活动方式，如驾驶、写字、计算、实验操作及各种体育运动技能等。技能与知识的区别在于技能是在领会有关知识的基础上经

过多次练习或实操,而形成的动作方式或心智方式,主要表现是实操性和实践性。

技能形成的前提与条件分别是领会有关知识和反复地练习与实践,技能形成的标志则是操作或智力活动达到自动化程度。

通常所说的技能应包括一般的技能和技巧,技巧是技能形成的高级阶段,即达到“自动化”阶段。从航空体育教学训练的目标来看,培养飞行大学生的技能,主要是要求学生形成一定的技巧。与技能相比,技巧的完善程度和自动化水平更高,技巧是在掌握技能要领的基础上形成的,其动作方式和智力活动方式更准确、简捷,因而更能顺利圆满地完成某项任务。

技能和能力这两个概念既有联系又有区别,技能是完成一定任务的活动方式,而能力则是顺利完成活动任务的个性心理特征。因此,技能的形成要以一定的能力为前提,否则就不能较快地掌握动作技能;反之,技能的形成又促进各种能力的发展。

飞行大学生的能力是通过学习各种知识,并把知识运用到实践,经过技能这一环节形成的。而技能是知识转化为能力的中间环节,因此培养学员的能力,只有把传授知识与基础知识教学和基本技能训练结合起来,才能收到预期的效果。

二、运动技能和智力技能

运动技能也叫作操作技能,如打球、体操、跑步、骑车、操作机械等。这些都是由相应的神经过程支配的骨骼肌运动来实现的一系列外显动作,这些动作协调地组成一定的动作方式就形成运动技能。

运动技能与智力技能的密切关系体现在运动技能的形成有智力活动参加而智力技能也受运动技能的影响。智力技能是指借助于内部语言在头脑中进行的智力活动,如写文章、阅读课文、演算都是智力活动的方式。运动技能与智力技能二者相互联系,统一在活动之中。任何一种活动的完成都是运动器官和大脑共同作用的结果,而民航飞行员的飞行活动是最典型的运动技能与智力技能协调组成和共同完成的特殊技能。

三、运动技能的分类

近年来,国内外心理学专家对运动技能分类问题进行了一些研究,概述如下。

(一)连续性技能与非连续性技能

根据运动技能的复杂程度和动作是否具有连续性可将运动技能分为连续性技能和非连续性技能。例如,掷铁饼、铅球、举重等都是非连续性动作技能,这些技能的特点是一个动作开始和结束非常明显，经过的时间较短，具有爆发性；团体操、太极拳、舞蹈、滑冰、弹琴等是连续性技能，因为这些动作都是由一系列连续动作组成的，是一个接一个的一连串动作技能。

（二）关闭性技能与开放性技能

根据环境条件和运动员的相互关系可将运动技能分为关闭性技能与和开放性技能。关闭性技能多数是靠人体内部的感受器所介入的反馈来调节的，是在比较安定的条件下进行的，要求动作尽可能准确、稳定，如球类比赛的罚球、跳水、跳远、掷铅球、体操等。开放性技能的学习和完成动作的主要信息来源于人体外部，这种技能通常是根据环境因素的变化，来调节和控制自己的动作。因此开放性技能要求运动员能够对临场情况做出恰当而准确的判断或预测，并随时准备应付各种情况的发生，如接移动中的球、给移动着的本方队员传球，根据对手动作进行攻击的击剑和拳击等。

（三）小肌肉群运动技能与大肌肉群运动技能

小肌肉群运动技能是以手、指等小肌肉群活动为中心的技能，它具有细微、精巧的特点。大肌肉群运动技能是指伴随着大肌肉群收缩和全身性运动的活动方式。

四、运动技能形成的过程

（一）运动技能形成的阶段

运动技能的形成具有阶段性并且各阶段具有不同的特点，运动技能的形成通常可划分为以下三个阶段。

1. 掌握局部动作阶段

在学习技能的初期阶段，飞行大学生知觉的是新动作，神经过程在此时处于泛化阶段，由于内抑制过程尚未精确建立起来，注意范围不够开阔，知觉准确性不高，动作之间的协调程度不够，从而导致多余动作的产生及引起忙乱紧张，完成动作在空间、时间上都不准确。

在这个阶段，飞行大学生主要是通过视觉观察示范动作并进行模仿练习，借助视觉来控制动作。因此，对动觉的感受性及对动作的控制力较差或不强，对自己动作的错误和缺点难以发现。

2. 初步掌握完整动作阶段

在经过掌握局部动作阶段之后，飞行学生就会过渡到初步掌握完整动作阶段。在这个阶段，飞行学生开始把个别动作联系起来，这时学生的神经过程逐渐形成了分化性抑制，兴奋与抑制过程在空间和时间上更加准确，内抑制过程加强，分化、延缓及消退性抑制都得到发展。在这个时期，飞行学生的紧张程度及动作之间的干扰都会有所减小，多余动作趋向消除、动作准确性提高、识别错误动作的能力也增强，初步形成了一定的技能，但在动作之间相互衔接处常常出现间断、停顿和不协调现象。

在心理方面，这时学员把注意主要集中在技能的细节上，在通过思维分析及概括活动之后，逐步完善地意识到整个动作和把个别动作联合成为整体。这时，视觉和知觉不再起主导作用。肌肉运动感觉比较明晰和精确，可以依据肌肉运动感觉来进行判断。

3. 动作的协调完善阶段

在这个阶段，学员掌握的一系列动作已经形成了一个完整的有机系统，各动作能以链式反应表现出来，自动化程度提高，动作技能已建立了巩固的动力定型，皮层内兴奋与抑制过程更加集中和精确，意识只对个别动作起调节作用。

在这一时期，学员的注意范围逐渐扩大，视觉控制作用逐渐减弱，动觉控制作用逐渐加强，对动作中出现的错误能及时纠正。这个阶段教学训练的主要任务，是巩固和提高运动技能，对个别动作的练习方法加以改进，深刻理解各动作要素，提高自动化程度，使动作技能达到高度完善、稳定的地步。

(二)技能形成的特征

通过技能形成的三个阶段可以看出技能形成过程具有以下特征：

从活动结构的改变来看，技能的形成表现为由一系列的个别动作联合为完整的动作系统，动作之间的相互干扰现象和多余动作逐渐消失。

从活动的速度和质量来看，技能的形成表现在动作速度的加快和动作准确性、协调性、灵活性的提高方面。

从活动的调节来看，技能的形成表现为视觉控制作用减弱和动作控制作用增强，甚至不需要视觉控制，仅靠动觉控制就能使活动顺利的进行。

(三)运动技能的相互作用

在体育运动中，各运动项目已经获得的技能会影响到另一种新技能的掌握，这就是技能的相互作用，这种相互作用主要表现为技能的迁移和技能的干扰。

1. 技能的迁移

已经掌握的技能对新技能的形成产生积极的影响，促进新技能的形成，称为技能的迁移。例如，一个会骑自行车的人在学习驾驶摩托车时就会比较轻松；学会单杠屈伸上的动作之后，对双杠屈伸上的动作更容易掌握等。

技能之间具有共同的因素是技能迁移的重要条件。如果两种技能之间在刺激和反应方面具有相似或相同的因素，根据相似刺激物可以引起相同的反应，就会发生迁移。

2. 技能的干扰

已经掌握的技能对新技能的形成产生消极影响，阻碍新技能的掌握，称为技能的干扰。例如，与不会骑自行车的人相比，会骑自行车的人学蹬三轮车难度更大一些。

如果在刺激和反应方面有不同成分，对人的能力和心理特点又有不同的要求，或对某些共同刺激物却要求相反动作方式时，就会发生技能的干扰。旧的动作方式对新技能的干扰程度取决于对旧的动作方式的巩固程度。有时两种技能之间既有迁移作用，又有干扰作用，技能的迁移又叫作正迁移，技能的干扰又叫作负迁移。

五、影响迁移的主要因素

（一）新旧对象之间的共同因素

新旧对象之间存在的共同因素是产生迁移的客观条件。大凡新旧技能之间存在着相同或相似的因素，就会产生迁移，而且共同因素越多就越容易产生迁移。这种“相同要素说”最早是由桑代克提出的，后来被伍德沃斯修改为“共同成分说”，他们都认为两种对象之间存在的相同因素是唯一产生迁移的原因。当然，这些看法是不够全面的。

（二）对已有经验的概括水平

有关实验研究表明，飞行大学生已有经验的概括水平对迁移效果有重要影响，飞行大学生对已有经验概括水平越高，那么迁移作用也就越容易产生。最早提出概括化理论的是贾德，他认为，只要一个人对他的经验进行了概括，就可以完成从一个情境到另一个情境的迁移。

根据这个理论可知，两种学习活动之间存在的共同因素，只是产生迁移的必要前提，而产生迁移的关键是学员能够概括出两种活动的共同原理。因为学员在理论知识基础上理解了实际情况后，就可以利用所概括的经验，去解决新问题。

（三）飞行大学生的认知结构

飞行大学生的知识结构对学习迁移有着重要的影响，学员的知识结构即认知结构。一切新的学习都是在原有的学习基础上产生的,不受原有认知结构影响的学习是不存在的。一切有意义的学习,凡是有原有的认知结构影响新的认知功能的地方,就存在迁移。因此,促进迁移的一个关键因素就是学员的认知结构。因为在一般学习中,有并不存在孤立的 A 课题和 B 课题,学习 A 课题是学习 B 课题的准备和前提,对于 B 课题也不是孤立学习的,而是在与 A 课题的联系中学习的。即使是单独一次练习,其效果也能反映学员原有的认知结构对这次练习的影响。也就是说,通过一次练习所获得的新的信息,反过来可修改原有的认知结构,而已改变了的知识结构又会影响下一次练习。

六、如何促进学习的迁移

(一)掌握有关基本知识和技能

产生迁移的重要条件是知识和技能之间的共同要素,各种知识和技能之间都包含着或多或少的共同成分和一般的原理、规律。所以,如果知识和技能掌握得越多,那么掌握新知识、新技能就越顺利,就越能在此基础上扩大和加深知识,促进更大的迁移。

(二)提高飞行大学生的分析和概括能力

学员的分析和概括能力对知识技能的迁移很重要。学员只有具有了较高的分析和概括能力才能促进迁移,防止干扰,才能清楚地认识技能之间的共同因素和本质的差别,并将所学到的知识和技能灵活地运用到实践中去。

(三)正确地运用比较方法

在教学中正确地运用比较方法,不仅可以帮助学员全面、精确、深刻地理解有关知识和技能的异同点,也可以明确新旧知识的不同,使已有知识和技能的积极作用得到充分发挥,从而促进迁移,防止干扰。

(四)学习时间安排和掌握熟练程度

如果在熟练和牢固掌握一种技能之后,再去学习另一种技能,就不容易产生相互干扰。如果同时学习两种技能,而且都没有达到熟练和巩固的程度,就会产生干扰。在这种情况下,较熟练的技能总是会干扰不熟练的技能。

另外,飞行大学生的心理准备状态对迁移也有影响,飞行大学生集中的注意力、细致的观察力、敏锐的思考力、愉快的学习情绪、广泛的学习兴趣、克服困难的毅力、正确的学习态度等,都有利于迁移。

七、运动技能形成的有效条件

运动技能是通过练习形成的，练习是技能形成的有效途径。许多因素和条件制约着练习效率的提高，充分利用有利条件和避免不利条件对提高练习效果具有重要的作用。要使练习能够产生良好的效果应注意下列条件。

（一）明确练习的目的要求

明确练习的目的要求在掌握技能过程中相当重要，如果不能明确练习的目的要求，则练习就会成为简单的机械重复动作，如有的人长期写字，但他的书法水平并没有多大提高和改善。由于单纯的机械重复动作对技能的形成是不会产生效果的，因此只有明确练习的目的要求，才能激发其积极性而自觉地进行练习，提高练习的效果。

（二）掌握正确的练习方法

掌握正确的练习方法可以避免盲目尝试，提高练习的效果。根据技能的不同种类和难度，在练习中可以选用部分练习法和整体练习法。

1. 部分练习法

部分练习法是把比较复杂的技能动作分解成若干局部动作，先分别掌握这些局部动作，在有一定基础后，再把局部动作联合起来练习。

2. 整体练习法

整体练习法是指通过一次练习，将全部内容完全学会为止的练习方法。部分练习法和整体练习法各有长。因此，应根据技能的种类、复杂程度、学生的能力和年龄特点等因素来选择具体的练习方法。

（三）练习要有计划、有步骤地进行

在练习时要遵守循序渐进的原则，不能一次就提出过多过高的要求，要正确掌握练习的速度和保证练习的质量。在开始练习阶段，通过放缓练习的速度不仅可以保证练习动作的准确性，还能及时的发现错误并进行纠正。在练习中逐步加快速度，在加快速度的同时，仍需要保证质量，避免错误。

（四）练习时间要分配适当

通常来说，分散练习比集中练习优越，但每次练习的次数不要过多、练习时间不宜过长，否则学员会疲劳并降低练习的兴趣。分散练习在练习次数和时间分配上也不应是机械的、平均的，而应根据不同情况进行适当的分配。通常在练习开始阶段应采取练习次数多，每次练习时间适宜，间隔时间段的方式进行练习；随着

技能熟练程度的增长,再延长时间间隔,延长练习时间。不同性质的练习最好交错进行,以避免相互干扰。要根据具体的练习内容与性质来正确分配时间。

(五)练习的方式要多样化

多样化的练习不仅可以激起学员练习的兴趣,使其保持注意力集中,同时还能培养学员在实践中灵活地运用知识的能力。但练习方式过多,变化过于频繁,也不利于技能的形成和巩固。

(六)要使飞行大学生知道每次练习的结果

使学员知道每次练习的结果,对技能形成起到反馈作用。飞行大学生在每次练习之后,及时知道自己练习的结果,知道自己的成绩和缺点,不但能巩固正确的练习动作,还能及时的纠正错误的练习动作,对正确动作的形成起着固化作用,对错误动作起着抑制作用,从而加速了分化过程。

通过实验证明,动作技能在形成之后,可以保持很长时间不被遗忘,即便有些动作在经过一两年的时间会有些忘却,但通过适当的复习之后又会很快地恢复。所以,在掌握某种动作技能后,经常的加以复习,可以使技能长久地保持下去。

第四节　航空体育与运动健康

健康是人生的宝贵财富,健康对于飞行大学生来讲是至关重要的,没有了健康就没有了飞行职业。特别是当今,在生活水平日益提高的当下,人们对健康的追求越来越强烈,保持健康成为人们的生活目标之一,追求健康成为社会的时尚,飞行大学生也不例外。只有拥有健康,才能为社会做贡献,才能完成人生追求的目标,才能挑起生活的重担,才能享受生活的幸福。

一、健康的定义与标准

(一)健康的定义

健康是一个随着社会发展和科学进步不断演变和完善的动态定义。不论是远古时代的"神灵医学模式"视健康为生命,还是文艺复兴后的"生物医学模式"把健康定义为"健康就是生物学的适应",均不能概括健康的全部内涵。20世纪30年代,美国健康教育学院鲍尔(Bauer. W.)和霍尔(Hull. G.)指出:"健康是人们身体、心情充沛的一种状态。"世界卫生组织在其宪章中明确指出:"健康不仅是免于疾病和虚弱，而且是保持身体上、精神上和社会适应方面的完美状态。”1974 年世界卫生组织对健康的定义是：“健康是和人的肉体、精神与社会的康乐的完善状态，而不仅仅指无疾病或无体弱的状态。”世界卫生组织在《阿拉木图宣言》中重申了健康的含义，指出：“健康不仅仅是没病和无痛苦，而且包括身体、心理和社会各方面的完好状态。”1979 年世界卫生组织又重申：“健康不仅是疾病和体弱的匿迹，而且是身心健康、社会幸福的完美状态。”1989 年世界卫生组织指出“道德健康”也应该包括在健康的含义中，一个人只有在躯体健康、心理健康、良好社会适应和道德健康四方面都健全，才能算是完全健康的人。维护健康的四大基石是平衡饮食、适量运动、戒烟限酒、心理健康。

健康不是单一的生理指标，而是多因素相互作用形成的综合性指标，同时健康也不是一个静态的存在，而是一个动态的系统概念。从人类和社会目前对健康的理解与认识，健康应包括以下几个方面的内容：

1. 生理健康

生理健康反映躯体结构和功能正常，人体各部分组织、器官发育良好，各组织器官协调运动，使机体处于健康状态、精力充沛，具有良好的劳动效能和对疾病的抵抗能力，具有生活自立能力。

人体是复杂的统一的有机体，细胞是构成人体的基本单位，是人体各种功能的物质基础，它不断地进行新陈代谢，表现出细胞的生命现象——生长、发育、繁殖、衰老和死亡。由细胞和细胞间质构成人体四大组织，即上皮组织、结缔组织、肌肉组织和神经组织。由几种不同的组织构成了有特定形态和功能的器官，由若干器官构成了人体的系统，人体的九大系统协调配合才能实现人体的正常生理功能。

骨、关节、肌肉共同组成人体的运动系统，人体的各种运动都是在神经系统的支配下，以骨为杠杆，关节为枢纽，肌肉收缩为动力而实现的。运动系统除了具有运动功能外，还具有保护内脏器官的作用。循环系统是血液循环的动力站，心脏昼夜不停地将血液输向血管，使血管昼夜不息地奔流着血液，以维持人体的生命。人体维持生命一刻也离不开氧气，而氧气是由呼吸系统完成的，可以将呼吸系统比做人体的气体交换站。人体必须不断地利用从外界环境中摄取的营养物质合成自身的组成成分和能源物质，使自身的组成成分得以不断更新并储存能量，以给人体生长发育及进行生命活动提供充足的养料，这些工作是由消化系统来完成的。人体全身各器官系统的指挥中枢是神经系统。人体各器官系统的复杂活动需要统一协调指挥，以保证全身各器官系统的高效的协调工作，它由脑、骨髓及与之相连的周围神经组成。泌尿系统是人体清除废物的部门,由肾脏、输尿管、膀胱和尿道组成,它将人体代谢的废物及时排出体外。人体内分泌系统是分泌各类激素的,并通过这些激素来影响各器官的生理活动,它包括甲状腺、肾上腺、胰岛、脑垂体、性腺等。生殖系统是保证种族延续和实现新生命诞生的系统。感觉器官能接受体内、外环境变化的刺激,并通过各种调节方式对刺激做出合理的反应,使人体产生适应。

上述系统在神经系统及内分泌系统的协调下相互联系,相互制约,有条不紊地工作,使人体成为一个复杂的有机整体,并实现与外界环境的相对平衡。

人体的形态结构、生理功能、身体素质、运动能力,心理发育及对外界环境的适应能力是人体相互依存、相互影响、相互制约、构成体质不可分割的重要因素。身体的形态结构是体质的物质基础,生理功能、运动能力和心理条件是体质的主、客观表现,对内外环境的适应能力是它们的综合反应。因为一定的形态结构必然要表现一定的生理功能,运动能力又是各器官系统机能能力在人体运动过程中的客观反映。发展和提高运动能力的过程,又会相应地引起机体的一系列形态结构、生理功能的变化,而伴随着形态结构、生理功能的变化及运动能力的变化和提高,又会经历一定的心理体验,从而促进人的心理健康发展。人体的质量概念概括起来有5个内容:

①身体形态发育水平——体格、体型、姿势、营养状况、身体成分;

②生理功能水平——机体代谢水平及各器官系统的效能;

③身体素质和运动能力发展水平——速度、力量、耐力、柔韧、灵敏和平衡等身体活动能力;

④心理发展水平——智力、情感、行为、个性、性格意志等;

⑤适应能力——对各种环境的适应能力和对疾病的抵抗能力。

2. 心理健康

(1)心理健康的含义

心理健康的基本特征是个体能够适应发展变化的环境,具有完善的个性特征;且认知、情绪反应、意志行为处于积极状态,并能保持正常的调控能力。在生活实践中,能够正确认识自我,自觉控制自己,正确对待外界影响,从而使心理保持平衡协调。目前达成共识的是世界精神卫生组织关于心理健康的四项内容,具体如下:

①身体、智力、情绪十分调和;

②适应环境,人际关系中彼此谦和;

③对生活有幸福感；

④对待工作和职业，能充分发挥自己的能力，过着有效率的生活。

（2）我国学者对心理健康标准的内容描述：

①自我认识与评价：一个健康正常的人对自己的看法和评价是现实、客观、明确和完整的，能把自己的优缺点和局限性作为提高和完善的起点。

②自立自强：一个人随着年龄的增长，依赖性日益减少，逐步学会独立自主地思考、评价和行动。

③自我发展：是健康发展的本质。一个人能否成功地发展潜能，取决于促进这种发展的有利条件和阻碍这种发展的不利条件。

④协调个人目标和生活的意义，指人格的统一和连贯一致，自我和谐、没有冲突。

⑤人格的社会协调性：指建立健康积极的人际关系的能力。

⑥用智慧和爱心去解决生活问题的能力。

⑦与他人、大自然的协调能力，它决定着对生活采取积极的态度，保持热爱生活的态度。

（3）心理健康的基本要求

①个人心理特点符合相应的心理发展的年龄特征。人的心理和行为随着年龄的增长而不断发展变化。不同年龄的人，他们的心理活动和行为方式具有不同的特征。每个人的认识、情感、言行举止与他的年龄特征基本符合，这是个人心理健康的表现。

②人际关系和谐。处在一定社会关系的人，离不开人与人的交往。心理健康的人不愿孤独，乐于与人交往，积极交往态度多于消极交往态度，善于取长补短、乐于助人、宽以待人，既有稳定的、和谐的人际关系，又有众多的知心朋友。

③乐观进取，意志坚强。一个心理健康的人顺境时对生活充满热情，逆境时不丧失希望，面对困难与挫折会选择适应环境或改变环境来摆脱困境，克服困难，能在日常生活或工作中控制自己的言行和情绪，体现出顽强的意志品质，而不采取自暴自弃，消极悲观的态度。

④健全的人格。人格在心理学上是指个体比较稳定的心理特征的总和。心理健康的人一般都具备正确的人生观和理想信念，并将自己的理想信念、目标和言行统一起来，具体表现为胸怀坦荡、言行一致、表里如一。

⑤正确的自我意识。正确的自我意识是心理健康的重要条件，只有正确地认识自己，评价自己，才能更好地发展自己，避免以自我为中心。心理健康的人都能

以客观的态度去认识、评价自己和周围，并从客观环境中吸取有价值的信息和知识来充实完善自己，并恰当地调节控制自己的言行。

⑥个人与社会的协调一致。心理健康的人能和社会保持良好的接触，对社会有清晰的认识，能跟上时代的步伐，与社会发展协调一致。一旦发现思想、目标、行为与社会不一致，能迅速调整自己，而不是简单地逃避现实。

(4)心理健康的原则

①适应和改造环境要从实际出发。适应是人体为满足生存需要而与环境发生调节作用。改造环境适应个体的需要，或改造自我适应环境的要求都是适应的形式。

②正确认识自己，及时调整心态。一个人首先要认识自己，对自己进行自我观察、自我认定、自我判断和自我评价，这就是自知。不能自知的人，盲目从事非力所能及的工作，效果不好，而且可能由于疲劳过度和心理压力过大而患病。要正确认识自己，还要知道自己的功过得失，因为世界没有绝对完美的事和十全十美的人，对自己能力、言行、品德及工作方法的不妥之处应勇于承认改正，自觉地进行修养。

③良好的人际关系。良好的人际关系可以消除孤独感，获得安全感，得到别人的帮助，也乐于帮助别人，这是心理健康的人表现出的友善态度。希望得到关心和注意是人类的基本动机之一。相互关心能促进心理健康，同时当一个人意识到自己能够对别人关心和帮助时，他的自信和自尊也会增加。

(5)对环境的适应能力

环境与健康是一个永恒的主题，人类生活在地球上，大气、水、土壤、阳光、动植物等的变化，都会对人类健康产生巨大影响，提高人类对环境的适应能力就显得尤为重要。环境的不断变化会不同程度地影响人体的生理功能，人体利用机体内部的调节来适应环境的变化并努力维持这种平衡，平衡的实现是保持人体经常处于健康状态的基本条件。

3. 社会适应能力

良好社会适应能力是指人们参与社会生活时的完好状态，对社会生活的各种变化能以良好的思想和行为去适应。良好社会适应能力应以“三要”为标准：第一，要为社会所接受，指每个人的行为都能适应复杂的社会环境变化，与有关的社会规范相一致；第二，要为他人所理解，指每个人都能适应社会环境，个人能力在社会系统内能得到充分的发挥；第三，要符合社会身份指作为健康人应有效地扮演与其身份相适应的角色，并执行相关的任务。

4. 道德健康

道德健康是指人的信仰、品质、情操、人格等处于积极向上，能够按照社会规范的准则和要求支配行为，不仅对自己的健康负有责任，同时对他人和社会健康承担义务。道德健康应以“四有”为标准：第一，有健康向上的信仰，指经过了较长期的思想活动、心理活动、生理活动和社会活动而确立的世界观。良好的信仰是形成道德健康的基石，一般而言，信仰的形成、世界观的确立，这些活动本身就促进了人体的健康与发展；第二，有高尚的品德情操，指以奉献为乐，助人为乐，不计较个人得失，心胸开阔，不存在精神上的空虚和道德上的危机，任何时候都表里如一，思想境界高尚。道德健康者往往体现在品德与情操的高尚上；第三，有完美的人格，指有很好的做人准则，不两面三刀、搬弄是非、自私自利，不有意为难他人，对生活和事业充满信心等。道德健康者人格是完美的；第四，有社会责任感，指关心他人和社会健康，对他人和社会健康承担义务，不在公共场所吸烟、爱护环境，为人类的幸福做贡献。

（二）健康标准

1. 世界卫生组织确定的10个健康标准

（1）精力充沛，能从容不迫地应付日常生活和工作。

（2）处事乐观，态度积极，乐于承担任务而不挑剔。

（3）善于休息，睡眠良好。

（4）应变能力强，能适应各种环境的各种变化。

（5）对一般感冒和传染病有一定抵抗力。

（6）体重适当，体形匀称，头、臂、臀比例协调。

（7）眼睛明亮，反应敏锐，眼睑不发炎。

（8）牙齿清洁，无缺损、无疼痛，齿龈颜色正常，无出血。

（9）头发光泽，无头屑。

（10）肌肉、皮肤富有弹性，走路轻松。

按照以上健康标准，只有5%的人能够达到20%的人有病，还有75%的人处于中间状态，即处于没有疾病又不完全健康状态，也就是说处于机体无明确疾病，但活力降低，适应能力出现不同程度减退的一种生理状态——亚健康状态。

2. 中医倡导的健康标准

中国的传统医学提倡“天人合一”的理论，认为“人身小宇宙，宇宙大人身”，一个人的生命、身体、健康和疾病都和周围的自然环境有着密切的关联。只有符合“天人合一”的规律，才算真正的健康。具体表现如下。

(1)双目有神

神藏于心,外候在目。眼睛的好坏不仅能够反映出心脏的功能,还和五脏六腑有着密切的关联。中医说:"五脏六腑之精气皆上注于目。"眼睛是脏腑精气的会聚之所在。因此,眼睛的健康也就反映出了脏腑功能的强盛。

(2)脸色红润

脏腑功能良好则脸色红润,气血虚亏则面容也显得没有光泽,脸色就是人体五脏气血的外在反映。

(3)声音洪亮

人的声音是从肺里发出来,声音的高低自然决定于肺功能的好坏。

(4)呼吸匀畅

"呼出心与肺,吸入肝与肾。"人的呼吸和五脏的关系非常密切,呼吸要不急不缓、从容不迫,才能证明脏腑功能的良好。

(5)牙齿坚固

中医认为"齿为骨之余""肾主骨",牙齿的好坏反映着肾气和肾精的充足与否。

(6)头发润泽

中医认为"发为血之余""肾者,其华在发"。头发的状况是肝脏藏血功能和肾精盛衰的外在反映。

(7)腰腿灵活

腰为肾之府,肾虚则腰惫。灵活的腰腿和从容的步伐是筋肉经络和四肢关节强健的标志。

(8)体形适宜

中医认为,胖人多气虚,多痰湿;瘦人多阴虚,多火旺。过瘦或者过胖都是病态的反映,很容易患上糖尿病、咳嗽、中风和痰火等病症。

(9)记忆力好

脑为元神之府,为髓之海,人的记忆全部依赖于大脑的功能,髓海的充盈是维持精力充沛、记忆力强、理解力好的物质基础,也是肾精和肾气强盛的表现。

(10)情绪稳定

中医认为情志过于激烈是致病的重要原因。大脑皮质和人体的健康有着密切的关联,人的精神恬静,自然内外协调,抑制心理疾病的发生。

二、健康评定的指标

健康的内涵是多元的，因此评定健康的指标涵盖多个方面。如生理学指标包括年龄、性别、生长发育水平、遗传、代谢等主要反映人的生物学方面特性的指标；心理学指标包括气质、性格、情绪、智力、心理年龄等反映人的心理学特点的指标；社会学指标：社会经历、人际关系、社会经济地位、生活方式、环境、物质精神生活满意程度以及社会发展群体构成等指标。生理健康是影响和决定人体健康水平的首要因素，故对其进行详细介绍。

（一）身体健康的监测指标

身体健康是指人体各器官组织结构完整，发育正常，功能良好，生理生化指标正常，没有检查出疾病或身体不处于虚弱状态。身体健康监测是对身体健康状况进行动态检测、分析及判断，以掌握身体健康的发展情况，为制定健身运动处方、促进健康的活动提供依据。一般说来，可以从以下几个方面来监测身体健康水平。

①身体形态发育水平调查：体形是否匀称；营养状况是否良好；身体成分是否在正常范围。

②疾病诊断：各器官系统有无疾病。

③生理功能测试：机体新陈代谢水平，各器官、系统的功能状态。

④身体素质评价：主要指肌肉在活动中所表现出来的力量、速度、耐力、灵敏、协调、柔韧、平衡、反应、准确、韵律等功能能力。

⑤健康维护能力调查：考察对疾病的抵抗力，对生活中不利健康和危害健康的因素的知识。

身体健康监测，一方面有利于大学生全面认识自己的健康状况，产生“健康觉醒”，增强健康意识，树立自我维护健康的责任感和积极参与健康促进活动；另一方面可以使学校医务工作人员、体育教师掌握量化的学生健康状况，科学地实施健康教育，为制订和实施健康促进计划提供依据。

（二）身体健康的评价内容

身体健康状况的评价是用医学检查、生理生化指标检测、人体测量、身体素质测试和健康行为调查等方法获得人体的整体健康状况的数据，并且与同类人群的正常标准进行对比分析，得出身体健康状况的准确信息。

在进行健康水平评价时，对于一个国家或某一地区的群体健康水平的评价标准，主要是看四项指标即平均寿命、患病率、就诊率及死亡率等综合情况；而个体健康的评价,则要看个人身体各主要系统、器官的功能是否正常,有无疾病、体质状况和体力水平等。一般来讲,身体健康评价主要包括以下内容。

1. 体表检查

检查皮肤和黏膜是否苍白、有无感染、出血点、蜘蛛痣;皮肤是否富有弹性,有无皮肤疾病,有无瘢痕,有无下肢静脉曲张;牙齿是否清洁无龋,牙龈有无出血及颜色变化;头发是否光泽而少头屑;观察胸廓发育是否正常,有无桶状胸、扁平胸、凹陷胸、鸡胸等;检查脊柱生理曲线是否正常是否有脊柱侧弯、前凸和后凸等畸形;观察步态是否正常,有无跛行;检查肌肉是否富有弹性等。

2. 一般血液检查

正常成年人各项指标正常范围如下。

(1)红细胞计数(RBC)(单位:$10^{12}/L$)

男:$4.0\times10^{12}\sim5.50\times10^{12}/L$,女:$3.5\times10^{12}\sim5.0\times10^{12}/L$

(2)红细胞压积(HCT)(单位:%)

男:40%～50%,女:36%～45%

(3)平均红细胞体积(MCV)(单位:FL)

男:80～100FL,女:80～100FL

(4)红细胞分布宽度(单位:%)

男:10%～16%,女:10%～16%

(5)血红蛋白浓度(HGB)(单位:g/L):

男:120～160g/L,女:110～150g/L

(6)平均红细胞血红蛋白含量(MCH)(单位:pg)

男:26～38pg,女:26～38pg

(7)平均红细胞血红蛋白浓度(MCHC)(单位:g/L)

男:300～360g/L,女 300～360g/L

(8)白细胞计数(WBC)(单位:$10^9/L$)

男:$4\times10^9\sim10\times10^9/L$,女:$4\times10^9\sim10\times10^9/L$

(9)单核细胞计数(MONO)(单位:$10^9/L$)

男:$0.3\times10^9\sim0.8\times10^9/L$,女:$0.3\times10^9\sim0.8\times10^9/L$

(10)单核细胞比例(MONO%)(单位:%)

男:3%～10%,女:3%～10%

(11)中性粒细胞计数(NEUT)(单位:$10^9/L$)

男:$2.0\times10^9\sim7.5\times10^9/L$,女:$2.0\times10^9\sim7.5\times10^9/L$

(12)中性粒细胞比例(NEUT%)(单位:%)

男:50%~70%,女:50%~70%

(13)淋巴细胞计数(LY)(单位:10^9/L)

男:$0.8\times10^9\sim4.0\times10^9$/L,女:$0.8\times10^9\sim4.0\times10^9$/L

(14)淋巴细胞比值(LY%)(单位:%)

男:17%~50%,女:17%~50%

(15)血小板计数(PLT)(单位:109/L)

男:$100\times10^9\sim300\times10^9$/L,女:$100\times10^9\sim300\times10^9$/L

(16)血小板体积分布宽度(PDW)(单位:%)

男:10%~18%,女:10%~18%

(17)平均血小板体积(MPV)(单位:FL)

男:7~13FL,女:7~13FL

(18)大型血小板比例(P~LCR)(单位:%)

男:10%~50%,女:10%~50%

(19)血小板压积(PCT)

男:0.10%~0.35%,女:0.10%~0.35%

3. 心血管机能检查

包括脉搏、血压及心脏形态检查等。

(1)脉搏

正常成年人早晨刚清醒时脉搏为60~100次/min,平均75次/min。低于60次/min为心动过缓,高于100次/min为心动过速。桡动脉触诊是最常用的检查脉搏的方法。

(2)心脏检查

观察有无异常搏动,触诊有无震颤。用叩诊法检查心脏大小,心的左届位于第五肋间隙,左锁骨中线内0.5~1.0cm,右界在右胸骨旁0.5~1.0cm内。听诊时注意心跳频率、节律、心音强度和有无杂音。长期从事运动训练的运动员心脏可出现运动性心脏增大,是由于心室肌增厚和/或心室腔紧张性扩张引起,称为"运动员心脏",应与病理性心脏增大相径庭。

(3)血压

我国成年人安静状态下血压正常范围为13.3~17.3/8.0~10.7kPa(100~130/60~80mmHg)。当收缩压超过17.3kPa(130mmHg),舒张压超过12.0kPa(90mmHg)时,疑为高血压,应做进一步检查。

4. 血脂类检查

血脂是血浆中所含脂类的统称,受膳食、年龄、性别、职业及体内代谢等因素影响,波动范围较大,可用来分析人体内脂肪代谢的功能,正常参考值:

(1)总胆固醇(TC):5.23~5.69mmol/L;

(2)三酰甘油(TG):0.56~1.7mmol/L;

(3)高密度脂蛋白胆固醇(HDL-C):大于1.04mmol/L;

(4)低密度脂蛋白胆固醇(LDL-C):小于低于3.12mmol/L。

5. 免疫机能检查

身体抵抗力强,能在一定程度上抵御机体内外的各种致病因素。目前建立的立体免疫常规检查,主要包括体液免疫检查(如免疫球蛋白测定等)和细胞免疫检查(如T淋巴细胞转化试验等)两大类。

(1)免疫球蛋白(Ig):免疫球蛋白是一组具有抗体活性的蛋白质,存在于血液、体液、外分泌液及淋巴细胞的膜上。一般分为五种,即免疫球蛋白G、A、M、D和E。免疫球蛋白的浓度可以反映机体的免疫机能水平,免疫功能降低容易得病。

(2)T淋巴细胞转化试验(LTT):正常参考值为50%~70%。

6. 无机元素的测定

主要包括血清钾、钠、钙、磷、铁、锌等指标,正常参考值:

(1)血清钾(K):3.5~5.4mmol/L;

(2)血清钠(Na):135~148mmol/L;

(3)血清钙(Ca):2.03~2.54mmol/L;

(4)血清无机磷(P):0.97~1.45mmol/L(3.0~4.5mg/dl);

(5)血清铁(Fe):男:11.0~30.0/μmol/L(61~167μg/dl);女:9.0~27.0μmol/L(50~150μg/dl);

(6)血清锌(Zn):比色法测定的参考值为7.65~22.95μmol/L;原子吸收法测定的参考值为11.6~23.0μmol/L。

7. 人体形态测量

人体测量可用来评定身体发育状况。

(1)体重

体重由脂肪重(体脂)和去脂体重(瘦体重)组成。体重显示体格发育状况,反映人体营养和肌肉发达情况。下列原因可能造成体重明显增加:能量摄入量大大超过消耗量、运动不足、外源性摄取激素等。体重明显降低可能由下列因素引起:体内存在消耗性疾病、身体活动量过大、饮食紊乱、过分控制体重、营养不良等。

身体质量指数,简称体质指数又称体重指数(BMI),是用体重公斤数除以身高米数平方得出的数字,即体质指数(BMI) = 体重(kg) ÷ 身高$(m)^2$,是目前国际上常用的衡量人体胖瘦程度及是否健康的一个标准。

成人的 BMI 参考值:

过轻:低于 18.5;

正常:18.5 ~24.99;

超重:25 ~28;

肥胖:28 ~32;

非常肥胖:高于 32。

(2)身高:包括站高和坐高,反映人体身高的遗传和发育状况。

(3)胸围、肩宽、骨盆宽,反映人体营养和发育情况。

(4)体成分:体成分是组成人体各组织、器官的总成分。通常以体脂百分比来表示,即体脂百分比 = 体脂重量/体重 ×100%。体脂过高,可以引起肥胖,并影响人体健康,使人体工作能力下降,甚至缩短人的寿命。与正常人相比,肥胖者动脉粥样硬化、高血压、冠心病、糖尿病、高脂血症等病的患病率均显著增高。体脂过少,进一步发展可能导致营养不良、代谢紊乱和身体功能失调等,严重者可致死。

8. 身体素质

身体素质的优劣与人体各器官系统功能的强弱有关,测定身体素质不仅可以了解人体的健康状况,而且对评定运动锻炼效果也有重要意义。

(1)力量

力量是指肌肉紧张或收缩时对抗阻力的能力。根据运动中肌肉的收缩形式,可将肌肉力量分为静力性力量和动力性力量:静力性力量是肌肉主要以等长收缩时所产生的力量,它使肢体维持或固定于一定位置和姿势,而无明显的位移运动;动力性力量是肌肉在等张收缩时所产生的力量,它使肢体产生明显的位移运动,并使人体或器械产生加速运动。力量可用握力计、背力计等器械进行测试。

(2)速度

速度是指用最短时间完成一定运动的能力,按其在运动中的表现可分为反应速度、动作速度和位移速度三种形式。

(3)耐力

耐力是指人体长时间进行肌肉活动的能力,评价人体健康状态时可根据运动中能量供应的特点，把耐力分为有氧耐力和无氧耐力。在实际测试耐力素质时，通常测试长时间完成一定量的工作或通过一定距离的能力。

(4)灵敏

灵敏是指人体迅速改变体位、转换动作和随机应变的能力。它是运动者多种运动技能和整体素质在运动中的综合表现，是一种较为复杂的素质。常用的方法有立卧撑测验、象限双脚跳测验等。

(5)柔韧

柔韧是指各关节运动的幅度或活动的最大范围。常用的方法有体前屈、旋肩测验、背伸测验等。

(6)平衡

平衡包括静态平衡和动态平衡。静态平衡是指人体在相对静止的状态下，保持姿势稳定的能力；动态平衡是指人体在运动过程中，维持平衡的能力。

(7)反应

反应包括反应时、动作时和应答时。反应时是指从刺激出现到开始反应所需要的时间，又称反应潜伏期。动作时是指从开始反映到动作完成所需要的时间，又称运动时。应答时是指从刺激出现到完成动作所需要的全部时间，是反应时与动作时之和。

(8)协调：是指人体各肌肉同步活动的能力，是完成动作的重要素质之一。

9. 健康维护的能力

考察人体对疾病的抵抗力及在日常生活中存在的不利健康和危害健康的因素，可以从以下几个方面着手调查。

(1)调查自我健康的感觉和对自身健康的评价。

(2)调查自我健康的观念、自爱心、自信心、自制力、独立性等。

(3)调查是否有不良生活习惯，如吸烟、酗酒、久坐、运动不足、过多摄取食物、暴饮暴食等。

(4)调查睡眠和营养状况是否良好，精力是否充沛，应变能力能否适应外界气候变化，能否抵抗普通感冒和传染病。

(5)调查生活环境，如住房环境，当地气候的变化，有无空气和水源的污染等。

(6)调查社会环境：如工作环境及不同场所的人际关系等。

三、影响飞行大学生健康的因素

世界卫生组织公布的资料表明，人的健康60%取决于个人因素，15%取决于遗传因素,10%取决于社会因素,8%取决于医疗条件,7%取决于生活环境和地理气候条件的影响。遗传、社会因素和医疗条件、生活环境、地理气候条件都是客观存在的,除特殊情况外,很难加以改变。即这些都属于相对固定的因素,它们对人体健康造成的影响不以人的意愿为转移。至于职业与经济状况也是相对稳定的,个人的文化修养、涵养、志趣、嗜好以及家庭成员间的相处关系在一般情况下不会发生重大变化,而饮食、运动、情绪和心理变化则直接影响个人每天的物质和精神生活。故在正常情况下,足以影响健康的关键因素是每日饮食是否适宜,体育锻炼是否适当,以及情绪(包括精神和心理状态)是否良好或稳定。

(一)个人因素

个人因素包括两方面,一方面是行为与生活方式因素。大学生的行为是指大学生为生存和发展而适应不断变化的环境,所做出的反应或一切活动的总称,既包括大学生的本能活动,也包括他们所从事的学习和人际交往等高级社会活动。大学生的生活方式是指大学生的生活活动、生活习惯、生活样式的总和,包括生活态度、生活水平、生活惯常行为等。现代社会,人们越来越清楚地认识到,不良的行为和生活方式是影响健康的主要原因。世界卫生组织曾经对发达国家疾病谱和死亡谱的变化进行过详细的调查,结果表明20世纪70年代以后,发达国家中导致死亡的主要疾病已变成心脑血管病、恶性肿瘤、意外死亡及环境污染所致的疾病等,而这些疾病的起因都与人们滥用酒精、药物以及过度饮食、缺乏体育锻炼、吸烟、吸毒等不良生活方式和行为有关。目前,发展中国家的疾病主要是由贫困造成的恶劣生活条件、不良卫生行为和习惯所致。意识主导理念,理念主导行为,只有宏观正确的意识才能指导正面而有意义的行为。大学生平时参加体育锻炼,从事适宜的体育活动,机体将产生一系列适应性的良好变化而达到健身防病的目的。参与体育活动是大学生养成良好个人行为与健康生活方式的最佳途径。

另一方面是心理因素,消极的心理因素会引起许多疾病。我们祖先2000多年前就发现了情绪对身心健康的影响,如《黄帝内经》中多处提到了"怒伤肝""喜伤心""悲伤脾""恐伤肾"。现代医学心理学的研究也证明了许多疾病,如心血管病、高血压、肿瘤等的发生、发展与心理因素有关。大量的临床病例也证明消极的情绪(如悲伤、恐惧、紧张、愤怒、焦虑等)会引起各器官系统的功能失调,导致失眠、心率过快、血压升高、月经失调等症状。积极、乐观、向上的心理状态是人适应环境的良好表现。心理因素在治疗中的作用主要表现在两个方面:一是在疾病治疗中要打消顾虑,树立与疾病做斗争的坚强信念,积极与医护人员配合,以保证治疗效果;二是对由心理因素、情绪因素引发的疾病要坚持"心理治疗",即消除致病的消极心理因素。

（二）遗传因素

遗传是指子代和亲代之间在形态结构以及生理功能上的相似，这是一切生物共有的基本特征。有的草本植物只有一年的寿命，有的树木却可以存活几百年甚至几千年，说明生物的寿命因物种不同而差异巨大。对人类来说，遗传除了影响人的自然寿命，在人的生长发育过程中，身高、体重、皮下脂肪、血压等多项形态、生理指标都有不同程度的家族性倾向，尤以身高最为明显。而遗传病是当前医学领域中严重危害人类健康的疾病之一。

遗传不仅使后代在形态、体质以至性格、智力、功能等方面与亲代相似，而且还把亲代的许多隐性的或显性的疾病传给后代。现代医学研究发现，遗传病不仅种类多，而且发病率高（约占一般疾病的20%），某些遗传病不仅影响个体终身发展，而且可能导致严重的社会问题。现在许多国家大力发展康复医学，遗传性残疾人是重要的康复对象。对于遗传病，最重要措施是预防，如提倡科学婚姻，用法制来制止近亲结婚等。

（三）社会因素

社会因素包括政治、经济、文化教育等多种因素，不良社会因素直接或间接地危害人们的健康。人们一方面享受着社会生产力发展的成果，如科技的进步、工业的发展使人们有了丰富的物质文明；另一方面社会生产发展对人类健康造成危害，如现代工业发展的同时带来了废水、废气、废渣、噪音等污染。因此，社会生产的迅猛发展，带来了越来越多的值得研究的健康的课题。

大学生活是一种集体生活，飞行大学生不仅需要在宿舍内起居、劳作和休息，同时也需要走出宿舍、教室，接受阳光、山水、花木的抚慰，领略人类创造的美。大学生活空间属于自然环境与社会环境的结合体。飞行大学生还要保证有适量的社交活动，生活于大学校园中的人不单是一个生物的人，而且是一个集体的人，是社会一分子，因此，必须承担起一定的社会责任，“扮演”好自己的社会角色，不断地提高社会适应能力。

（四）医疗卫生条件

医疗卫生是对疾病患者进行治疗在内的康复训练、疾病普查、健康增进、疾病预防、伤残预防及健康教育等一系列活动的总和。显然，健全的社会保健制度是维护和促进健康的重要保障。社会保健涉及多个方面，而其中最重要的是建立和健全初级卫生保健制度。初级卫生保健制度是最基本的卫生保健制度，它的特点是能针对本区域人群中存在的主要卫生问题，相应地提供增进健康、预防疾病、治疗伤病以及促进身心健康等方面的卫生服务，这样，可使所有个人和家庭享受到基本的卫生保健。

（五）生活环境和地理气候条件

人每时每刻都离不开自然环境，空气、阳光、水是人类赖以生存的自然条件，粮食、蔬菜、鱼肉、食盐等是人类生活所必需的物质。大自然在为人类提供各种营养物质的同时，也存在着传播对人体健康有害的物质，如广泛存在的有害微生物（细菌、病毒）、空气中的污染物、溶于水中的有害成分等。另外气候的异常，如酷暑、严寒，气压、湿度变化等，也会影响人体健康。人们都希望有一个优美、舒适的生活、学习和工作环境，而环境的改善则需要人们的文明行为来支持和保证，这是全社会的共同责任。

人类与环境之间的最本质的联系是物质和能量的交换。一方面，人类从环境中摄取空气、水、食物等生命必需物质，组成身体成分或产生能量；另一方面，机体排泄的各种代谢废物，在环境中经过多次变化，再次形成营养物质。由此可见，人和环境是不可分割的统一整体，环境的构成及其状态的异常变化，会不同程度地影响到人体的生理活动。人类可以适应一定的环境变化，如人体可以通过体温调节来适应环境中气候的变化。但环境异常超过了人体适应的范围时，人体就会发生某些病理性的变化。人体的疾病绝大部分是由环境因素引起的，在环境致病因素中，环境污染又很大比重。仅以人类癌症为例，就有人提出，在致癌因素中有80% ~90% 是由环境因素引起的，即环境致癌说。

第五节 航空体育与运动保健

体育锻炼对人体健康有非常多的益处，通过体育锻炼可以增强体质，提高健康水平。但是，所有事物的存在都具有两面性，体育锻炼自然也不例外。体育锻炼在增进健康、防治疾病、延年益寿的同时，因锻炼方法运用不当也会有运动损伤、运动性疾病的发生。出现运动损伤或者是某些疾病就会直接影响学生的未来职业，甚至导致飞行大学生被航空公司淘汰。因此，只有具备科学的体育锻炼知识，才能在锻炼中有效地防止运动损伤、运动性疾病的发生，尽情享受体育给我们带来的乐趣。

一、航空体育运动中常见的生理反应及处理

生理活动过程的有序性会因机体对运动的不适应而受到暂时破坏，从而常常出现某种生理应激反应。以下将分述常见的运动生理应激反应及其处理方法。

（一）极点和第二次呼吸

1. 原因与征象

在进行剧烈运动时，由于内脏器官的功能存在惰性而与肌肉活动需要不相称，导致氧债不断积累，乳酸不断堆积，当这种情况达到一定程度时，就会出现胸闷、呼吸急促、动作不协调、下肢沉重，甚至恶心、呕吐等现象。这就是运动生理学中所称的“极点”。

2. 处理方法

当“极点”出现后，应把跑速放慢、把运动强度减小，并坚持继续运动下去，这时呼吸系统和血液循环系统机能就会随肌肉的活动逐渐减缓而再次进入正常工作状态，从而出现呼吸自如，动作轻松的感觉，这就是“第二次呼吸”。

3. 预防措施

通过加强体育锻炼来提高机体对运动的适应力，可延缓“极点”出现的时间和减轻“极点”出现后的症状。通常用来克服“极点”的方法有三种：第一种，做好充分的准备活动，使植物性神经提前兴奋；第二种，当“极点”出现后要放慢跑速和减小运动强度，同时加深呼吸；第三种，平时经常进行锻炼，提高呼吸系统和血液循环系统的功能。

（二）肌肉酸痛

在经过一次负荷较大的锻炼以后，或是隔了很长时间未锻炼而刚恢复锻炼之后，就会产生肌肉酸痛。由于这种酸痛一般发生在锻炼后 1 ~ 2 天，所以也称为肌肉延迟性酸痛。

1. 原因与征象

肌肉酸痛是一种普遍的现象。通过研究表明，大负荷肌肉离心收缩比向心收缩更容易引起肌肉酸痛。引起肌肉酸痛的原因尚不完全清楚，目前主要有以下两种解释肌肉酸痛的假说。

（1）损伤假说。损伤假说是霍夫提出的，他认为，未受训练的肌肉经过长时间工作会受到损伤，肌肉内部结构损伤导致肌肉酸痛，包括肌纤维损伤和结缔组织损伤。

（2）痉挛假说。迪夫瑞斯认为，局部运动单位的强直性痉挛是导致延迟性肌

肉酸痛的原因,运动造成肌肉内部缺血,从而产生一些致痛物质,当致痛物质积累达到一定程度时,便刺激肌肉内的痛觉神经末梢,引起疼痛,疼痛又反射性地引起痉挛,痉挛又进一步使局部缺血加剧而形成恶性循环。酸痛后,通过对肌肉内局部细微损伤的修复,肌肉组织变得更为强壮,从而在后续同样运动负荷下,将不易发生肌肉酸痛。

2. 处理方法

(1)对酸痛的局部肌肉进行热敷,有助于促进血液循环及代谢过程,对损伤组织的修复及痉挛起到缓解的作用。

(2)对酸痛局部进行静力牵张练习,保持伸展状态 2min,然后休息 1min,重复进行,通过每天这样反复的伸展练习有助于缓解痉挛。

(3)对酸痛局部进行按摩,使肌肉放松,促进肌肉内部的血液循环,有利于肌肉损伤修复及痉挛缓解。

(4)通过口服维生素 C 来促进结缔组织中胶原蛋白的合成,对加速受损组织的修复和缓解酸痛有积极的作用。

3. 预防措施

(1)锻炼负荷的安排要根据不同体质、不同健康状况,因人而异。

(2)在锻炼时,不宜对身体某一部位进行长时间的集中练习,以免局部肌肉负担过重。

(3)在做准备活动时,要使即将练习时负荷重的局部肌肉得到充分的活动。

(4)整理运动除进行一般性放松练习外,对肌肉的伸展牵拉练习也要重视,这有助于预防局部肌纤维痉挛。

(三)运动中腹痛

1. 原因与征象

进行中长跑运动时经常产生腹痛,其主要是由准备活动不够充分、开始运动时过于剧烈、内脏血管收缩与缺氧、胆管平滑肌的痉挛性收缩、代谢产物的刺激、腹膜炎症、腔道过度膨胀及炎症的刺激等因素引起的。

2. 处理方法

如果没有器质性病变迹象,仅在运动时、加快速度后才出现腹痛,通常情况下可采用减慢跑速、调整呼吸和运动节奏、用手按压疼痛部位等方法缓解疼痛。若采用这些方法后无效,则疼痛剧烈时应停止运动。

3. 预防措施

合理安排进餐与运动的时间,赛前进餐应“三少一高”即体积少、含粗纤维少、含产气食物少、高热量。在运动前做好充分的准备活动,运动中要注意呼吸节奏,避免造成腹部损伤。在长跑或自行车运动中要注意合理分配力量和速度。加强全面身体素质训练,提高机体的适应能力。

(四)肌肉痉挛

肌肉痉挛俗称抽筋,是肌肉发生不自主的强直收缩。小腿腓肠肌在运动中最容易发生痉挛,其次是脚底的屈拇肌和屈趾肌。

1. 原因与征兆

(1)寒冷刺激:肌肉在受到低温的刺激时,其兴奋性增高,易使肌肉产生强直性收缩,而引起肌肉痉挛。例如,游泳时未事先用冷水冲淋身体,突然受到冷水刺激;冬季到户外锻炼时受到冷空气刺激等。

(2)电解质丢失太多:运动中大量排汗时,电解质会随着汗液的排出而大量丢失,这种情况在长时间剧烈运动或夏天运动时尤为突出。此外,也要采取各种措施来应对运动员体重急性减轻的情况,体内电解质大量丢失,导致电解质平衡遭到破坏。然而电解质与神经、肌肉兴奋性有关,此时若使神经、肌肉的兴奋性增高,则可发生肌肉痉挛。

(3)肌肉连续收缩:在比赛或过快运动训练中,由于肌肉过快地连续收缩,而放松时间太短,以致收缩与放松活动不能协调地交替,因而引起肌肉痉挛。这种现象常见于自行车和短跑运动的新手或训练水平不高的运动员中。

(4)疲劳:身体疲劳会影响肌肉的正常生理功能,血液循环和能量物质代谢往往会因为肌肉疲劳而发生改变,由于肌肉中堆积了大量的乳酸,而乳酸不断地对肌肉的收缩物质起作用,致使痉挛产生。因而身体疲劳时,尤其是局部疲劳状态下再进行剧烈运动或做一些突然紧张用力地动作,就容易产生肌肉痉挛。

(5)发生肌肉痉挛时,痉挛的肌肉僵硬,疼痛难忍,同时会给予痉挛肌肉相关的关节的伸屈功能造成一定障碍。

2. 处理方法

当肌肉痉挛不太严重时,通过以相反的方向牵引痉挛的肌肉,一般可使痉挛缓解。例如,腓肠肌痉挛时,可伸直膝关节,用力将踝关节背伸;屈踝和屈趾肌痉挛时,可用力将脚和趾背伸。在做牵引时,用力应当均匀、缓慢,切记暴力,以避免造成肌肉拉伤。运用揉捏、点穴(如委中、承山、涌泉)等手法,能促进痉挛缓解。当在游泳中发生肢体肌肉痉挛时,不要慌张,可先深吸一口气,仰浮水面,用抽筋肢体对侧的手握住抽筋肢体的脚趾,用力向身体方向拉,同时用同侧的手掌压在抽筋肢体膝盖上,帮助将膝伸直,待抽筋肢体缓解后,再慢慢地游向岸边。若事先未能掌握此方法，应当立即呼救。发生抽筋后一般不要再继续游泳，应上岸休息、保暖、按摩局部。

3. 预防措施

加强身体训练，提高机体的耐寒能力和耐久力。在运动前做好充分的准备活动，可事先对容易发生抽筋的肌肉做适当的按摩。冬季进行锻炼时，要注意保暖。夏季进行剧烈活动或长时间运动时，要注意电解质的补充和维生素 B_1 的摄入。在身体疲劳或饥饿时不宜进行剧烈运动。参加游泳运动时，在下水前应先用冷水冲淋全身，使身体适应冷水的刺激，在水温低时不宜进行长时间的游泳。运动员要采取科学的方法和措施来减轻或控制体重，科学地控制或降低体重。

（五）运动性昏厥

运动性昏厥是指在运动中由于脑部突然血液供给不足，而发生一时性知觉丧失的现象。

1. 原因与征象

在昏倒前，患者会感到全身无力、瘫软、眼前发黑、头昏耳鸣、面色苍白，然后失去知觉、突然昏倒、手脚发凉、血压降低、脉搏慢而弱、呼吸缓慢等。运动性昏厥的产生是由于进行剧烈运动或长时间运动，使大量血液积聚在下肢，导致回心血量减少所致，剧烈运动后引起的低血糖对昏厥的产生也有关系。

2. 处理方法

当发生运动性昏厥时，立即让患者平卧，使脚略高于头部，并进行由小腿向大腿和心脏方向按摩或拍击，同时用手指点压人中、合谷等穴位。如果患者发生有呕吐现象，则应将患者头偏向一侧；如果患者出现休克现象，则应立即对其进行人工呼吸，醒后可让其饮热水。

3. 预防措施

加强体育锻炼，增强体质。同时还应注意以下几个方面。

（1）久蹲后不要突然起立。

（2）带病时不要参加剧烈运动。

（3）疾跑后不要立即停下来。

（4）在饥饿时不要参加剧烈运动。

（六）运动中暑

1. 原因与征象

在中暑早期可出现头痛、呕吐的现象，并逐步发展为体温升高、皮肤灼热干燥。严重者可出现虚脱、抽搐、血压下降、心律失常，甚至昏迷危及生命。在高温环境中,若运动量很大,则体内产热较多,体温会随着热量的积累而明显升高,从而影响人体正常的生理活动,使体温调节功能失调。若头部在缺乏保护状态下被烈日长时间照射,阳光中的射线可穿透颅骨引起脑膜充血、水肿而发病。在进行剧烈运动时,由于出汗过多,电解质代谢发生紊乱,进而导致肌肉痉挛。这时,若电解质得不到及时的补充,继续出汗,则可导致脱水、血液浓缩、血液黏稠度增高、血容量不足,会引起周围循环衰竭而发生中暑。

2. 处理方法

首先将患者扶送到阴凉通风处休息,同时采取物理和药物两种降温方法给患者降温,如额部冷敷降温、喝一些清凉饮料并补充生理盐水或葡萄糖生理盐水等。若患者病情严重,则经临时处理后,迅速送往医院做进一步治疗。

3. 预防措施

在高温季节对运动时间和运动量要进行合理安排,户外运动应尽量避免烈日直射的时段,在上午9:00以前和下午4:00以后进行运动为宜。在高温季节,进行户外运动时应戴太阳帽,穿宽松薄衣;进行室内运动时应保持室内通风,并备有低糖含电解质饮料。

(七)运动性贫血

1. 原因与征象

血液中红细胞数与血红蛋白量低于正常值(男性120~160g/L,女性110~150g/L)下限时,称为贫血。因运动引起的血红蛋白量减少,即称为运动性贫血,与男性相比,女性的发病率要高。运动时肌肉对蛋白质和铁的需要量增加,若饮食中蛋白质的摄取不足,可引起运动性贫血;运动时脾脏释放的溶血卵磷脂能使红细胞的脆性增加,又由于运动时血液循环的速度加快,导致红细胞容易破裂,从而打破红细胞新生与衰亡之间的平衡,致使运动性贫血的发生。运动性贫血发病缓慢,其主要症状有头晕、恶心、呕吐、气喘、体力下降及运动后心悸、心率加快、脸色苍白等。

2. 处理方法

若在运动中(后)出现头晕、无力、恶心等现象时,应减少运动量或暂停运动。补充富含蛋白质和铁的食物、口服硫酸亚铁片剂和维生素C,对缺铁性贫血的治疗有明显的效果。

3. 预防措施

对运动量和运动强度要进行合理安排,补充富含蛋白质和铁的食物,克服偏食的不良习惯。症状严重者,可暂时停止运动训练,适当做一些小运动量的体育活动。

二、飞行大学生航空体育运动中运动性损伤及治疗

(一)导致运动损伤的原因

1. 缺乏必要的运动损伤知识

体育活动组织者、指导者及参加者缺乏必要的预防运动损伤知识与运动损伤的发生有很大关系。由于缺乏基本知识,不善于对学生进行安全教育,不懂得采取各种有效的预防措施,在发生损伤后不会分析原因、总结经验教训,致使伤害事故时有发生。

2. 训练水平不够

通常情况下身体素质训练、专项技术训练、战略战术训练及心理品质培训不够与运动损伤的发生有密切关系。在一般身体素质不良时,由于肌肉力量和弹性较差,反应迟钝,关节灵活性和稳定性也较弱,因而容易致伤。在专项技术训练不够时,对动作要领的掌握往往不理想,存在缺点和错误,这类不佳的技术动作违反了身体结构、机能的特点和运动时的生物力学原理,因而容易发生损伤。因战略战术训练不够而导致受伤的情况发生较少,因而容易被忽视,如耐力运动中的速度分配不合理、比赛时间超长、地点选择不合理而造成的损伤。此外,若对运动员的心理品质培养和训练不够,则会使运动员缺少勇敢顽强、坚韧果断和胜不骄、败不馁的自控能力的品质,这也是导致运动损伤的原因。

3. 教学、训练和比赛活动安排不当

(1)准备活动问题

准备活动问题包括:在正式活动开始前未做准备活动或准备活动不充分;与专项内容结合不好;准备活动量过大;准备活动过程没有遵循循序渐进的原则,活动开始时速度过快、用力过猛等。

(2)运动量过大

对运动量的安排不合理,特别是运动量过于集中,使局部负担量过大,是在运动训练,尤其是专项训练中造成损伤的主要原因。根据对第三届全运会武术运动员和第五届全运会击剑运动员的损伤情况调查均表明,局部负担量过大是引起损伤的首要原因。

局部负担过重的问题在一般体育教学课中也同样存在。例如,在某中学的一次体育课中,安排的第一项是田径项目中的掷铅球;第二项是排球的基本技术训练,即传球及封网练习;第三项是体操的单杠练习。当进行到第三项单杠练习时,很多学生已感到上肢疲乏,不能很好完成动作,其中一名学生因上肢无力而脱杆,

从杠上掉下来,造成前臂骨折。从表面上看,这次课安排的内容比较丰富,运动项目也具有多样性,但实际上,所有内容对上肢肌肉带来的负担都很重,造成局部负担过度,从而导致严重事故发生。

(3)组织方法不科学

在组织教学、训练过程中,没有从训练原则和实际出发,对不同年龄、性别和个体之间在身体发育、健康状况、身体素质、技术水平、运动能力等方面存在的差异认识不够充分(训练的正确组织方法应是从简单到复杂、循序渐进、逐步提高)。在教学或训练过程中,特别是在进行器械练习时,没有必要的保护,如一个教师负责的学生过多、男教师对高年级女学生保护不便、对技术和素质差的学生未给予得力的保护等。另外,运动条件差而没有明显的场地区分,教学时临时改变示范动作等,都是导致运动损伤发生的因素。

(4)运动参加者的生理、心理状态不佳

生理状态不良主要包括在睡眠或休息不好、患病受伤或伤病初愈、疲劳或身体机能下降时所表现出来的现象。实践证明,在疲惫的状态下,机体的力量、精确度和协调机能均显著下降,甚至是进行技术训练的运动员,在这种情况下,也可能因运动技术上的错误而导致损伤。此外,随着生理机能的下降,警觉性和注意力减退,机体的反应变得迟钝,也是造成损伤的因素。运动员的心理状态与损伤的发生也有密切的关系。例如,运动员心情不好、情绪不高,对训练或比赛缺乏自觉性和积极性,思想不集中,也兴奋不起来,在这种情况下运动,必然容易受伤;运动员情绪急躁、急于求成、信心不足、自控能力差、缺乏勇气、胆怯犹豫,以及在赛前过于紧张,而场上又心慌意乱,在此种情况下,其发生运动损伤的概率必然较高;另外,若运动员好表现自己、好胜心强、好奇心大而忘乎所以,忽视主客观条件的可能性,盲目或冒失地进行运动,则也容易造成运动损伤。

4. 其他原因

造成运动损伤的其他原因包括场地、器材、服装不符合卫生要求、保护用具及不良的气候影响等。

据近年北京体育大学博士生对全国200多所高校学生运动损伤情况的调查结果表明,在学校体育运动中发生运动损伤的主要原因是准备活动不充分、技术动作不正确、场地设备不好、不遵守运动规则等。

(二)运动损伤的预防

“预防胜于治疗”,因此要采取适当的预防措施来减少由运动引起的运动损伤的概率。

1. 运动之前最重要的是必须了解身体的初始状态及其对运动的适应程度

要全面的认识自身的身体状况,如心肺功能怎样,是否有先天性的疾病,肌肉力量、关节柔韧性如何等。

2. 运动前准备活动要充分

通常情况下准备活动包括热身运动及伸展练习,使肌肉关节活动充分,同时对与运动内容相配合的专项准备活动也要做好。准备活动的量不要太大.准备活动与运动间隔时间不要太长。

通过研究表明,缺乏准备活动或准备活动内容不合理,是造成运动损伤的重要原因。另外,锻炼后的放松活动对预防运动损伤的发生也同样重要,通过对不同运动项目进行有针对性的放松活动,能有效地减轻锻炼后出现的延迟性肌肉酸痛。

3. 做好充分的心理准备

进行一项运动之前,必须对该项运动有所认识,掌握正确的动作技巧,并做好充分的心理准备,有利于锻炼者集中注意力、缓解紧张情绪及建立信心。

4. 场地器械及服装应符合运动的要求

要根据场地的情况来安排活动,尤其要注意运动场地是否有地面不平、有碎杂物、跑道太硬、沙坑有石子、器械安装不当及安放位置不妥等问题存在。应根据运动项目选择服装、鞋袜,如跑步运动,就不能穿只具有快速旋转功能而没有防震功能的网球鞋。

5. 加强易损伤部位的力量训练

不同项目都有其薄弱的易损伤部位,这些易损伤部位多在关节周围、小肌肉群和韧带等部位。在进行训练时,人们对大肌肉群的训练有所侧重,而对小肌肉群的力量练习有所忽略,从而导致二者发展不平衡,最终在小肌肉群、关节、韧带等处造成损伤。

6. 加强自身安全意识,特别要提高自我保护能力

掌握运动中发生意外时的自我保护方法,即运动防护技术,提高自我保护能力。例如,运动中倒地时,要立即屈肘、抱肩、低头、团身,以肩部着地顺势滚翻,千万不可直臂撑地。必要时可采用运动防护用具,这样可以降低运动损伤的程度。但防护用具只是降低因撞击造成的伤害,没有预防身体碰撞的功能。

(三)常见运动损伤的处理

1. 软组织损伤

(1)擦伤的处理

发生擦伤时,可先用生理盐水清洗或过氧化氢(双氧水)对创伤面进行冲洗,

若伤口处有异物，可用干净毛刷将异物清除，创伤口周围可用75%的酒精棉球消毒。若创伤面不大，则用红药水或紫药水涂抹伤口即可；若是大面积擦伤，先用生理盐水洗净清理创伤面，之后洒上消炎粉或用消毒纱布覆盖，最后再用纱布包扎。创伤口较深者，应注射破伤风针。

（2）撕裂伤的处理

发生撕裂伤时，若撕裂的创伤口较小，经消炎处理后，用黏膏或创可贴贴合即可；若撕裂的创伤口较大，则需止血，并对创伤口进行缝合。若创伤口深且污染严重，则需注射破伤风抗毒血清，并给予抗生素治疗。若肌腱断裂，则需手术缝合。

（3）挫伤的处理

发生挫伤时，在24h内，可对挫伤处采用RICE方法处理，冷敷、加压包扎、抬高伤肢或外敷中药；在24h后，可对挫伤处进行热敷、按摩或理疗，以活血、消肿和止疼。恢复期内可进行一些功能型锻炼以促进康复。如果怀疑内脏损伤，则在做临时性处理后，立即送往医院做进一步的检查和治疗。

（4）肌肉拉伤的处理

发生肌肉拉伤时，若肌肉拉伤较轻，可对其采用RICE方法处理，即刻进行冷敷，局部加压包扎，抬高伤肢，24h后可施行按摩或理疗。若肌肉已大部分或完全断裂，则在加压包扎急救后，立即送医院手术缝合治疗。

2. 关节、韧带扭伤

（1）肩关节扭伤的处理

单纯韧带扭伤，可采用RICE方法处理，冷敷、加压包扎；同时服用消炎药或注射类固醇来控制肌腱发炎；24h后可采用理疗、按摩和针灸等物理治疗。出现韧带断裂时，需在紧急处理之后，立即送医院缝合和固定处理。当肩关节肿胀和疼痛减轻后，可适当进行功能性锻炼，不宜过早活动，以防转入慢性。

（2）髌骨劳损的处理

对于髌骨劳损，患者可采用中药外敷、针灸、按摩等进行康复理疗，或服用消炎的药物。平时，应注意加强膝关节肌群力量练习（包括股四头肌和腿后肌群），如采用高位静力半蹲，每次保持35s即可，待病情好转时，可以逐渐延长保持时间，每日进行1～2次。

（3）踝关节扭伤的处理

发生踝关节扭伤后，通常可以采用RICE的急救方法，立即冷敷，同时用绷带固定包扎，并抬高伤肢。24h后，根据伤情采取综合治疗，如外敷中药、理疗、刮痧、按摩等，必要时用封闭疗法，待病情好转后，施行功能性练习。对严重伤者，可用石膏固定。韧带完全断裂者,需固定4~6周,解除固定后配合按摩、理疗、中药熏洗和功能锻炼。

(4)急性腰伤的处理

发生腰部急性扭伤后,必须立刻停止活动,并让伤者平卧。若剧烈疼痛,则用担架抬送医院诊治。处理后,应使用硬板床或腰下垫个软枕头,以减轻疼痛,使肌肉韧带处于放松状态,也可针灸、外敷中药或按摩。

总之,无论发生上肢还是下肢的运动创伤,由于都涉及肌肉、肌腱、韧带、骨骼和关节的损伤,因此,这些损伤一般都可以利用RICE急救方法进行初步处理。但是,当发生的原因不明确或是创伤较严重时,则必须立即送医救治。最后,运动员应该切记:在未得到医生的准许前,切勿恢复正常的运动训练,或进行运动竞赛。

3. 胫腓骨疲劳性骨膜炎的处理

早期较轻的伤者不需要特殊方法治疗,仅用弹力绷带将小腿裹扎;停止大运动量的练习,不要进行剧烈的跑跳。经过2~3周症状自行消失,大多数病例可痊愈。损伤较重的伤者应停止训练,通常采用物理治疗方法,即用弹力绷带裹扎小腿,抬高伤肢,促进局部血液循环、淋巴循环与渗出组织液的吸收。在治愈后进行训练时,运动量及运动强度必须逐渐增加,以免再发生损伤。

4. 关节脱位的处理

发生关节脱位时,可用长度和宽度相称的夹板固定伤肢。如果没有夹板,也可用三角巾将伤肢固定在自己的躯干上,防止震动,之后尽快送往医院进行复位治疗。如果没有把握做整复术时,切不可随意做复位的动作,以免加重伤情而影响功能的恢复。

5. 脑震荡的处理

发生脑震荡时,让伤者平卧,安静休息,进行头部冷敷并注意身上保暖。若有昏迷,立即指压人中、内关、合谷穴;若呼吸发生障碍,立即进行人工呼吸。经过上述处理后,若出现反复昏迷或耳鼻口出血、两瞳孔放大又不对称时,表明病情严重,应立即护送到医院治疗。在运送过程中,要让伤者平卧,头部固定,避免颠簸。无论脑震荡的程度如何,均需将伤者送往医院做进一步检查。

脑震荡通常都可自愈,无须住院治疗,但要注意休息和必要的药物治疗,保持情绪稳定,减少脑力劳动。在恢复过程中,可定期做脑震荡痊愈平衡试撞,以检查病情的恢复情况。其方法是闭目、单腿站立、两臂平举。若能保持平衡,则表明脑震荡已基本治愈,这时可适当参加体育锻炼,但要避免滚翻和旋转性动作。

6. 骨折的处理

发生骨折时,要立即停止活动,并进行急救。若伤者出现休克,应先进行处理,平躺休息,点按人中穴,并进行口对口人工呼吸或心脏胸外挤压;若伴有伤口出血,应同时实施止血和包扎,并用夹板或其他代用品将受伤部位固定。在进行固定包扎时,动作要轻缓,不要乱拉乱拖,以免造成严重的错位,并要及时护送到医院检查治疗。

(四)急救

1. 急救的意义和原则

对意外或突然发生的伤害事故进行紧急的临时性处理称为急救。急救的目的是保护伤病员的生命安全、减轻伤病员痛苦、避免再度伤害、预防并发症,并为伤病员的转运和进一步治疗创造条件,这对挽救生命具有十分重要的意义。由于急救的技术性与判断性很强,因此,进行急救时必须遵循如下原则。

(1)抓住主要矛盾。先急后缓、现场急救,若同时出现多种损伤,则必须抓住主要矛盾进行急救。若发现休克,应先施行抗休克抢救——针刺人中、内关穴,并及时进行人工呼吸;若伴有出血时,应同时施行止血,然后对其他损伤进行处理。

(2)判断准确,施行正确的抢救技术。急救人员对损伤性质和程度要有准确的判断,并施行正确的抢救技术。

(3)分秒必争,临危不惧。进行急救时必须分秒必争、临危不惧、当机立断,切勿延误时机。当抢救有效后,应尽快转送医院进一步治疗。在运送过程中,要密切观察患者病情,保持患者平稳安静,必要时继续进行人工呼吸。

2. 急救方法

急救技术包括止血法、人工呼吸法、搬运法等。

(1)止血法

①冷敷法:这种止血法常用于急性闭合性软组织损伤,最简便的方法是用冷水冲洗或用冷毛巾敷于伤处,有条件的可使用氯化烷喷射。

②抬高伤肢法:把出血的肢体抬高超过心脏水平,这样可降低出血部位的血压,减少出血。

③压迫法:包括指压法、绷带法等。

A. 指压法。指压法常用于动脉出血,方法是在出血部位用手指腹直接压迫出血部位,但由于直接触及伤口,所以最好敷上消毒纱布后再进行指压,以防引起感染,也可通过指压出血部位的上端动脉管来切断血流渠道,进而达到止血目的。常用指压法包括:颌外动脉指压止血法(位于下颌角前 1.5cm 处)、肱动脉指压止血法、股动脉指压止血法、胫前(后)动脉指压止血法等。

B. 绷带法。绷带的包扎方法较多,具体方法的选择要根据不同部位和伤势来决定,如环形包扎法、螺旋形包扎法。另外,还有反折螺旋形包扎法、“8”字形包扎法、三角巾包扎法等。在运动和生活中,常用于鼻出血的止血方法有:患者取坐位,头微后仰,头后部靠在椅背上,用冷毛巾敷前额和鼻梁部,手指紧压鼻两侧止血,也可用无菌纱塞鼻腔止血。

(2)人工呼吸法

人工呼吸法也有多种,其中最有效的方法是口对口人工呼吸法和心脏胸外挤压法。

①口对口人工呼吸法:首先清除患者口中的分泌物或呕吐物,松开衣领、裤带和胸腹部衣服,并及时将患者仰卧,头部后仰,托起下颌,捏住鼻孔,压住环状软骨(压迫食道)以防空气进入胃内;然后急救者深吸一口气,两口相对,将大口气吹入患者口中,吹气后松开捏鼻子的手。如此反复进行,吹气频率为16~18次/分钟,直至患者能够自主呼吸。

②心脏胸外挤压法:首先将患者仰卧在木板或平地上,而后急救者两手上下重叠,把手掌根置于患者胸骨下半部,肘关节伸直;然后借助自身体重和肩臂部力量,适度用力下压,将胸壁下压3~4cm为宜,随即松手,胸壁将自然回弹。如此反复进行,成人为60~80次/分钟,小儿用单手挤压即可,90~100次/分钟,直至患者自主恢复心脏跳动。在必要时,可将口对口呼吸法和心脏胸外挤压法同时进行,急救者之间应密切配合,两者以1:4的频率进行。

(3)搬运法

对患者进行现场急救处理后,应迅速和安全地将其转移到宿舍休息或医院治疗。搬运方法包括徒手搬运法、托抱法、双人椅托法、扶持法、三人托抱法、担架法和车辆运送法等。

3. 溺水的急救

发生溺水时,水经呼吸道进入肺内,造成呼吸道阻塞或因吸水刺激引起喉部肌肉痉挛,从而导致窒息昏迷,一段时间后,则会因缺氧而危及生命。窒息后,溺水者的脸色苍白、眼睛充血、神志不清、口鼻充满泡沫、四肢冰冷、胃腹满水鼓起,直至呼吸、心跳停止。对溺水者可通过以下步骤进行急救:

(1)将溺水者救上岸后,立即将其口腔内异物清除,并进行倒水;

(2)及时对溺水者进行人工呼吸;

(3)待溺水者清醒后,将其立即送往医院做进一步治疗,同时在运送途中要密切观察溺水者情况，必要时继续进行人工呼吸。

第六节　航空体育与飞行能力

一、提高飞行大学生灵敏协调反应能力

灵敏及协调反应迅速能力是飞行学员的运动技能和各种运动素质在运动过程中的综合表现，同时，也是民航飞行人员必须具备的身体素质之一。灵敏及协调反应迅速能力建立在力量、速度（反应速度、动作速度）、柔韧、节奏感等多种素质和技能之上，这些素质和技能取决于神经系统的灵活性和可塑性，以及已建立的动作的储备数量。通过对多种运动项目的基本技术和练习方法的学习，使飞行员在时空急剧变化的条件下能迅速表现出对动作的准确判断、灵活应变、高度的自我操纵能力、快速敏捷的反应速度及迅速改变身体或身体某部位运动方向的能力，从而达到提高灵敏及协调反应迅速能力的目的。

（一）灵敏及协调反应迅速能力的基本原理

1. 神经过程的灵活性

灵敏及协调反应迅速是在极其巩固的运动技能基础上表现出来的，也就是在大脑皮质分析与综合能力高度发展的情况下才能体现。大脑皮质的分析与综合能力，是在时间和空间上紧密结合进行的。因此，对每一个动作的学习都要按一定的顺序进行，这样大脑皮质根据动作难易程度所给予的刺激也按一定顺序正确地反映出来。通过多次的重复练习，最后形成熟练动作。所以，反复练习能使技术动作熟练化、自动化，能加强大脑神经过程兴奋和抑制的转换能力，进而就能提高大脑神经过程的灵活性，从而在任何环境中都能把技术动作熟练地表现出来。实践证明，基本技术掌握得越多、越熟练，则学习新的运动技能就越快，技术运用也就显得越灵活；并且越灵活就越富有创造力，灵敏及协调反应迅速能力也就越高。

2. 条件反射形成后的强化

在掌握技术动作后，还必须通过反复的练习来不断强化技术动作，使之形成动力定型。因为条件反射形成后，如果不进行动作强化，那么暂时神经联系就会中断，条件反射就会消退，灵活性也会降低。

3. 前庭分析器

机体的前庭分析器能够提高转体、平衡等动作的灵敏性。当身体向任何方向旋转或腾空时，只有通过前庭分析器的作用，才能感觉身体在空间位置的变化，才能借助各种反射来调节肌肉紧张程度，以完成动作。因此，可以通过练习体操、球类、田径等项目的一些特定动作来改进前庭分析器的机能，从而达到提高灵敏及协调反应迅速能力的目的。

（二）灵敏及协调反应迅速能力与飞行能力的关系

1. 灵敏及协调反应迅速能力的概念

灵敏及协调反应迅速能力是指机体在各种突然变换的运动条件下，都具有迅速、准确、协调地改变身体姿势和运动方向及方式的能力，综合体现了运动技能和各种运动基本素质。

2. 飞行能力的概念

飞行能力是指在飞行持续时间长、跨时区等因素影响下，要求飞行人员对变化多端的复杂情况能及时而准确地做出判断及处置的能力。

3. 灵敏及协调反应迅速能力与飞行能力的内在联系

对灵敏及协调反应迅速能力和飞行能力水平的提高的衡量主要从以下三方面进行：

（1）是否具有快速的反应、判断、维持平衡和随机应变能力。

（2）在完成动作的过程中，是否能自如地操纵自己的身体，在任何不同的条件下都能准确、熟练地完成动作。

（3）是否能把力量、速度（反应速度）、节奏感等素质通过熟练的动作表现出来。

由此可知，灵敏及协调反应迅速能力与飞行能力存在着明显的相关关系，它们都受大脑皮质神经过程的灵活性影响，同时还受运动基本素质的水平高低的制约及与技能信息的储备及熟练程度关联。因此，灵敏及协调反应迅速能力是飞行人员必须具备的身体素质之一。

我们在体育训练中学习各种各样的运动技能的过程，就是在大脑皮质中建立大量的暂时神经联系的过程。这种联系越多、越巩固，自动化的程度就越高，身体表现就越灵活，学习新的运动技能也就越快。而这些又能迁移到学习飞行技能上来，有利于飞行学员掌握和提高飞行技术，确保飞行安全，顺利完成飞行任务。

二、提高飞行大学生前庭耐力

前庭耐力是飞行员在飞行中对连续颠簸、摇晃、翻滚的耐受能力。前庭耐力差的人就会出现头晕、恶心、面色苍白等“晕机”症状，平衡机能的不良将影响飞行训练对将来的航线飞行，通常易引起错觉，从而危及飞行安全。那么，晕机是如何产生的？又如何提高前庭耐力呢？为了说明这个问题，首先要了解前庭器官的构造和机能。

（一）前庭耐力的基本原理

感知人体在空间的体位变化和维持人体的平衡，有赖于前庭分析器、视觉分析器、水体感受器、触觉分析器和运动分析器的综合作用。前庭分析器受到的刺激超过了它的耐受限度是产生晕机的主要原因，前庭分析器的外围部分在内耳。由三个半规管、前庭、椭圆囊和球囊及耳蜗共同组成。又因为内耳管道曲折复杂，形状如迷宫，所以又称为迷路。

三个半规管由两个半月形的弯曲小管组成，位于内耳迷路的后上方。每个管的位置互相垂直，分别叫作上垂直半规管、后垂直半规管、水平半规管。管内有淋巴液，三个半规管都和椭圆囊相通，每个管的一端有一个相对膨大的壶腹。壶腹内有一个小的隆起叫作壶腹脊。壶腹脊由支持细胞和毛细胞组成，它是一个感觉装置，主要感受旋转变速运动的刺激。毛细胞上有一层胶状物叫作胶顶。毛细胞的纤毛插入胶质层里，形状像一个毛刷。每一个毛细胞上都有长短不等的单毛，其中一种毛较粗，是动力纤毛，是传导胶顶位移刺激的感觉细胞纤毛。其他细毛长短不等，是支持胶作的，叫作静力纤毛。静力纤毛有在胶顶发生弯曲时使之恢复原位的功能。当人体做旋转运动时，由于受惯性力的影响，管里的淋巴液落后于半规管的移动。于是，带动胶顶向旋转相反的方向弯曲，这时动力纤毛把刺激传到毛细胞，经前庭神经传至中枢，感知体位的变化。由于三个半规管互相垂直，所以身体向任何方向旋转都能感知其变化。当人体做匀速运动时，半规管里的淋巴液随半规管一起运动。而壶腹脊的毛细胞的静力纤毛，会使胶顶逐渐恢复到原来状态，此时不会产生运动感觉。当运动停止时，淋巴细胞由于受到惯性的影响而继续运动，从而冲击壶腹脊产生停止的感觉。

椭圆囊和球囊位于内耳的中部，其囊内存在一个增厚的感觉上皮组织叫作束斑，束斑有支持细胞和毛细胞组成，它们都和壶腹脊的毛细胞基本相同，不过束斑的纤毛要比壶腹脊的纤毛短，毛细胞的表面覆盖一层胶质层，胶质层附有右灰质的结晶叫作耳石。当头处于直让位置时，耳石均匀地压在毛细胞的表面，末梢神经对这种均匀的压力已经适应,因而不会产生兴奋。当头部倾斜时,耳石受重力影响也向一侧倾斜,此时对毛细胞的压力发生了变化,随即产生兴奋,当兴奋传到中枢便使人感知头部位置的改变。耳石除了感知头部位置的变化外,还感受直线运动、加速与减速运动、震动的刺激。

由于椭圆囊的束斑在椭圆囊的下层,略成水平,球囊的束斑在球囊的前层,二者互相垂直。所以,无论向哪个方向变化都能感知人体姿势的变化。

传导部分是组成前庭分析器的第二部分。它与前庭发生的神经冲动支配眼肌的神经相联系,可以反射地引起眼肌有规律的收缩,产生眼震;与支配颈部、四肢和躯干部位的运动神经相联系,可以反射地引起四肢躯干肌力下常关系失调,上体面向一方倾倒,不能沿直线行走,定向能力下降或遭到破坏;与自主神经相联系,会产生一系列自由神经反应,如晕、恶心、呕吐、出冷汗、面色苍白、脉搏血压改变等。

(二)前庭耐力与飞行素质的关系

在飞行的过程中,飞机的连续摇晃、颠簸及各种加速度是引起人“晕机”的主要原因。一般直线加速度和径向加速度会引起重力变化,主要刺激椭圆囊和球囊的束斑。旋转变速运动会刺激半规管的壶腹脊,角加速度也主要刺激壶腹脊。物体在半径变化的情况下旋转或在另一个平面上补充旋转运动时,会产生阔力沃利氏加速度(简称阔氏加速度),例如,飞机在做曲线运动飞行时,飞行员若低头看仪表或抬头看舱外都容易产生阔氏加速度。产生阔氏加速度时,人的壶腹脊及耳石器会同时受到刺激,容易晕机,因而很容易产生飞行错觉。

除了上述主要原因外,还有其他的原因,如因体弱、过度疲劳、大脑皮质功能不良而对前庭器官的控制能力减弱,长期停飞适应性减退,胃肠功能不良,心血管功能障碍和缺氧等都能使前庭功能反应增高,容易产生晕机症状。

通过怎样的方式来提高前庭耐力而不产生晕机现象呢?最好的办法就是锻炼。飞行员通过飞行可以逐渐提高前庭耐力,但这样不经济。在飞行中发生晕机,会对飞行的操纵产生影响;经常晕机容易形成恶性条件反射,危及飞行信心。当然,也可以通过服用镇静剂的办法来降低中枢神经系统的兴奋性.降低对过强的前庭刺激的敏感性,从而达到减轻其反应的目的。然而,这种作用只是暂时的,并有副作用。实验证明:最好的办法是通过系统的体育训练来提高前庭耐力。航空医学研究发现:对43名晕机飞行员进行矫治锻炼,有效率达85.4%。在空军某飞行学院,将24名前庭耐力差的飞行学员分为两组进行对比锻炼,其效果明显。其中,一组进行矫治锻炼后,全部通过了垂直定域的关键性科目;然而进行一般锻炼的对照组,锻炼后晕机现象仍很明显,严重地影响飞行训练,并有数名不得不作停飞处理。

(三)前庭耐力的几种训练方法

根据上述前庭器官的解剖生理特点和训练教学的经验,可以通过以下几类训练方法来增强前庭器官的耐力水平。

1. 被动训练

被动训练是指应用各种加速旋转发生的器械使人体接受被动的旋转训练练习。例如,在离心机上和转椅上每天进行定量的旋转训练,在四柱秋千上由人推动进行被动摆荡。由于视觉对晕机也有影响,因此在进行被动训练时睁眼和闭眼应交替相结合。被动锻炼的优点是旋转的速度、摆荡的时间可过随意控制,便于掌握运动量及对照,效果也比较好。它的缺点是主观感觉不太好受,不能全面提高人体的健康水平,而是消极适应,消退也比较快。

2. 主动训练

主动训练是指编制一些具有旋转、回环、摇晃等性质的练习,由飞行员自己操练。例如,旋梯、弹跳板、弹跳网、滚轮、旋转秋千、技巧运动中的翻滚动作等。摇头体操是一种简单易行的训练方法。该方法有左右摇头、前俯后仰、向左旋转360°。等5个动作。头动的频率每秒1~2次,每种动作做50s,每做250s休息5s,5min做一遍;每天早晚各做2次,每次做两遍,坚持3~6天就会有效果。由于做摇头体操难以忍受,因此在具体训练时,对头动频率和锻炼时间应当因人而异、循序渐进地进行。“打地转”也是一种好的训练方法。该方法是体前层旋转加做头部上下左右摆动,再加上刚刚结束旋转就要求辨认方向等,它可以造成阔氏加速度,对提高前庭耐力效果很好。主动训练的优点是操练者主观感觉良好,前庭耐力锻炼与身体素质的点面提高相结合,效果比较巩固,与被动训练相比,其消退速度要慢。

3. 混合训练

混合训练是把被动训练和主动训练结合起来进行,适合于对前庭耐力不良的飞行员进行专门的矫治锻炼。

(四)提高前庭耐力应遵循的原则

根据平衡器官的构造与机能,前庭耐力的训练应遵循以下几个原则。

1. 在全面发展的基础上突出前庭耐力的训练

人体各器官系统是在中枢神经系统调节下的统一整体,机体的各个组成部分都是互相联系、互相影响的。所以,只有在全面发展的基础上才能更好地增强某种身体素质。如果对一个体质很弱的人只进行前庭耐力训练,是不会取得理想效果的。因此,只有在全面发展的基础上再突出前庭耐力的训练,才能使其迅速提高并保持持久。前庭器官的解剖生理研究证明,耳石器与三个半规管之间在功能上相互作用较小,而且它们各自养成的适应转移性差,所以每次锻炼也应该选择一些能使三个半规管和耳石器官都能得到锻炼的练习。训练时应变换头的位置,使某一个半规管的平面与旋转方向一致,以加强对这一个半规管的锻炼,也应使头向左右或前后倾斜,从各个角度训练前庭器官。

2. 持之以恒

前庭耐力的锻炼积累 50 个小时即可见成效,但下降和消退也比较快。通常情况下停止锻炼 5 ~7 天就会开始出现消退现象。并且经过系统地训练,其锻炼效果最多也只可以保持四个月,所以要保持经常训练。飞行前及间断飞行时间比较长时,要加强地面训练;经常飞行期间可以减少锻炼次数。

3. 循序渐进

前庭分析器对旋转相摆荡刺激有一个适应过程,所以锻炼的次数、时间、强度应逐渐增加。每次锻炼都要有头晕和全身发热的感觉,但不能操之过急。不要使其达到恶心的程度,切记刺激量过大,造成前庭器官永久性损伤,一般把每个学员能够耐受刺激量的一半作为开始刺激量。

4. 经常变换练习方法

在进行旋转练习时,应使睁眼与闭眼交替进行、快速与慢速交替进行。旋转时,通过不断改变头的位置,则可以造成阔氏加速度,使几个半规管和耳石器能同时受到刺激,从而提高锻炼的效果。在旋转时闭上眼睛,并做突然停止,再做相反方向的旋转,对防止错觉有较好的效果。

总之,由于每个学员对各种飞行动作的反应都有不同,所以在进行训练时要因人而异、有所侧重。

三、提高飞行耐力

(一)飞行耐力的含义

飞行耐力是指飞行员保持长时间飞行的工作能力。消耗人的机能储备是每项工作的共同点。飞行是一种脑力和体力并用,并伴有种种环境因素影响和精神紧张的工作。飞行因有技术复杂、高速、机动以及瞬间情况千变万化的特点,故在飞行时要求飞行员的精力要高度集中、手脚要协调操作、耳朵要听指挥与联络的信号、眼睛要不断观察,一旦遇到情况必须能在瞬间作出判断和处置,而且在紧要关头,对飞行员工作能力的要求往往更接近于极限。因此,在夜间和复杂气象条件下飞行时,飞行员的精力负担更大,又由于机体受到震动、摇晃、颠簸、缺氧、低气压等环境影响,将会产生大量的神经冲动传向大脑,因而极容易引起疲劳。民航飞行员由于续航时间较长,活动受限制,外界刺激单调,也容易产生疲劳。疲劳会使飞行员疲乏无力、头昏脑涨、精力难以集中、分析问题的能力降低、注意力范围变小、反应迟钝,甚至产生错觉,同时前庭耐力也会降低,从而影响飞行训练和运输任务的完成。

(二)航空体育训练对提高飞行耐力的生理学依据

疲劳是一种正常的生理现象,它是机体需要从工作转为休息的信号。对保护机体具有积极的意义。

活动给机体带来消耗,而休息又可使机体所消耗的得到恢复,消耗和恢复是对立的统一。国外的许多实验证明,在一定范围内,恢复作用与肌肉活动量以及消耗过程成正比,这个规律叫"超量恢复"。这是通过体育锻炼可以提高耐力的生理依据。

对高级神经活动的研究证明:大脑皮质的调节具有机能定位的作用,大脑皮质的一个区域的兴奋过程,可诱导原来已经疲劳的部位能更好地抑制,而抑制有利于对所消耗的进行恢复。这就是通过体育活动可以缓解飞行的过度紧张,加速疲劳消除的生理学依据。

(三)增强飞行耐力的两种途径

从上述的生理机制中可以看出,通过以下两种途径可以增强飞行耐力。

1. 合理安排飞行训练

通过不间断的飞行训练,可以使适应了的机能不消退,特别是神经系统对身体器官、系统的调节机能的改善,对机体发挥代偿机能及抵抗疲劳的产生有很大好处。通过进行飞行训练,能使飞行技术日趋熟练,逐渐达到"自动化"程度,进而可以避免过度紧张,延缓疲劳的产生。由此可知,合理地安排飞行训练,对增强飞行耐力有着独特的意义。

2. 积极地开展飞行人员的体育锻炼

飞行训练虽然可以增强飞行耐力,但必须以健壮的身体作为基础。因此,要想有效地增强飞行耐力,就必须把飞行训练与体育锻炼紧密地结合起来。在体育训练中,凡能增强耐力和力量耐力的项目都有利于发展飞行耐力,如紧张激烈的球类比赛,长距离的跑、游泳、滑冰,反复做的体操成套练习和综合练习等。身体各器官、系统的功能在通过训练后会发生深刻的变化,就能提高机体对飞行中各种不良因素影响的代偿能力。

在飞行后进行体育锻炼时,其锻炼项目应具有趣味性。它可以作为“积极性休息”的手段,来缓解飞行中的过度紧张,消除飞行疲劳,以便让飞行人员有更充沛的精力和耐力来迎接新的飞行训练。

四、提高抗过重负荷能力

(一)抗过重负荷能力概述

飞行员对加速度的耐受能力是抗过重负荷能力。任何物体如果不受外力作用,就永远保持静止状态或匀速直线运动状态。匀速直线运动即使速度再快对人体也没有什么影响,如地球绕太阳公转(近似直线运动)每秒30km,我们没有任何感觉;现代喷气式飞机的速度超过音速2~3倍,宇宙飞船的速度为每秒11km,只要速度不变、保持直线运动状态对人体就没有什么影响。但是,一旦速度发生变化,人体就会受到加速度的影响而发生一系列的变化。例如,汽车突然开动,站在汽车上的人会向后倒;当汽车在行进中急刹车时,人会向前倾;当汽车转弯时人又会向外倾斜。这都是因为速度的改变而加在人体上的惯性力作用的结果。航空医学上把这种因受惯性力影响而使人体承受的额外负荷叫作“过重负荷”或“超重”,它的大小用“G”来表示。在飞行中,随着飞机加速度的增大,飞行员承受的过重负荷也会增大。人体如果受2G的过重负荷,那就是相当于人体本身重量的2倍;受到6G的过重负荷,也就是相当于本身重量的6倍。

飞行员体内各组织、器官、系统在过重负荷的影响下会发生移位变形,机体也会改变,从而严重地影响飞行员对飞机的操纵。因此,增强飞行员特别是进行特技飞行的飞行员的抗过重负荷能力是非常重要的。飞行中常见的过重负荷包括横过重负荷、正过重负荷、负过重负荷等几种。

1. 正过重负荷

当飞机做急转弯、大坡度盘旋、螺旋、跟头、退出俯冲等特技动作时,飞行员头朝圆心,过重负荷的方向也就是惯性力的方向从头到脚,与人在地上站立时地心引力的方向从头到脚是一致的,所以叫作正过重负荷。

当人体受到较大正过重负荷作用时,飞行员会感到身体被压向座椅,躯干肌肉紧张,手脚感到沉重,活动困难;胸部活动障碍,膈肌下降,呼吸感到困难;内脏器官向下移位、变形,出现不舒服的牵拉感觉,有时会发生疼痛。

当正过重负荷作用时,体内血液变化最大。由于血液是流体,血管又有弹性可以扩张。大血管多与身体的纵轴平行,小血管又分布在全身各组织之间,所以在正过重负荷的作用下，血液最容易作惯性移动。在机体发挥代偿作用以前，心脏向上搏动的力量克服不了血液向下流动的力量，而心脏水平以上静脉血液却加速回流，结果使心脏以上部位血液减少，血压降低。相反，在心脏水平以下部位，由于惯性力的影响，动脉血加速向下流动，静脉血回流困难，结果使下半身血量增加，血压升高。正过重负荷值增大造成视网膜缺血，陷于急性缺氧状态，就会发生视力障碍。先是视物模糊，出现“周边视力丧失”；正过重负荷值继续增大，即出现周边视觉消失，视野缩小，最后中心视觉也丧失，出现“中心视力丧失”。如果正过重负荷再继续增大，大脑皮质严重缺血，就会出现意识的丧失。正过重负荷时出现“中心视力丧失”现象。

2. 负过重负荷

当飞机在做倒飞、反螺旋、反跟头及由平飞进入俯冲或由拉起改为平飞时，飞行员脚朝圆心，过重负荷方向与正过重负荷相反，所以叫作负过重负荷。

负过重负荷，由于惯性力的方向是从脚到头，飞行员感到臀部离开座椅，肩保护带被拉紧：内脏器官上移，膈肌上压，呼吸困难；血液沿血管从下肢及腹腔向身体上部涌流，头部充血，感到发胀。负过重负荷值增大到4G时，颜面及头部感到剧烈发胀，头皮有胀裂的感觉，视物为红色，叫作“红视”。人体对负过重负荷的适应只有发挥代偿作用，没有任何对抗动作可做，所以耐受力最低。一般人耐受3G的过重负荷时间只能为5s。但在飞行中一般都不做反螺旋、反跟头，剧烈的负过重负荷比较少，因此红视并不多见。

3. 横过重负荷

当飞机起飞加速时，尤其是在航空母舰上借弹射起飞时，从胸到背是其过重负荷的方向；当飞机着陆减速时，或迫降着陆时，过重负荷的方向则与起飞加速时的方向相反。过重负荷的方向与人的纵轴相垂直，所以叫作横过重负荷。飞机的起飞、着陆、加速、减速所产生的横过重负荷数值不大，对人体的影响很小。但在飞机弹射起飞或强迫着陆时，将产生时间短、增长率快得过重负荷。由于惯性力的方向与人的纵轴相垂直，血液循环方面的变化和器官的位移没有正、负过重负荷作用时那么严重。所以人对这种过重负荷的耐受能力最大。

加速度值的大小、增长率的快慢、持续时间的长短、和过重负荷的方向以及人体的内部结构决定各种加速度对人体的影响。内脏器官质地柔软、互相牵拉的组织少、游离区域大，在胸腔及腹腔又有一定的活动性，所以在加速度的作用下，容易发生变形移位。血液是流体，变化最大；骨骼质密坚硬，变化最小。

当人体受到加速度作用时，机体能够发挥代偿机能，抵抗加速度的不良影响。

例如,当正加速度作用时,由于惯性力的影响,内脏发生变形移位,血液向下肢及腹腔流动,使心脏以上部位血量减少,血压下降;当颈动脉窦和主动脉弓的压力感受区血压下降时,可以通过心血管调节中枢,反射性地引起心跳频率加快、心输出量增加,以及小血管紧张性增高和呼吸加快等机能的增强,从而使血压升高;同时由于内脏、皮肤、肌肉等组织器官受到机械力的作用,刺激了压力感受器,放出大量神经冲动,这种冲动传到中枢以后,也反射性地引起胸部、腹部和下肢肌肉紧张性增高,并促进呼吸和心血管系统的机能活动。这些代偿机能的发挥,就能够克服因加速度作用引起的机能障碍,以抵抗加速度的不良影响。这里必须指出的是,体质的强弱对代偿作用的发挥有很大影响。只有体质强、中枢神经系统机能好、自由神经机能稳定、心脏搏动有力、血管弹性好、肌肉结实,加上坚强的战斗意志和良好的精神状态,才能在加速度的作用时充分调动体内一切积极因素,代偿由于加速度所引起的一些机能障碍,耐受较大的G值。

（二）提高抗过重负荷能力的训练方法

1. 航空体育锻炼

航空体育锻炼主要包括重力性力量训练、极限强度性训练及心血管适应反应能力的训练。

（1）重力性力量训练

通过利用举重器、墙拉力器、哑铃、壶铃、肋木或综合练习器等器械,编制成套的力量练习进行综合训练,以此增强胸部、腰腹部、手臂及腿部肌肉力量。当人体受到过重负荷作用时,加强肌肉的张力可以对抗过重负荷的影响。实践证明:单纯的肌肉紧张可以提高加速度耐力1.1G。

美国空军某基地1977年和1982年研究结果表明:重力训练能使飞行员提高模拟空战动作,提高正过重负荷耐力。

俄罗斯空军研究证明:经常进行仰卧举腿、仰卧起坐、悬垂举腿、直角支撑等训练,可以增强腹肌力量。当人体受到正过重负荷作用时,能使腹肌持续紧张用力,阻止内脏器官向下移位变形,阻止血液向腹腔及下肢大量流动,从而保证大脑的血液供应,提高抗过重负荷能力。

（2）极限强度性训练

有人测定,飞行员200m跑的成绩好坏与抗过重负荷能力有密切关系。其主要原因在于它可以增强腿部肌肉力量,提高神经系统的兴奋强度。当人体受到过重负荷作用时,神经系统就支配腹、腿肌肉持续紧张用力,进而压迫血管,阻止血液向腿部大量流动,从而提高抗过重负荷能力。

(3)心血管适应反应能力的训练

由于旋梯、旋转秋千可以产生较大的离心力,因此,通过这些方式的快速回环训练可以提高心血管适应反应能力。当人体受到正过重负荷作用时,就可以在神经系统的调节下,使心脏加快收缩,使血管紧张性增高,以此来保证大脑的血液供应,提高抗过重负荷能力。据测定,旋梯、旋转秋千以每分钟 40 圈的速度回环时,在旋梯的最下方可以达到6G 的正过重负荷,而旋转秋千可以达到 7 ~ 8G 的正过重负荷。通过各种倒立的练习对提高对血液向头部大量流动的适应能力,提高承受负过重负荷的耐受能力有很大作用。离心机是较理想的锻炼机械,在锻炼中可以控制 G 值的大小、作用时间的长短及增长率的快慢。实验证明:在一个半月里锻炼 13 ~ 14 天,一天锻炼 3 ~ 4 次,每次 30s。40 ~ 50 次后可以平均提高 3G 的正过重负荷。

2. 模拟机飞行训练

在飞行训练中,通过反复地做各种特技动作,可以逐步提高抗过重负荷能力。这不仅是机体适应能力提高的过程,而且是条件反射形成的过程。与没有经验的飞行大学生相比,在做任何特技动作时,有经验的飞行大学生抗过重负荷能力较强。飞行大学生在加速度发生以前,大脑皮质根据一些预先信号刺激,动员一切代偿机能及早发挥作用,使机体处于有准备的状态。在正过重负荷作用时,两肩高耸,下颌内收,并连续做半闭声门用力呼气;同时全身肌肉持续紧张用力,可以使呼吸道及胸膜腔内压升高,直接传送到心脏和主动脉,动脉压升高,脑血流量增多,从而提高抗过重负荷能力。从这个意义上讲,在有强壮体质的基础上进行飞行锻炼具有独特的意义。

第二章

航空体育体能类模块

民航飞行员具有特殊的职业性质，所以要求民航飞行员在身体素质和心理素质等诸方面都应该有优于普通人的特点。比如人体的力量、速度、平衡能力、耐力、快速反应能力、灵敏性、身体协调能力等。在大学期间，飞行大学生进行体能训练的目的主要是为了使飞行大学生具有强健的体魄，增强灵敏性、协调性等体能和素质。而这些体能素质的获得，需要通过系统、科学、的体能训练。从这个意义上讲，拥有良好或者优秀的体能素质，是飞行员从事其他文化学习或者技能学习的基础。航空体育课程体能模块构架见图 2－1。

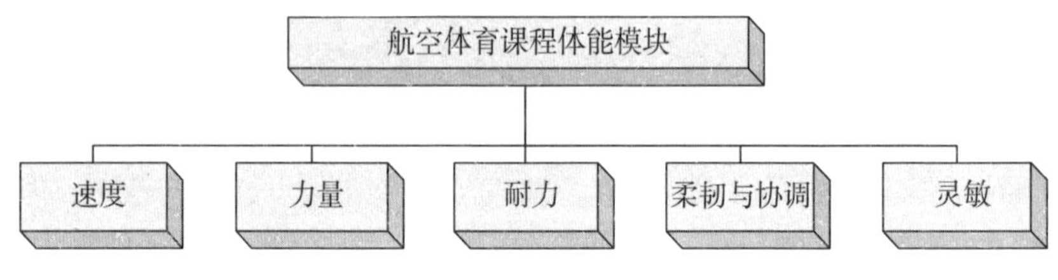

图 2－1　航空体育课程体能模块

体能通常是指通过力量、速度、耐力、协调、柔韧、灵敏等运动素质表现出来的人体基本的运动能力。

体能（Physical Fitness）一词最早源于美国。从广义上讲，它是指人体适应外界环境的能力。在英文文献中，常被用于表达身体对某种事物的适应能力。例如，Fitness for competition and win，Fitness for life activity。德国人将之称为工作能力，法国人称之为身体适性，日本人称之为体力，中国香港地区、台湾地区的学者将之翻译为“体适能”，并得到华语流行国家和地区体育学术界的认可。

1984 年中国出版的《体育词典》认为，体能是人体各器官系统机能在体育活动中表现出来的能力。

1992 年出版的《教练员训练指南》认为,运动素质又称体能,它是指运动员机体在运动时所表现出来的能力。体能包括力量、速度、耐力、柔韧和灵敏。

2000 年出版的体育院校通用教材《运动训练学》认为,体能是指运动员机体的基本运动能力,是运动员竞技能力的重要构成部分。体能是由身体形态、身体机能和运动素质组成。

中国台湾学者龚忆琳(1995 年)认为,体(适)能可分为竞技体(适)能和健康体(适)能。竞技体(适)能即运动体能,特指运动员为追求在竞技比赛中创造优异运动成绩所需的体(适)能。健康体(适)能是为促进健康、预防疾病和增进日常生活工作效率所需的体(适)能,包括心肺耐力适能、肌力适能、肌耐力适能、柔韧性适能、适当的体脂肪百分比。

中国学者熊斗寅认为,体能分为大体能和小体能。大体能泛指身体能力,它包括身体运动能力,身体适应能力,身体机能状态和各种身体素质。小体能即运动训练中的体能训练和体能性项目训练。

中国学者王兴认为,体能即体力与专项运动能力的统称。体力包括身体素质与潜力,身体素质特指专项身体素质;专项运动能力是指在对抗或与比赛相似的情境下掌握各种技术的能力。

中国学者袁运平认为,体能是人体通过先天遗传和后天训练所获得的形态结构、功能与调节方面及其在物质能量储存与转移方面所具有的潜在能力及与外界环境结合所表现出来的综合能力。

中国学者王保成认为,体能包括人的有形体能和无形体能,前者指身体能力,后者指心智能力,体能由身体结构、身体机能和智力意志三部分组成。从社会生活角度而言,体能是积极适应生活的身体能力、工作能力和抵抗疾病的生存适应能力。

我国学者蓝荣认为,体(适)能特指身体健康方面的状态。人体对环境的良好适应,包括对基本生存的适应,对日常生活和基本活动的适应,对生产劳动的适应,对竞技运动的适应。对基本生存的适应、对日常生活和基本活动的适应、对生产劳动的适应是体能的最基本状态,对运动训练和运动竞赛的适应是体能的高级适应。

综上所述,体(适)能是人体对环境适应过程所表现出来的综合能力。体能包括两个层次:健康体能和竞技运动体能。

对于普通人来讲,健康体能较竞技体能更为重要,因为,身心健康是一般人追求体能的最基本的目标,也就是通常讲的健康体能。

健康体能以增进健康和提高基本活动能力为目标,系指身体具备某种程度的能力,足以安全而有效地应付日常生活中身体所承受的冲击和负荷,免于过度疲劳,并有体力享受休闲及娱乐活动的能力。也就是说,体能是一种满足生活需要和有足够的能量完成各种任务活动的能力。就民航飞行大学生而言,航空体育体能更强调的是健康体能。而这里所指的健康体能主要是指民航飞行员职业行业所要求的、确保安全完成飞行任务、延长飞行寿命所储备的体能。

对于普通人来讲要想获得一个健康体能需要长期不间断的锻炼和训练,才能保持良好的身体状态(身体健康的常态)。

健康体能主要表现以下六大要素:

1. 心血管耐力:心、肺、血管去运输含氧的血液给正在工作的肌肉进行能量新陈代谢的能力。

2. 肌肉强力与耐力:前者是全力作阻力运动的能力,后者是长期肌肉重复收缩的能力。

3. 柔韧性:是利用肌肉在整个范围内运动的能力。

4. 敏捷性:是大小肌肉群的可操作性与协调性。

5. 力量:它被定义为力乘以距离除以时间。

6. 平衡性:指运动中保持平衡的能力。

上述六个基本要素与体能的概念相吻合,只是在某些方面提法有所差异,为了使人们对体能的理解趋于一致,我们仍延续传统的提法,即速度素质、力量素质、耐力素质、柔韧与协调素质、灵敏素质。

任何一项体能训练都不是孤立存在的,而是表现出综合性。因此,在体能训练过程中,人体抗阻能力、快速动作能力、持续工作能力、协调运动能力和敏捷准确的动作能力在人的活动和运动中并不是孤立存在和发展的,即力量、速度、耐力、柔韧和灵敏等体能基础之间互为影响、相互促进、相互制约、紧密相连,综合性和转移性是各项体能之间相互关系的集中体现。

长期的训练实践也表明,飞行学员在参加体能训练中,很少有一种活动形式只要求某一项体能参与工作,一般来说都是至少两种或两种以上体能综合发挥作用。例如,学生参加田径运动中的跳跃和投掷项目训练,排球运动中的扣球动作(助跑、起跳、空中动作、落地),既需要力量,又需要速度,这种能力的综合就是爆发力或速度力量;又如体操中练习中的各种翻滚,就需要力量、速度、柔韧、协调、灵敏综合而成爆发力和灵活性。在体能训练中,速度与力量的组合、力量与耐力的组合,速度与耐力的组合,速度与协调性的组合,灵敏与柔韧组合等都表现出体能训练的综合性。

根据人体体能的基本划分和类别，本节主要介绍速度素质、力量素质、耐力素质、柔韧与协调素质、灵敏素质的概念，训练方法与手段及在训练中如何保证练习者运动安全和注意事项，使飞行大学生通过各种运动项目训练，身体素质和体能能够得到快速的提升，保持连续性和持久性，并伴随飞行生涯的全过程，延长飞行寿命，确保飞行安全。

第一节 速度素质概念及训练

一、速度素质的概念界定

速度素质是指人体快速运动的能力。快速运动反映着机体运动的加速度和最大速度的能力。它包括反应速度、动作速度和位移速度。

（一）反应速度

1. 反应速度的概念界定

是指人体对各种信号刺激（声、光、触等）快速应答的能力。由人们对不同类型信号的反应时是不同的，训练、练习或锻炼中，往往根据不同项目的特点测定受训者对特定信号的反应时。如计时类体育项目（短跑、游泳等）主要是接受听觉信号，而技术技巧类项目（乒乓球、羽毛球、网球等）则主要通过接受视觉信号做出技战术反应。

2. 影响个体反应速度的主要因素

反应速度主要取决于人的感受器（视觉、听觉）和其他分析器的特征及中枢神经系统与神经肌肉之间的协调关系。由于上述因素受遗传效应影响较大，因此在训练中表现出极大的个体性和差异性，这就要求教师在日常教学训练中注意区别对待，避免强制性。

3. 反应速度的评价

在日常教学训练中，我们通常通过测定反应时，即参与者对信号刺激做出反应所需的时间来评定参与者的反应能力。作为教师在评价过程中，应根据不同项目的特点测定参与者对特定信号的反应速度。如短跑、游泳等竞速项目，飞行学生主要接受听觉信号而开始身体运动，而在乒乓球项目练习中则主要接受视觉信号而做出技战术反应。

（二）动作速度

1. 动作速度的概念界定

是指人体或人体某一部分快速完成动作的能力。动作速度是表现为人体完成某一项目技术动作时的挥摆速度、蹬伸速度速度等，因此说，动作速度是技术动作不可缺少的要素，在实际练习过程中，动作速度还包含个体在单位时间里连续完成单个动作时重复的次数（即动作频率）。

2. 影响个体动作速度的主要因素

学生个体在机体任何部位动作速度的快慢，主要取决于中枢神经系统的功能、引起该部位运动的肌肉力量大小，以及技术动作的合理性，因此，在日常教学训练中，教师应有计划针对性的对学生进行有效的强化训练。

3. 动作速度的评定

动作速度对于每个个体来讲差异性非常大，因为动作速度寓于某一个技术动作之中，如排球扣球的动作速度、跳远起跳的动作速度、武术踢腿的动作速度等等，所以动作速度的测量是与技术参数测定联系在一起的，如摆动速度、挥臂速度、起跳速度、加速度、角速度等。在运动实践中，我们可以通过对学生连续反复多次完成同一动作计时求出平均的动作速度。

（三）位移速度

1. 位移速度的概念界定

是指人体（个体）运动时在特定方向上位移的速度。以单位时间内个体机体移动的距离为评定指标。从运动学上评价，是指距离（S）与通过该距离所用的时间（T）之比。在体育运动训练或锻炼中，人们常常是以人体通过固定距离所用的时间来表示，如速度项目均以 H、M、S 计算。

2. 影响个体移动速度的主要因素

移动速度的主要影响因素是步长和步频。移动速度主要取决于动作频率即单位时间内完成的动作周期数和每一个动作周期在特定运动方向上的位移幅度。步频受遗传因素影响较大，步长受力量等因素影响加大，这两个因素状况的改善及它们之间的合理组合是提高移动速度的关键。

3. 移动速度的评定

移动速度的评价相对于反应速度、动作速度较为简单，已操作。我们测定移动速度的手段通常采用短距离跑。根据不同测试目的和需求选定测试跑动距离，如 10m、30m、50m、60m、100m、120m、150m、200m 等。

大量的训练实践表明，发展速度素质最有效的手段就是通过短跑运动项目，采取不同距离和各种形式的手段和方法，来发展学生的速度素质。

二、短跑技术解析

短跑是速度素质练习的主要手段，它既能体现反应速度，又能体现出动作速度和位移速度，因此，发展奔跑的能力和速度素质是飞行大学生必修的课程之一。

短距离跑全程技术，可分为起跑、起跑后的加速跑、途中胞、弯道跑和终点跑五个部分。距离跑成绩是由起跑的反应速度，起跑后的加速能力，保持最高跑速的时间和距离，弯道跑(200m、400m)的协调能力，终点冲刺能力及各部分的技术动作完成质量决定的。速度素质对于飞行大学生而言是非常重要的一项身体素质，飞行职业对飞行学生速度素质的要求是多方面的，既有反应速度(迅速对事物做出快速反应)、动作速度(及时做出身体动作的能力)，又有位移速度(遇事快速奔跑的能力)，鉴于此，仅对短跑技术做简要剖析。

(一)起跑

起跑是由静止到起动的过程。其任务是获得向前冲力，迅速摆脱静止状态，为起跑后加速跑创造条件。

短距离跑的起跑技术包括“各就位”“预备”“鸣枪”三个阶段(图 2 - 2)。“各就位”时，运动员应轻快地走到起跑器前，两手撑地，两脚依次踏齐前、后起跑器的抵足板上，后膝跪地，两手收回紧靠起跑线后沿撑地，两臂伸直，两手间距离比肩稍宽，手指成拱形做弹性支撑，头与躯干保持在一条直线上，身体重量均衡地落在两手、前脚和后膝关节之间。

图 2 - 2　起跑示意图

“预备”时，逐渐抬起臀部，使身体重心向前上方移动，此时身体重量主要落在两臂和前腿之间，臀部稍高于肩，两肩稍超出起跑线。

“鸣枪”时，两臂屈肘有力地前后摆动，两腿迅速蹬离起跑器，使身体向前上方运动，后腿快速蹬离起跑器后，迅速屈膝向前上方摆出，前摆时脚掌不应离地过高，以利摆动腿迅速着地和过渡到下一步。前腿有力地蹬伸，当前腿充分伸展髋、膝、踝三关节蹬离起跑器时,后腿已完成前摆且积极下压着地完成第一步动作。

(二)起跑后加速跑

起跑后加速跑是从后腿蹬离起跑器,到途中跑开始的一个阶段。其任务是充分利用向前的冲力,尽快达到最高速度。起跑后加速跑的技术要求是前倾角适宜,蹬摆迅速有力,渐增步幅,渐抬重心,(两脚印)渐成直线(图 2 -3 起跑后加速跑)。

图 2 -3　起跑后加速跑图

加速跑的距离一般为 30m,(但优秀运动会在 60 ~ 70m 处才达到最高速度)。起跑出发的第一步不宜过大,一般为 3.5 ~4 脚长,第二步为 4 ~4.5 脚长,以后逐渐增大,优秀运动会这种步长的变化都是比较稳定的。在跑进时,两臂应积极摆动,两腿依次用力蹬地,上下肢协调配合,以迅速获得快速度。在加速餐的开始阶段,上体前倾很大,随着步长和速度的不断增加,上体逐渐抬起,重心逐渐提高(重心在前 5m 内,约沿 5°角上升),直到正常姿势即转入途中跑。

(三)途中跑

途中跑是全程跑速度最快的一段。其余任务是继续发挥和保持较长距离的最高速度。途中跑的技术要求是后蹬、折叠、抬腿、扒地。动作轻松、协调、有弹性、节奏快、屈蹬效果好。

跑步中的一个周期是由一个复步(即两个单步)构成,有两个支撑时期和两个腾空时期。支撑时期又可分为着地缓冲、垂直支撑和后蹬三个阶段。腾空时期是指后蹬的脚离地,即进入无支撑阶段的时期,如图 2 -4 所示。

图 2 -4　途中跑技术图

1. 着地

腾空时期结束后，摆动腿大腿积极下压带动小腿前伸，膝关节几乎伸直下扒，前脚掌富有弹性地着地。着地瞬间，为了减缓前制动，应随惯性迅速推动踝、膝、髋关节的屈曲前移，进入垂直支撑阶段。同时，摆动腿的小腿应顺惯性向支撑腿大腿靠拢，摆动腿的膝关节折叠角逐渐减小。

2. 垂直支撑

随着身体重心的前移，髋、膝、踝关节的屈曲，身体重心移到支点垂直上方，即进入垂直支撑瞬间。后边摆动腿大小腿折叠角处于最小状态，脚跟几乎触及臀部，一般为 28 度角左右。

3. 后蹬

当身体重心移过支点垂直上方，即进入后蹬阶段。此时，支撑腿在摆动腿的拉动下，快速有力地伸展髋、膝、踝关节，摆动腿同侧骨盆送髋，迅速有力地屈膝向前上方摆出（但不能走出水平面，以免造成与人体前进方向不一致的分力），使身体重心向前运动。

4. 腾空

支撑腿蹬离地面后，人体便进入腾空阶段，此时，刚结束后蹬动作的支撑腿的小腿因蹬地后惯性作用和大腿有摆动，迅速向大腿靠拢，形成大、小腿边前摆，边折叠的动作。与此同时，摆动腿大腿积极下压，膝关节放松，小腿随大腿下压的惯性向前下方摆出，做积极的下落扒地动作。当摆动腿的膝关节几乎伸直下落着地时，腾空阶段结束，在整个腾空阶段，应使不参加工作的肌群得到瞬间的放松和休息。

在途中跑时，上体应稍前倾（前倾角 8° ~ 12°），头部应正直并与上体保持一致，颈部放松。摆臂时，应以肩为轴，手指成半握拳或自然伸掌，轻快有力地做前后摆动，前摆手的高度稍超过下颌，后摆时肘关节稍向外，摆至大臂约与肩平，前后摆动幅度为 115° ~ 125°。整体技术动作要做到轻快自然，充分发挥肌肉力量，只有直线性和平稳性好，才能取得良好的速度效果。

（四）弯道跑

1. 弯道跑起跑

为了便于起跑后有一段直线距离加速，弯道起跑器的安装位置应靠近外侧分道线并正对里侧分道线的切点方向，起跑时，右手撑在走跑线后，左手撑在起跑线后 5 ~ 10 厘米处，使身体正对切线方向，如图 2 – 5 所示。

2. 弯道起跑后加速跑

其技术要求是前倾角适宜，蹬摆有力，要渐增步幅，渐抬重心，渐成直线，在弯道起跑后加速跑阶段，上体要早些抬起，以利跑入弯道时和在继续跑进中，保持身体平衡。

图 2 – 5　弯道起跑示意图

3. 弯道途中跑

弯道途中跑的特点是身体技术动作幅度右侧大于左侧，如图 2 – 6 所示。从直道进入弯道跑时，身体应有意识地向内倾斜，加大右腿的蹬地力量和摆动幅度，同时右臂亦相应地加大摆动的力量和幅度，以利迅速从直道跑进弯道，进入弯道跑后，后蹬时，右脚前脚掌内侧用力，左脚前脚掌外侧用力。大腿前摆时，右膝关节稍向内，同时摆的幅度比左膝大，左腿前摆时，应稍向外。右臂摆动的幅度大于左臂，前摆时稍向左前方，后摆时右肘关节偏外，左臂稍离躯干做前后摆动。弯道跑时的蹬地与摆动方向都应与身体向圆心方向倾斜趋于一致。从弯道跑进直道，应在弯道跑的最后几米处，身体逐渐减小内倾程度，并自然跑 2 ~ 3 步后转入正常的途中跑。

图 2 – 6　弯道途中跑示意图

4. 终点跑

终点跑是全程跑的最后阶段（最后 15 ~ 20m 的距离），其任务是尽可能保持途中跑的最高速度跑。终点跑应力求在疲劳情况下保持途中跑的正确技术，动员全部力量，以最快的速度路过终点。技术上要求上体适当前倾，并注意加强后蹬和两臂的用力摆动。到离终点最后一步时，上体迅速前倾，用躯干部位撞终点线，跑过终点后应逐渐减速，不要突停，以免跌倒受伤，如图 2 – 7 所示。

图 2 – 7　终点跑技术示意图

三、速度素质训练的类别分析

飞行学生速度素质的提高主要是通过一定的方法与手段来提高速度素质。由于速度素质包括反应速度、动作速度、位移速度三个方面,三者之间既有联系,又有区别,因此,在速度素质训练中要结合三者的表现特点,既要进行单独的专项练习,又要把三者结合起来进行综合练习,才能有效地提升练习者的速度素质。

(一)反应速度的练习

反应速度的练习包括简单反应速度和复杂反应速度的练习。简单反应速度练习的特点是通过练习尽量缩短感觉(视、听、触)—动作反应的时间。复杂反应速度练习的特点则是尽量缩短感受(视、听、触)—中枢分析选择判别动作反应的时间。反应速度练习一般分为简单反应速度练习和复杂反应速度练习。

1. 简单反应速度的练习

(1)完整练习

利用已经掌握的完整的单个动作或组合动作,尽可能快地对突然出现的信号或突然改变的信号做出应答反应,以提高反应能力。例如,反复完成蹲踞式起跑;根据特定信号改变动作方向;对已知对手的运动做出不同的反应动作;对快速运动目标做出迅速反应等。这种对信号反应的完整练习,在运动员初级水平阶段作用比较明显。

(2)分解练习

由于简单动作反应是通过具体的、有目的的运动动作及其组合来完成的,因此采用分解练习能充分利用动作速度向简单反应速度转移效果。分解练习是相对完整练习而言,就是分解回答反应的动作,使之处于较容易或更为简单的条件,提高分解动作的速度来提高简单反应速度。例如,学生采用蹲踞式低姿起跑的反应时间较站立式高姿起跑慢的原因,主要是蹲踞式起跑时,运动员的手臂支撑着较大的体重,要较快离开支撑点是困难的。因此可进行分解练习:先用高姿起跑或手扶其他物体的形式,单独练习对起跑信号的反应速度,然后再逐步过渡到低姿起跑练习,这样将会取得好的练习效果。

(3)变换练习

通过改变练习的形式让学生在变化的情况下完成练习。改变练习的形式主要包括两方面内容:第一,改变对刺激信号的接收形式,如由视觉接收的刺激信号改变成听觉触觉的形式;第二,改变回答反应的动作形式。利用变换练习,既能有效地提高人体各感受器的功能和缩短简单反应的时间,又能提高练习积极性避免兴奋不必要的扩散,提高训练的效果。

(4)运动感觉练习

运动感觉练习是身体训练与心理训练相结合的一种方法。在人体反应过程中,提高对微小时间辨别的时间知觉,从而发展反应速度。这种练习对运动实践具有一定的实际意义。运动感觉练习一般要经过三个阶段。第一阶段是练习者接收到信号后,以最快的速度对信号做出应答反应(如做5~8m的起跑),然后获得该次反应练习的实际时间。第二阶段是练习者自己估计反应练习的所用时间,而后与实际时间对照比较,由此提高练习者对时间感觉的准确性。第三阶段是当练习者的估计时间与实际时间在大多数情况下吻合时,练习者就能较准确地判断反应时间的变化,在练习中按所要求的时间完成一次反应过程,练习者辨别时间差能力越强,越精细,就越能自由地掌握反应速度,并使反应速度得到提高。

2. 复杂反应速度的练习

复杂反应在运动中大部分属于选择反应。选择反应一般包含两种形式:一是对移动目标的反应,即指对运动客体的变化做出反应;二是选择动作的反应,主要指根据对手动作变化做出相应动作反应。所以,复杂反应速度的练习也包括移动目标练习和选择动作练习。

(1)移动目标练习

对移动目标产生反应并做出选择,一般要经历四个阶段。如对球类运动中的运动客体——球的反应,一是要看到球;二是判断球的速度与方向;三是选择自己动作的方案;四是实现这个方案。

(2)选择动作练习

选择动作练习内容包括两部分。其一,在专项训练练习中应根据需要选择的情况复杂化。例如,在练习中提供更多的需做出反应的动作。由此增加反应过程中的选择面和难度,促进中枢神经系统的分析辨别能力,缩短反应的时间。其二,练习中教师要想方设法,努力教会学生合理利用对手可能做出动作变化的"预先信息"。这种预先信息可从观察对手的姿态、面部表情、眼神、准备动作、总体风格中得到。一旦能准确意识到对手可能采用的动作变化,就可以快速、准确地选择相应的动作来应答,如篮球的突破投篮练习。

(二)动作速度的练习

任何一项技术动作练习,动作速度涵盖杂具体的动作之中。在动作速度的练习中,练习项目不同,动作速度练习的任务和内容也有区别,因此,动作速度和动作技术的完整程度紧密相连。另外,动作速度直接受到力量、柔韧、灵敏等其他身体素质水平的制约，所以动作速度的练习与其他素质的发展也密切有关。动作速度的培养，必须通过学生学习某个项目技术水平的巩固与提高及与运动项目所需求的有关身体素质的发展才能实现。

1. 完善技术练习

对于飞行学生而言，在练习中动作速度的提高，在很大程度上取决于完善的动作技术，因为动作幅度大小、工作距离长短、工作时间多少及动作的方向、角度与部位等都与动作速度大小有着极为密切的关系。其次，在技术练习中，学生的协调性会得到相应的提高。那么完成动作时，人体各肌肉群之间，肌肉活动与内脏活动之间，各内脏活动之间就会表现出同时或前后配合协作一致的现象，这将有利于在发展动作速度时最大限度地减少人体内部的阻力，从而提高动作速度。

2. 利用助力练习

指在动作速度练习中，利用外界自然条件的助力和人为因素的助力来发展动作速度。外界自然条件的助力是指利用风的方向或水的流向，如短跑的顺风跑、自行车顺风骑、游泳顺水游等。这种方法对提高动作速率既经济又有效。人工因素的助力可分为人为助力和机械助力：人为助力是教师或他人直接或间接施加给学生顺运动方向的力，帮助学生提高动作速率或完成某一技术环节的动作速度。如短跑项目一带一、快带慢的牵引跑；体操项目教师直接给予学生的助力，帮助其提高动作速度。机械助力是由专门机械代设备的牵引形成的。两种助力练习对提高学生的动作速度都有非常好的效果。

3. 利用后效作用练习

是指利用动作加速和器械重量变化而获得的后效作用来提高动作速度。如跳跃练习中，先穿沙背心或沙袋进行负重跳可获得重量减轻后的后效作用；利用下坡跑可获得加速的后效作用等。这是由于在第一次动作完成后，神经中枢剩余的兴奋在随后动作过程中仍然保持着运动指令，从而可以大大缩短动作进行的时间，提高动作速度。但是，这种后效作用的产生取决于负荷的大小和随后减轻的情况，以及练习重量的重复次数和不同重量的练习交换次数与比例。例如，在短跑练习中，学生练习的顺序应该是上坡跑—水平跑—下坡跑。这种由重到轻的安排就是要利用动作的后效作用。

4. 加大难度练习

加大难度练习主要是通过缩小练习完成的空间与时间界限，用特定的要求来促使动作速度的发展。如篮球、足球小场地快速完成练习。因为运动活动中动作速度表现的平均水平和快速动作的完成，在相当程度上受专项活动持续时间和活动场地等影响，因此，在动作速度的练习中，限制练习的时间、空间条件，可使学生以最大速度完成动作，从而提高训练效果。

（三）位移速度的练习

按照人体运动生物力学对技术动作进行剖析，位移速度实际上是一种人体综合运动能力。位移速度的快慢不仅和动作技术水平有关，而且和力量、柔韧、速度耐力及协调、灵敏性的发展也有着十分密切的关系。从另外一个角度，也可把位移速度看成是动作速度、速度耐力与意志力的组合。所以位移速度练习可采用以下方法。

1. 力量练习

力量练习是提高位移速度的基本方法之一。在日常练习中常采用的发展位移速度的力量练习有各种单双足跳、多级跳和跳深的徒手练习和负重杠铃等形式。力量水平特别是爆发力水平的提高对位移速度的提高具有相当重要的意义。但在练习中要科学安排，并应注意以下几点。

（1）采用力量练习时，以发展速度力量为主，重点强调负重力量练习的速度，完成动作的速度要快。

（2）注意采用极限和次极限负荷强度，以提高快肌纤维的功能。练习的次数与组数不宜过多。

（3）通过力量练习提高肌肉、韧带的坚韧性，防止在速度训练中受伤。

（4）力量练习后应有2～6周的减量练习阶段，以便通过（延缓转化）把所提高的力量能力转移到速度能力上去。

（5）多做一些超等长的力量练习（如多级跳、跳深等），以提高肌肉收缩时的快速力量。

2. 重复练习

是指按照规定的速度，多次重复一定距离的练习。这种方法对提高人体在快速移动中克服各种内外阻力及速度耐力十分重要。采用重复练习时要重视以下问题。

（1）练习强度。练习强度是提高练习者快速移动能力的主导因素。位移速度属极限强度，应以高强度进行位移速度的练习，强度一般可控制在90%～95%，在此之前要安排一些中等或是中上强度的练习作为适应。在高度在练习中，练习者高度集中注意力，最大限度地动员肌肉力量，并加大动作速度与幅度，发挥最高速度水平。

(2)练习量:位移速度练习要保证一定时间,但不宜太长。高强度练习一般持续时间在20秒以内,短跑距离30~60m,游泳10~15m为宜。次数和组数的确定应根据练习者高速度出现与保持的时间,以及克服疲劳和机体恢复能力来决定。一般说,极限负荷时间短,一组6~7次,重复5~6组。非极限负荷时间长,重复次数与组数减少。

(3)间歇安排:要遵循科学训练和练习者的实际情况,应以练习者个体机体相对得到恢复为标准。练习者在下一次练习开始前,中枢神经系统又再度兴奋,机体内物理化学变化在很大程度上已经中和,能保证下次练习的能量供应。间歇时间的长短主要和练习持续时间有关。一般说,练习持续时间5~10秒,各次练习间休息1~2min,组间间歇2~5min;若练习持续时间10~15s,各次练习间休息3~5min,组间间歇10~20min。

(4)肌肉的放松能力:在重复练习中,肌肉在极限强度负荷下完成最快的收缩功能,容易疲劳,恢复较慢。所以在练习中要重视提高肌肉的放松能力,也就是肌肉主动消除疲劳的能力。大量的材料表明,放松能力对速度运动项目的影响越来越大。

3. 步频、步幅练习

步频和步幅是影响位移速度的两个主要因素。尤其是步频受肌纤维类型和神经活动灵活性制约,步幅受腿的长度、柔韧性、后蹬技术力量的制约。这五个因素中,只有柔韧性和后蹬技术通过训练能得到改善,其他三个因素受遗传的影响后天改善的程度有限。因此,对有一定训练水平的练习者,主要是通过提高步幅来提高移动速度。

4. 比赛法、游戏法练习

比赛法是速度训练中经常采用的方法。由于移动速度练习时间短,经常采用比赛法是可行的。采用比赛法极大地调动练习者的积极性,表现最大速度的可能性就会增加。通过比速度、比技术、比成绩等可以起到激励斗志,鼓舞情绪的作用。在比赛的条件下,往往能比平时更快地做出反应,完成快速移动。游戏法同比赛法作用一样,可以激起练习者高涨的情绪。同时,由于游戏过程能引起各种动作变化,还可以防止因经常安排最大速度练习而引起的“速度障碍”形成。

四、发展速度素质的练习方法

发展速度素质的练习方法多种多样,丰富多彩,以下根据多年的教学训练经验与体会,总结出一些发展速度素质的练习方法,这些方法富有情趣,简便易行,实操性强,对于民航大学生发展速度素质有很好的借鉴作用。

1. 反应速度练习方法

(1)起动追拍:两人一组前后相距2~3m慢跑,听到信号开始加速跑,后者追前者,追上并拍击他背部就停止,要求在20m内追上有效。也可在追赶时,教练发出第二个信号,让其后转身互换追赶。

(2)快速起跳:练习者围圈(直径8m左右)面向圈内站立,圈内2人背对背站立在圆心,各持一4m长跳高竿。游戏开始,2名持竿者同时将竹竿绕过站圈人脚下划圆(一逆时针方向转动,一顺时针方向转动),竿经练习者脚下即起跳,击到脚者为失败者并迅速替换持竿者,练习中持竿者可突变划圈方向,训练其反应。

(3)报数找伙伴:练习者绕圈跑,听教师报数,并快速按照教师的报数进行组合,不符合组合人数者为失败。

(4)追逐游戏:两人相距1.5m面向站立,根据教师规定的队单、队双(或其他信号),并规定队单、队双一队跑一队追,听到教师发出口令后,按照事先的规定一队跑一队追,在15~20m距离内追上为胜,追不上为败。

(5)两人拍击:两人面向开立,听到开始口令后,设法拍击对方肩部、背部、膝关节等,同时力求不使对方击中自己,在规定时间内(每次1min左右),拍击对手多者为胜。

(6)抢球游戏:用实心球围成一个圆圈,球数比练习人数少一,游戏开始练习者绕球圈外慢跑,听到信号各人就近抢球谁没有抢到被淘汰,并去掉一球继续进行,每进行一轮成功者得一分,看谁得分多为胜。

(7)喊做不一:学生成横排站立,集中精力听教师口令,教师喊立正,练习者做稍息;喊向左转、练习者做向右转等。

(8)听信号起动加速跑:慢跑中听信号后突然加速冲跑10m,反复进行。

(9)小步跑、高抬腿跑接起动加速跑:原地或行进间做小步跑或高抬腿跑,听到信号后突然加速冲跑10~20m,反复练习。

(10)俯撑起跑从俯撑开始,听信号后迅速收腿起跑10~20m。

(11)转身起跑:背对前进方向站立,听信号后迅速转体180度,起动加速跑20m。以上练习一般每组练习2~3次,重复2~3组,组间休息5~7min。

(12)听枪声及口令起跑:蹲踞式或站立式起跑20m。组数及每组次数根据运动员水平而定,组间休息5~8min。

(13)听信号变速快跑:在慢跑或其他移动中,听口令或看信号即起动快跑10~20m,练习组数、次数及休息同前。

(14)反应突变练习:练习者听各种信号做各种滑步、上步、交叉步等移动、转身、急停、接球、上步垫球等模仿练习。

(15)听信号做不同的专门练习:非专门练习编号,听号数做不同的练习。

(16)接传不同方向的来球练习:几人从不同方向给一人供传球,一人接不同方向的来球。

(17)抢接球练习:5 人成一排,教练身后向前抛球,练习者见球后快速起动抢接球。

(18)截断球练习:教练供不同方向的球,练习者随时起动断球。

(19)利用电子反应器练习:根据不同的信号灯,用手或脚压电扣,记反应时等。

2. 作速度

(1)听口令、击掌或节拍器摆臂:两脚前后开立或弓箭步,根据口令或击掌或节拍器节奏,做快速前后摆臂练习 20s 左右,节奏由慢至快,快慢结合。摆臂动作正确、有力。重复 2 ~ 3 组,组间休息 3 ~ 5min。

(2)原地快速高抬腿或支撑高抬腿:站立或前倾支撑肋木或墙壁等,听信号后做高抬腿 10 ~ 30s,大腿抬至水平,上体不后仰。可重复练习 4 ~ 6 次,间歇 5 ~ 7min。

(3)仰卧高抬腿:仰卧两腿快速交替做高抬腿练习(动作同上),要求以大腿工作,做 10 ~ 30s,练习次数及间歇同上。这练习也可做抗阻力练习,如拉胶皮带,将胶皮带分别固定在肋木(或树干)上和两脚踝关节处,以高抬腿拉力抗阻力,胶带固定的一端要低于垫子平面约 20cm,也可拉完胶带后再徒手练习,以提高动作速率。

(4)悬垂高抬腿:两手握单杠成悬垂,两腿快速交替做屈膝高抬腿和下蹬伸直动作,速度越快越好。每次两腿各抬 20 ~ 50 次,重复 2 ~ 3 组,组间歇 3 ~ 5min。

(5)快速小步跑:小步跑 15 ~ 30m,两腿频率越快越好。要求以大腿工作,小腿放松,膝踝关节放松,脚落地“扒地”。重复 4 ~ 6 次,间歇 5 ~ 7min。

(6)快速小步跑转高抬腿跑:快速小步跑 5 ~ 10m 后,转高抬腿跑 20m。小步跑要放松而快,转高抬腿跑时频率不变,只是幅度加大。重复 3 ~ 5 次,间歇同上。

(7)快速小步跑转加速跑:快速小步跑 10m 左右转入加速跑。加速跑时频率节奏不能下降,跑出 20 ~ 30m 放松。重复次数及间歇同上。

(8)高抬腿跑转加速跑:快速高抬腿跑 10m 左右转加速跑,频率节奏及前摆腿的高度不能下降。重复次数及间歇同上。

(9)变速高抬腿跑:行进间高抬腿跑中突然做几次最快速的高抬腿练习。动作要协调,重复4~6次,间歇5min左右。

(10)高抬腿跑接快速车轮跑:原地快速高抬腿5~10s,接车轮跑15m。3~5次为一组,重复2~3组,组间歇7~10min。

(11)前倒起跑:两脚前后开立,身体自然向前倾倒,至重心前倒失去控制时迅速起跑20~30m。每组2~3次,重复2~3组,组间歇5~7min。

(12)踏标记高频快跑:跑道上划出步长标记,听信号后全速踏标记跑20~40m。步长标记要合适(一般比正常步长稍短些)。每组2~3次,重复2~3组,组间歇5min。

(13)利用转动跑道高频跑:利用机械控制速度的转动跑道进行高频跑,速度控制在比运动员的速度稍微快些(运动员实际是原地跑),每次练习10~15s,每组2~3次,重复2~3组,组间歇8~10min。

(14)跨步跳接跑台阶:开始跨步跳台阶,听信号后变快速跑台阶。要求逐个台阶跑,不许跨越,速度越快越好。如台阶数目固定可以计时跑。每组5~7次,重复2~3组,组间歇3~5min。

(15)肋木前攻栏练习:面对肋木站立,起跨腿蹬的同时,摆动腿快速前摆,同时异侧臂前摆与摆动腿的脚掌一起落在横木上。要求起跨充分向前蹬地,不能离地,强调攻摆速度。连续进行10~20次为一组,重复2~3组,组间歇5min。

(16)扶肋木跨栏角:肋木前放置一栏架,离木80~100cm,面对肋木站栏侧,手扶肋木躯干前倾。做快速提拉起跨腿从栏角过栏。强调动作正确,提拉速度要快。连续进行15~20次为一组,重复3~5组,组间歇5min。

(17)小步跑跨栏角:10~12m内放置5个栏,在快速小步跑中摆动腿在栏侧做过栏动作,起跨腿跨过栏角过栏。频率越快越好,上下肢配合协调,每组3~4次,重复3~5组,组间歇5~7min。

(18)高抬腿跑跨栏角:栏架及栏间距同上,在快速高抬腿跑中跨栏角过栏。动作要求及练习次数同上。

(19)连续跨栏跑:放5~6个低栏,栏间距1.5~2m,做快速连续过栏练习。要求动作速度快,节奏清楚,过栏动作正确。每组5~7次,重复2~3组,组间歇7~10min。每次计时跑。

(20)腾空剪腿:快速助跑3步起跳,腾空后摆动腿,大腿高摆至髋关节水平,然后积极下压,同时起跳腿向前上摆,两腿在空中快速交叉换步,以摆动腿落地。要求空中动作速度越快越好。每组7~10次,重复2~3组,组间歇3min。

(21)听节拍器或击掌助跑起跳:按节拍器或击掌的节奏快速助跑,5~7步起跳,以腾空步落地。要求助跑好最后两步,再加速起跳,起跳速度起快越好。每组7~10次,重复2~3组,组间歇3~5min。

(22)加速助跑起跳:全程助跑跳远,起跳前10~20m时加速跑,起跑后做蹲踞式跳远落地。要求全速中起跳,起跳果断。重复7~10次,间歇5min。

(23)侧跳台阶:侧对台阶站立,两腿前交叉做侧跳台阶动作,快速连续做,上体不要摇摆。每组进行3~5次,重复2~3组,组间歇3min。

(24)左右腿交叉跳:在一条线上站立,沿着线两腿向左、右两侧方向做交叉跳20~30m,要求交叉跳时大腿高抬,快速转髋,动作速度越快越好。重复4~6次,每次间歇3min。

(25)向后单足跳:站立,两臂前平举,做向后快速单足跳10m,放松走回。要求跳动时由摆动腿发力,动作频率越快越好。重复4~7次,可计时进行。

(26)上两步转身推铅球:背对投掷方向站立,右手持铅球,左腿向前迈一步,接着右腿前迈屈膝,重心移到右腿,迅速蹬转右腿,向左转体将球推出。要求转体快、出手速度快。球重2~3kg,每组练习7~10次,重复2~3组,组间歇3min。

(27)交叉步推铅球:侧对投掷方向,右手持铅球于肩上,右腿向左前方迈出,做快速交叉步推球。要求交叉步动作要快,推球出手速度越快越好。每组7~10次,重复2~3组,组间歇3min。

(28)对墙掷棒球:运用掷标枪交叉步助跑,快速发挥臂将球向墙上掷出。要求技术正确,出手速度快,重复练习10~20次,每次间歇2min。

(29)投掷铁球:直臂于体后,成掷标枪的引枪姿势。向前三步将球快速掷出。要求出手速度及鞭打动作。铁球重0.3~0.5kg。每组练习5~7次,重复2~3组,组间歇5min。

(30)掷铁棒:面对投掷方向,手持细铁棒,做掷铁饼的旋转动作后出手练习。要求旋转和出手速度越快越好。铁棒长40cm,重不超过0.5kg。连续练习一组5~10次,重复2~4组,组间歇5~7min。

(31)快速拨饼:站立,左臂前举,右手持铁饼,右臂往后摆拗1次,运用掷铁饼技术将铁饼快速掷出。要求用小指到食指依次用力拨饼,速度越快越好。每组10~20次,重复2~3组,组间歇7min。

(32)徒手或轻器械做各种投掷的原地及完成的技术练习。

(33)跳起屈体:原地分腿上跳,同时体前屈手触脚尖。连续跳5~10次。要求动作速度越快越好,可计时进行。重复3组,每组间歇5min。

(34)纵跳转体:原地跳起转体360°,落地连续进行10~20次,可计时进行。强调转体,速度要快,不要求跳得高。重复2~3组,组间歇5min。

(35)起跳快速转体:三步助跑起跳,摆动腿屈膝上摆,空中转体180°~270°,起跳腿落地。要求起跳、转体速度越快越好,转体时躯干保持直。连续进行3~5次为一组,重复3~5组,组间歇3min。

(36)单杠弧形摆下:单杠上成正撑,上体后倒,做正撑弧形前摆转体180°跳下。要求前摆转体速度越快越好。每组5~8次,重复2~3组,组间歇5min。

(37)吊绳支撑转体:面对吊绳站立,吊绳后放置一个高跳箱,三步助跑起跳手抓吊绳,收腹举腿,脚放在跳箱上,做快速支撑转体180°。要求整套动作快速、连贯。每组5次,重复3~5组,组间歇5min。

(38)跳抓吊绳转体:面对吊绳站立,全速助跑起跳后双手抓吊绳,做后仰收腹举腿,转体180°跳下。要求节奏清晰,动作快速,重复10~15次,每次间歇3min。

(39)起跳悬垂摆体:手持撑竿,助跑七步插穴起跳,迅速做悬垂体后仰举腿动作。每组5~7次,重复3~5组,组间歇3min。

(40)快速挥臂:站立,头上方悬吊重沙袋。做原地扣排球动作,快速挥臂拍击沙袋30次,重复3~5次,每次间歇5~7min。

(41)快速挥臂击球:把排球吊在距墙1m处,高度因人而异。原地站立,连续挥臂用手掌拍击碰墙反弹回来的球。要求速度越快越好,击球时做出鞭打动作。每一组20~30次,重复2~3组,组间歇7~10min。

(42)转身起跳击球:吊球悬挂在距墙3米处,高度因人而异,原地起跳用手击吊球后空中转体180°落地,接着转身起跳击球,连续进行5~10次为一组,重复3~5组,组间歇5min。

(43)扣快球:一人网前站立,按一定节奏往上抛球,另一人连续起跳扣快球练习。连续进行10~15次为一组,重复2~3组,组间歇7~10min。

(44)起跳侧倒垫球:排球网前站立,听信号后双脚起跳摸网上高物,落地后迅速倒地垫起教练员扔过来的低球。连续进行10次为一组,重复3~4组,组间歇7~10min。

(45)快速挡球:两人一组,相对5m站立,准备排球20个。一人快速抛出各种变化球,另一人用双臂迅速将来球挡回。连续进行30~50次为一组。尽量提高抛、挡球的动作速度。重复2~3组,组间歇5min。

(46)两侧移动:两个物体相距3m,高1.20m,练习者站中间,做左右两侧移动,用左手摸右侧的物体,右手摸左侧的物体。强调移动及转体速度要快,计算

30s 内转体触摸物体的次数。重复 3 ~4 次,每次间歇 5 ~7min。

(47)对墙踢球:距墙 4 ~6M 站立,以脚内侧或正足背连续接踢从墙上反弹回来的球。也可两人交替踢。要求踢球速度越快越好。连续练习 20 ~30s,计踢球次数,重复 3 ~5 组,组间歇 5 ~7min。

(48)曲线带球:每人一球,在 30m 内插上 10 根旗杆,用脚内外侧快速带球依次绕过旗杆返回起点,要求带球速度越快越好,可计时进行。重复 5 ~7 次,每次间歇 6min。

(49)两脚间交替踢球:站立,两脚间放一足球,用脚内侧做两脚间不停顿地踢球前进,连续进行 30m。要求用时短而且两脚触球次数越多越好。重复 4 ~8 次,每次间歇 5min。

(50)移动打球:6 人站成相距 2m 的等边六角形,5 人体前各持一篮球,听信号后徒手队员快速移动循环拍打站立者手中的球。每次移动打球 20 次,计算完成时间,依次进行。每人完成两次循环为一组,重复 2 ~3 组,组间歇 3 ~5min。

(51)快速移动起跳:篮板左下角站立,跳起双手摸篮板,落地后迅速移到篮板右下角起跳摸篮板。连续移动起跳,10 次为一组,重复 2 ~3 组,组间歇 5 ~7min。

(52)运球绕障碍:篮球场上纵向放置 5 个障碍物间距 2m,听信号后做快速运球绕过障碍物往返跑,可以竞赛方式计时,不得触碰障碍物。每组往返 2 ~3 次,重复 3 ~5 组,组间歇 5 ~7min。

(53)移动断球:两名队员相距 6m 站立,做快速不间断传球。中间一名防守者在移动中断球,如得到球后将球传给传球者。连续 30 ~50s 为一组,计算断球次数。重复 2 ~3 组,组间歇 5min。

(54)对墙单手拍球:持球对墙站立,对墙快速拍球 20 ~30s 为一次,要求在规定时间内数拍球次数,频率越快越好。每组 2 ~3 次,重复 2 ~3 组,组间歇 5 ~7min。

(55)快速传接球:两人相距 6m 站立,做快速胸前传接球。要求传接球技术正确,传球速度越快越好。每组 20 ~30s,计算传球次数。重复 3 ~5 组,组间歇 3 ~5min。

(56)快速体侧传接球:两人相距 3 ~4m 站立,用 2 ~3 个篮球,按顺时针方向,做快速体侧单手传接球练习。连续进行 30s 为一组,重复 3 组,组间歇 5min。

(57)上步后撤步移动:乒乓球台端线站立,根据对面教练长短球手势做上步和后撤步的步法移动,要求移动速度越快越好。移动 30s,重复 3 ~5 次,每次间歇 5min。

(58)交叉步移动:乒乓球台端线站立,听信号后左脚迅速向右侧跨一步连做折臂打球动作,右脚迅速向左侧做同样动作。要求左右移动20s,移动速度越快越好。重复2~3组,每组间歇4min。

3. 位移速度

(1)小步跑转加速跑:行进间快频率小步跑,听到信号后转加速跑20~30m。要求起动快,在高速下完成练习。每组2~3次,重复2~3组,组间歇5~7min。

(2)高抬腿跑转加速跑:行进间快频率高抬腿跑,听信号后转加速跑,要求高抬腿,动作规范,频率逐渐加快,加速跑时频率不变。每组2~3次,重复2~3组,组间歇5~7min。

(3)快速后蹬跑:慢跑5~7步后,做行进间快速后蹬跑20~30m。要求蹬摆协调,后蹬充分向前。每组练习3~4次,重复2~3组,组间歇7~10min。

(4)后蹬跑变加速跑:行进间后蹬跑20m,听信号后变加速跑20~30m。要求后蹬动作规范,用力方向向前,加速跑速度越快越好。重复2~3次为一组,重复2~3组,组间歇7~10min。

(5)单足跳变加速跑:开始做10~15m单足跳,听信号后变加速跑20~30m。要求以左右脚各做一次练习后变换,加速跑要达到最快速度。每组2~4次,重复2~3组,组间歇5~7min。

(6)交叉步接加速跑:先做5米交叉步跑,然后转体做加速跑20m。要求交叉步符合技术规格,动作协调,加速跑要发挥速度。每组2~3次,重复2~3组,组间歇5~7min。

(7)加速跑变交叉步跑:加速跑20m接交叉步跑5m。要求加速跑达到一定速度,交叉步符合规格,动作协调。每组2~3次,重复2~3组,组间歇5~7min。

(8)倒退跑接加速跑:向后做倒退跑,听信号后急停向前加速跑。要求加速跑要发挥高速度,也可计时进行。每组3~5次,重复3~5组,组间歇5min。

(9)加速跑:逐渐加速至最高速度后保持一定距离,然后放松跑。加速跑50m、80m、100m,每组3~5次,重复2~3组,组间歇5~10min。

(10)连续加速跑:逐渐加速跑至最高速度,然后随惯性高速度跑3~4步后随惯性放松至慢跑后再加速跑,连续练习(一般为30m加速跑,保持高速跑5~8m,放松跑15~20m,然后第二次加速跑)。每组2~3次,重复2~3组,组间歇5~7min。

(11)变向起跑:背向站立或背向蹲立,听信号后迅速转体180°,成半蹲式起跑,加速跑20~30m。要求转体动作迅速,起跑及加速跑速度快。每组2~3次,重复2~3组,组间歇5~7min。

(12)站立式起跑、半蹲式或蹲踞式起跑:跑20m、30m、50m、60m,要求动作规范,起动及加速跑速度要快,达到最高速度。可计时跑,每组3~4次,重复3~4组,组间歇5~10min。

(13)行进间跑:加速跑20~30m,在到达规定行进间的距离前达最高速度,在规定距离内保持最高速度跑,跑出规定距离后随惯性放松至慢跑,行进间距离可20m、30m、50m、60m、80m、100m等。一般计时进行。每组2~3次,重复2~3组,组间歇5~10min。

(14)重复跑:以95%或以上的速度,重复多次跑短于专项的距离。也可以重复跑一组不同的距离。每组3~5次,重复2~3组,组间歇10min。

(15)变速跑:加速快跑30m、50m或80m,然后放松慢跑30m、50m或80~100m。或直道加速快跑弯道慢跑,或弯道快跑直道慢跑等,是改变速度的跑。要求慢跑休息,不能走。每组4~6个变速段,重复3~5组,组间歇7~10min。

(16)变速越野跑:在公路、公园等自然环境中进行越野跑,或慢跑游戏在平坦地面进行不等距离加速快速跑。根据自然环境及运动员水平决定加速距离及次数。一般为5~10次快跑段较适宜。

(17)上坡跑:站立式起跑后上坡加速跑40m、60m、80m。在坡度为7°~10°的斜坡跑道上进行。要求大腿高抬加强后蹬力量。每组3~5次,重复2~3组,组间歇5~7min。

(18)起跑下坡跑:站立式或蹲式起跑沿7°~10°的斜坡跑道下坡跑30~60m。要求随下坡惯性积极加快频率及速度。每组3~5次,重复2~3组,组间歇5~7min。

(19)上下坡跑:听信号起跑后沿7°~10°的斜坡跑道全速上坡跑30m,接转身下坡跑30m返回为一组,重复3~5组,组间歇5min。

(20)顺风跑:顺风全速跑(或蹲踞式起跑)30m、60m,可计时跑。要求积极加快步频。每组3~5次,重复2~3组,组间歇5~7min。

(21)牵引跑:用绳子拴住练习者的腰部,另一端拴在牵引器上,做20~60m跑练习。注意牵引速度要符合运动员水平。每组2~3次,重复2~3组,组间歇5~7min。

(22)让距追赶跑:2~3人一组,根据速度水平前后拉开距离,速度快者在前,听信号站立式起跑后全速跑,后者追赶前者,前者别让后者追上。跑20米、50米。每组2~3次,重复2~3组,组间歇5~7min。

(23)接力跑:8×50m 接力跑,4×100m 接力或绕田径场连续循环接力跑,也可画 20m 半径折小圆进行圆圈接力跑。每组 2~3 次(传接棒),重复 2~3 组,组间歇 5~7min。

(24)让距接力跑:方法同上,则一队在里道、一队在外道(起跑不前伸距离)绕田径场进行接力跑比赛。每组 2~3 次,重复 2~3 组,组间歇 5~7min。

(25)迎面接力跑:两组练习者相距 20 米或 50 米,做往返迎面接力跑,可分几队进行比赛。每组 3 次,重复 2~3 组,组间歇 5~7min。

(26)跑动中接力跑:中速跑中听信号后做冲刺跑 20m,反复进行。每组 3~5 次,重复 3~5 组,组间歇 5~7min。

(27)踏标记跑:用海绵砖在跑道旁做上步长标记,间距根据需要而定,全速踏标记跑 20~40m。要求步长稳定,踏标记准确。每组 2~3 次,重复 2~3 组,组间歇 5min。

(28)固定步数跑:用事先规定的步数跑 30~50m 加速跑,要求步点准确,动作幅度大而快,可计时进行。每组 4~5 次,重复 2~3 组,组间歇 5min。

(29)按标记快速助跑:在助跑路线上放置全程标记或最后几步标记,踏标记快速助跑起跳。要求步点准确,发挥出最大速度。重复 3 次为一组,进行 2~3 组,组间歇 5min。

(30)快速弧线跑:按背越式跳高助跑弧线,画 1m 圆弧线,沿弧线快速跑。要求两脚落点必须在弧上,按弯道跑技术规格进行。每组 3 次,重复 2~3 组,组间歇 2min。

(31)全速跑楼梯:听信号起跑,全速往返跑 3~4 层楼的楼梯。要求不能扶手,上下超越台级,每组往返 2~3 次,重复 2~3 组,组间歇 5min。

(32)五步过栏跑:按标准栏间距或稍长些距离放置 5 个栏,听信号后快速起跑,栏间快频跑 5 步跨栏,要求保证 5 步过栏,过栏技术符合规范。每组 3~4 次,重复 2~3 组,组间歇 5~7min。

(33)变化栏间距跑:设 8~10 个栏架,依次缩短栏间距离。起跑后以全程跨栏跑,要求逐渐提高栏间跑速度,过栏技术符合要求。每组 2~3 次,重复 2~3 组,组间歇 1min。

(34)栏间标记跑:按标准栏间距设 5 个栏架,栏间按步点放置海绵标记,快速按标记跨栏跑。要求注意跑的节奏及过程技术规范,栏高为低栏。每组 5~7 次,重复 2~3 组,组间歇 5min。

(35)不等栏高跨栏跑:把 10 个栏架依次由低至高摆放,间距相同,听信号后全速跨栏跑,要求跑速越快越好,过栏技术正确。每组 2 ~3 次,重复 2 ~3 组,组间歇 7 ~10min。

(36)放倒栏架跑:按标准栏间距放倒 10 个栏架,听信号后全速跑跨全程栏,栏间 3 步过栏。要求栏间跑速快。每组 2 ~3 次,重复 2 ~3 组,组间歇 5 ~7min。

(37)起跑过 1 ~3 栏:标准栏高、栏间距,听信号蹲跨式起跑过第 1 栏及过 1 ~3 栏。要求速度越快越好。每组 3 ~5 次,重复 3 ~5 组,组间歇 5min。

(38)全速跑半程栏:标准栏高及栏间距,设 5 个栏架。听信号蹲踞式起跑,全速跑跨 5 个栏,过第 5 栏后冲刺跑撞线。注意动作节奏,技术要规格化。每组 3 ~5 次,重复 2 ~3 组,每次间歇 5 ~7min。

(39)摸球台移动:乒乓球台边线站立,听信号后左右来回移动用手摸球台两角。也可根据教练手势做左右移动。要求计 30s 摸台球角次数,重复 3 ~5 组,每次间歇 3min。

(40)围球场变向跑:于排球场的场角站立,听到信号后围绕球场快速跑 3 ~5 圈,计时,要求始终保持面对一个方向(向前跑、侧向跑、后退跑、侧向跑),重复3 ~5 组,每次间歇 5min。

(41)穿插跑:练习者成一路纵队行进间慢跑,每人间隔 2m,听信号后排尾人穿插跑纵队,曲线跑至排头,倒数第二人(已成排尾)接着穿插跑。要求快速跑进中不触碰别人。循环 2 次为一组,重复 2 ~3 组,组间歇 5min。

(42)排尾变排头跑:练习者成一路纵队行行间慢跑,听信号后排尾人向前加速快跑至排头,第二排尾再跑,循环往复,每组两个循环,重复 3 ~5 组,组间歇 3 ~5min。

(43)蛇形跑:以 20m 半径划 3 个相交的半圆弧线,由起点沿弧线跑至终点,要求正确运用弯道跑技术,连续 3 次为一组,可计时提高运动强度。重复 2 ~3 组,组间歇 5 ~10min。

(44)后退跑传球:两人一球面对站立,相距 10m。一人快速后退跑,另一人向前跑,两人跑动中相互传接球,连续做 60m。要求始终保持距离,后退跑速度越快越好。两人交换练习 3 次为一组,重复 4 组,组间歇 7min。

(45)变向带球跑:6 名队员站成一排,间隔 5m,每人一球,根据教练的手势做向前后、左右变换方向带球,最后急停,转身带球跑 20m。要求球离脚不能超过 3m,重复 3 ~5 次,每次间歇 5min。

(46)停球接运球:手持足球向前抛出,立即往前跑用脚内(外)侧停反弹球,接做快速速球跑 30m。要求规定抛球的远度,也可竞赛方式进行。重复 5 ~7 次,每次间歇3min。

(47)跑动推进传球:两人相距7~10m平行站立,用一个足球,按规定的脚法踢球,快速跑动推进传球60m。两人直线跑动,规定互传次数,计时进行。重复3~5组,每次间歇5~7min。

(48)往返移动:按正方形放置4个球,各相距6m。从一个角开始依次用手去摸各角的球,每次触球后都要返回起始点,重新开始向下个球跑去。每组3~4个循环,重复2~3组,组间歇5~7min。

(49)滚球接力:篮球场端线站立,球放在地上。信号开始用手滚动球到另一端后返回,手递手将球传给第二人,依次进行。要求球不能离开地面,以竞赛方式计时进行。每组往返3~5次,重复2~3组,组间歇5min。

(50)起跳冲跑:篮下站立,听信号后连续起跳,手摸篮板5次,后接冲刺跑到中线折回。要求起跳动作不得有停顿,一气呵成。每组3~4次,重复2~3组,组间歇5min。

(51)全场防守冲跑:站在罚球线附近,随教练员手势滑步移动,听信号后连续起跳3次,接着起动冲刺跑到另半场罚球线处,变后退跑返回。可规定一声哨音做跳动,二声哨音作冲刺跑。重复4~6次为一组,重复2~3组,组间歇5~7min。

(52)运球追逐跑:以8m为半径画一个圆圈,两人在圈外相距4m做原地运球,听信号后转身沿弧线运球追逐跑,后面人追上前面的人用手拍击背部,则两人同时转身运球交换追逐。连续30~50s为一组,计算追拍次数。重复进行3~4组,组间歇5min。

(53)运球接力:篮球场端线站立,听信号后快速运球跑到另一端线折回,手递手收球传给第二人,两人循往环返4~6次为一组,重复3组,组间歇3min。也可分组竞赛。

(54)起动运球跑:背对球场在端线蹲立,手持篮球,听信号后立即转身做全速运球跑,到中线后折回端线。要求起动速度快,运球速度快,球不得远离身体,也可计时进行。每组3~5次,重复2~3组,组间歇5min。

(55)全场运球上篮:从端线开始,听信号做全场运球上篮,投中后返回,不重要补进。连续往返5~7次为一组。可计时进行。要求不准带球跑。重复3~5组,组间歇5~7min。

(56)快速跑动传接球:5~8名队员均匀分布在15m直径的圆上,持球者在圈内跑动,依次向各位置队员做传接球。要求不运球,传球快速准确。循环两次为一组,重复2~3组,组间歇3~5min。

(57)接球上篮:端线传球站立,把球传给中圈站立的教练员,迅速向前冲跑,接教练员的高抛、地滚等难度较大的传球上篮。要求侧身跑进,在不减速情况下,接球上篮。每组3~5次,重复3~5组,组间歇3min。

(58)两人推进上篮:端线开始,两人做快速跑动传接球上篮。不准运球,规定传球3~4次以内,不得走步违例。每组4~6次,重复3组,组间歇5~7min。

(59)全场抛球上篮:端线持球站立,自己向中线附近抛出球后立即跑动场内追球,接球后运球上篮。抛出的球只能落地1次,如落地2次以上为失误,重新开始。每组3~5次,重复3~5组,组间歇5~7min。

(60)可结合专项,选择几个练习组合的综合性练习。

第二节 力量素质概念及训练

一、力量素质的概念界定

力量是人体运动技能的一种表现形式,是人体或身体某部分肌肉收缩和舒张时克服阻力的能力。肌肉在工作时克服的阻力包括外部阻力(如物体重量、摩擦力以及空气的阻力等)和内部阻力(指肌肉的黏滞性、各肌肉间的对抗力等)。

力量由三种因素产生,即主动肌的最大收缩力;主动肌和对抗肌、中立肌、支持肌的协同用力;肌肉牵拉的角度,以及每个杠杆的阻力臂和力臂的相对长度。

力量来源于肌肉。正常成年男子的肌肉重量与体重百分比约为43.5%,女子约为35%。男子运动员的肌肉更为发达,可占体重的45%,而力量性项目优秀的男子运动员肌肉比例可达体重的46%以上。

科学研究已经证明,人体共有630块肌肉,这些肌肉由1300万~3000万根肌纤维组成,每根肌纤维可产生100~200mg的力量。假如把全身630块肌肉的肌纤维束成一捆,沿同一方向用力,那么可产生20~30t的力量(实际上,人的肌肉是无法同时向同一方向用力地)。男子力量可达到以下指标:抓举216kg,挺举266kg,深蹲550kg,肩背负重2840kg。(深蹲和肩背负重成绩为20世纪50年代末,美国著名举重运动员保罗安德森所创)女子抓举151kg,挺举188kg。20世纪初,比利时姑娘桑德维娜(马戏团演员)能将重达600kg的加农炮从卡车上扛下来。更有甚者,澳大利亚的大卫·希尼于1994年3月9日,在悉尼机场徒手拉动一架重达115t的波音767飞机,并且拖行了61.18m,可谓力大惊人。

二、力量素质练习的基本手段

(一)负重抗阻力练习

这种练习可作用于机体任何一个部位的肌肉群。这种练习主要依靠负荷重量和练习的重复次数刺激机体发展力量素质。负重抗阻力练习的方式多种多样,负荷的重量及练习的重复次数可随时调整,它是身体素质练习中常用的一种手段。

(二)对抗性练习

这种练习的双方力量相当,依靠对方不同肌肉群的互相对抗,以短暂的静力性等长收缩来发展力量素质,如双人顶、双人推、拉等。对抗性练习几乎不需要任何器械及设备,也容易引起练习者的兴趣。

(三)克服弹性物体阻力的练习

这是依靠弹性物体变形而产生阻力发展力量素质,如使用弹簧拉力器、拉橡皮带等。

(四)利用外部环境阻力的练习

如在沙地、深雪地、草地、水中的跑、跳等。做这种练习要求轻快用力,所用的力量往往在动作结束时较大。

(五)克服自身体重的练习

这种练习主要是由人体四肢的远端支撑完成的练习,迫使机体的局部部位来承受体重,促使该局部部位的力量得到发展,如引体向上、倒立推进、纵跳等。

(六)利用特制的力量练习器的练习

这种特制的练习器,可以使练习者的身体处在各种不同的姿势(坐、卧、站)进行练习。它不但能直接发展所需要的肌肉群力量,还可减轻心理负担,避免伤害事故发生。另外,还有电刺激发展肌肉力量的练习器。

三、力量素质练习的基本方法与特征

运动训练实践中,教练员们创造了多种多样发展肌肉力量的方法,或是作用于整个肌肉系统或是有选择性地作用于某些肌肉群,这些具体的练习形式是形成现代力量训练方法的基础。按动力学特征分类,力量素质练习的方法分为动力性力量练习法、静力性练习法及电刺激练习法等。动力性力量练习法是指人体采用相对运动的动作形式进行力量素质的练习,主要由克制收缩形式(速度性克制收缩,力量性克制收缩和等动练习),退让收缩形式的速度性退让收缩,力量性退让收缩练习;超等长收缩形式的速度性超等长收缩,力量性超等长收缩练习等方法所组成。静力性力量练习法是指人体采用相对静止的动作形式进行发展力量素质的练习,主要是指等长收缩练习。电刺激法是利用电刺激仪产生的脉冲电流,代替由大脑发出的神经冲动,使肌肉收缩,达到提高肌肉力量之目的。此外还有将动力性力量的不同形式和静力性力量练习的形式进行不同组合,形成新的发展不同力量素质的组合练习法。

(一)动力性的克制收缩练习方法的特征

动力性克制性收缩练习是指肌肉从拉长的状态中缩短以克服阻力而完成动作。肌肉在收缩时起止点相互接近,所以动力性克制收缩练习又可看作是肌肉的向心性工作。该方法的最大特点是动作速度快、功率大,能有效地提高肌肉力量、速度和力量耐力。

(二)动力性退让收缩练习方法的特征

该方法是使肌肉产生离心收缩的力量练习。生理学研究证明,肌肉不仅在收缩时能把化学能转化为机械能,同时在外力拉长肌肉做功时,肌肉也能把外能转为化学能储存。因此,肌肉的退让性工作除了即时效应外(如制动)还能产生积蓄效应(把非代谢能量转变为肌肉的化学能和弹性势能),然后再以机械能的形式瞬间释放。退让性收缩练习对神经肌肉系统产生超量负荷,可使肌肉力量,特别是最大力量得到明显增长。

(三)等动练习法的特征

这种方法的最大特点是,人体接受外部负荷刺激所产生的生理反应强度,在人体动作的变化过程中始终保持恒定,并使关节各个角度的肌肉用力表现出最大用力或恒定用力。

(四)超等长收缩力量练习法的特征

它的最大特点是利用神经肌肉的牵张反射性,引起神经系统反射性产生更强烈的兴奋冲动,从而动员更多的运动单位参加收缩,以产生更大的肌肉收缩力,以达到提高力量的目的。这种练习方法主要有如下三种形式。

1. 各种快速跳跃练习。
2. 不同高度和形式的跳深练习。
3. 利用专门训练器械进行的超等长练习。

(五)静力性练习法的特征

它的最大特点是物理上表现的功为零,但生物体却依然存在做功的功能。能更有效地提高肌肉的张力与神经细胞的机能水平。

（六）组合练习法的特征

从生理和生物力学角度看，各种肌肉收缩方式混合练习，增加了机体对刺激的适应难度。提高刺激的作用，能收到更快提高力量的效果。

（七）电刺激练习法的特征

最大优点是：训练部分准确，可根据训练目的，随意选择和确定练习部位；强化专项肌群和薄弱肌群，肌肉收缩的强度和时间可以人为地控制；可最大限度地动员运动单位参与收缩，可在短期内迅速提高肌肉力量；可加大训练量，缓解大运动量与疲劳恢复的矛盾，可保证受伤期工作肌群的正常训练。与想象训练相结合，作为比赛期和比赛前的力量强化手段和兴奋刺激手段。电刺激法增长力量迅速，但用电刺激获得的力量，一旦停止练习，消退也快。

四、最大力量的训练

最大力量的提高主要取决于肌肉生理横断面和肌肉内协调能力发展与改善。后者对相对力量的提高尤其重要，是田径径赛、跳跃和球类运动员提高力量的主要途径。

下面几种训练方法能有效地发展人体最大力量。

（一）静力性练习

静力性练习一般多采用较大负荷量，以递增重量的方法进行练习。所负的重量越大，由肌肉的感觉神经传至大脑皮质的神经冲动也就越强，从而引起大脑皮质指挥肌肉活动的神经细胞产生强烈兴奋，若经常接受这种刺激，就提高了兴奋强度，并吸引更多的肌肉纤维参与工作，进而提高了肌肉的最大力量。

总负荷是影响最大力量发展的重要因素。影响总负荷的因素有负荷重量、练习重复组数、每组持续时间及各组间的间歇时间等。提高最大力量多采用本人最大负荷量的70%进行练习，组数可控制在4组，每组持续在12秒以上，每组间歇3min。若采用本人最大负荷量的70%～90%进行练习，组数可控制在4～6组，每组持续时间8～10s，每组间歇3min。若采用本人负荷量90%以上进行练习，组数不超过4组，每组持续时间3～6s，每组间歇应增至4min。

（二）持续不断地重复用力地方法（重复法）

作用在于加强新陈代谢，活跃营养过程，并有助于改进协调性，加强支撑运动器官能力，并能迅速而有效地提高肌肉力量。

重复用力训练采用的负荷强度一般是本人最大负荷量的75% ~90%,组数可进行6 ~8 组,每组重复次数3 ~6 次,每组间歇时间控制在3min。

（三）最大限制的、短促用力地方法（强度法）

短促极限用力地练习方法,保证了神经系统和肌肉作用力的高度集中,使肌肉最大力量得到明显提高。对于需要最大力量的项目的运动员来说,周期性地举最大的和接近最大的重量能有效地发展其专项工作能力。短促极限用力训练采用负荷强度为本为负荷量的85% ~100%,练习组数6 ~10 组,每组练习次数1 ~3 次,每组间歇时间控制在3min。

（四）极限强度的方法

极限强度练习方法的显著特点,非常突出强度,几乎每周、每天、每项都要求达到、接近甚至超过本人当天最高水平。在计划规定的时间内要求组数越多越好,组与组之间的间歇以练习者恢复为准,整个训练全年都是这样安排的,不做大的调整和变动。

（五）极端用力地方法

这种练习方法的特点是采用一定的负荷量进行练习,次数重复至极限数量,直到完全不能做为止,即至参加训练的肌肉群再也不能进行收缩。其生理机制是,肌肉越来越疲劳,需要从大脑皮层中发出补充的神经冲动新的运动单位。这样就把每块肌肉充分地调动起来,并去激发新的肌肉群（即兴奋过程的扩散）。

极端用力练习方法发展力量素质的负荷特征是一般多采用50% ~75%的负荷强度,进行3 ~5 组,每组10 ~12 次,每组间歇时间为3 ~5min。它对某些运动项目运动员的身体起着最为深刻和全面的结构性的影响,而对运动系统和心血管系统的影响更加重要。对发展力量和耐力产生良好的作用,并且是大幅度提高运动成绩的基础。

（六）电刺激法

生理机制是由大脑发出的中枢神经冲动被一种能使肌肉收缩的电刺激所取代。电刺激的优点是:一是能使肌肉最大限度地活跃起来;二是引起肌肉紧张所维持的时间要比普通方法长、反复次数多,极限力量降低减慢。由于排除了中枢神经系统的疲劳,使运动员在已疲劳后仍可继续对肌肉进行电刺激训练,达到真正大运动量训练;三是比一般力量训练方法消耗能量少;四是对肌肉训练的针对性强。其缺点是可能对人体协调能力产生不利影响,而且假使训练量控制不当,会使肌肉负担过重。该方法分直接刺激法和间接刺激法两种。直接刺激法是把两个电极固定在肌肉末端,促使肌肉直接受电刺激,频率为 250 赫兹时肌肉收缩最为理想。间接刺激法是把不同的电极放置在有关运动神经部位,使肌肉间接受刺激收缩,频率为 1000 赫兹时肌肉收缩最为理想。频率持续时间为 10s,每块肌肉的各个刺激周期的间隔时间为 50s。一次训练的刺激周期为 10 个。

五、速度力量的训练

由于速度力量具有速度和力量的综合特征,一般都用提高肌肉用力地能力及提高肌肉收缩的速度来提高运动员的速度力量。其中,发展运动员肌肉用力地能力是发展速度力量的基础,而提高肌肉收缩的速度是发展快速力量的决定“力量”。体育运动项目绝大多数是在快速节奏下或爆发用力地情况下完成的。各种情况下的起动速度、投掷中的鞭打速度、体操的团身、转体速度等都要肌肉的用力能力和肌肉的收缩速度。表现在体育运动中为起动力量、爆发力、反应力等。

(一)发展起动力的方法

在最短时间内(通常不到 150ms)最快地发挥下肢力量,称为起动力。运动实践证明:最大力量水平是起动力的基本因素。

发展起动力的练习方法多种多样:

1. 利用地形地物做各种短跑练习,如沙地跑、上下坡跑、跑阶梯等。
2. 利用器械、仪器做各种跑的练习,如穿加重背心的起跑加速、加速跑突然改变方向跑、计时短跑、系铅腰带的加速跑、负轻杠铃短跑等。
3. 利用同伴的各种助力做加速跑、牵引跑、各种准备姿势的听信号起动跑等。

另外,发展弹跳反应力的练习也都是发展起动力的良好手段。

(二)发展爆发力的方法

以最短的时间(在 150ms 内),以最大的加速度克服一定阻力的能力,称为爆发力。它对于多数的速度力量型项目(如跳远的起跳动作)是一个决定性因素。爆发力也同样依赖于最大力量水平。所以任何发展最大力量的方法也适应于发展爆发力练习。但发展爆发力练习的负荷特征是:负荷强度一般采用 70% ~ 90%,练习组数 3 ~6 组,每组做 5 ~6 次,每组间歇 3min。苏联运动员安排 18 周发展爆发力,收到良好效果:前 6 周从事跳跃练习,中间 6 周进行大重量的快速杠铃练习,后 6 周做跳深练习。

(三)发展反应力的方法

当人体运动时,肌肉链牵制着人体运动的速度,引起牵张反应。由于来自迷路、眼、颈部本体感受器的刺激，牵张反射经常受到修正从而发生反射性的运动。这种反射性运动，能使运动着的人体获得很高的加速度，产生朝相反的方向运动的能力。在制动的离心阶段，活动的肌肉被拉长；在加速的向心阶段，肌肉迅速收缩。这种形式通过各种动作表现出来，一种是以跳跃为主的弹跳反应力，一种是以击打、鞭打、踢踹为主的击打反应力。

上述两种形式的差别在于不同的刺激关系。以跳深为典型的反应形式中，肌肉拉长是因刺激向下运动的身体受重力作用被迫进行的。人们习惯称之为超等长练习。相反，以击打为典型的反应形式中，肌肉拉长是因对抗肌肉用力引起的，这种被拉长并不是积极的，因此，拉长—收缩周期比跳深慢得多。

1. 发展弹跳反应力的方法很多，比较有效的方法有：

①跳深：下落高度 70 ~ 110cm。若采用较低高度，有利于发展最大速度；若采用较高高度，可发展最大力量。要求跳下后立即向上跳起，尽量高跳。这种练习 1 周可安排 2 次，每次 4 组，每组 8 ~ 12 次，组间间歇 2min。疲劳时不宜做此练习。

②各种跳跃练习：跨步跳、多级跳、负重连续跳、跳台阶、跳上跳下等。优秀运动员往往把短跳练习结合用以提高反应力。

③手持 4. 5kg 的哑铃蹲跳起：肩负 22. 5kg 的杠铃蹲跳起；肩负 45kg 杠铃快速分腿跳；肩负 67. 5kg 杠铃等。

2. 发展击打反应力。许多竞技运动项目都有击打、鞭打、出手、踢踹等动作。特别是对抗肌的力量能力是这些运动项目训练的重要任务。优秀运动员中发展击打反应力的练习有：

①发展对抗肌的退让性练习。用超过本人最大负荷量的 10% ~ 50% 卧推，要求加助力推起；加保护慢放下。用上述的负荷强度和方法进行深蹲，两手持哑铃做仰卧直臂下压。要求直臂下压时快，直臂后摆时慢。

②发展对抗肌和击打速度的模仿性练习。利用滑轮拉力器、橡皮筋、小哑铃、石块、短棒等模仿击打、鞭打、投、踢和踹等动作，注意完成动作的幅度。完成动作前的拉长动作以训练实践中，要科学地调整动作力量和动作速度，长时间地采用恒定负荷，就会使动作速度固定，影响速度力量的发展。负荷强度的安排是周期性、波浪式变化的。也应注意使身体局部的速度力量能力与全身速度力量能力结合起来进行。

六、力量耐力的训练

力量耐力是既有力量又有耐力的综合性素质。它是在静力性或动力性工作中长时间保持肌肉紧张而又不降低工作效果的运动能力。运动员的力量耐力水平取决于多种因素,其中最主要的是保证工作肌耗氧和供氧和血液循环和呼吸系统的机能能力,无氧代谢的机能能力和工作肌有效地利用氧的能力,以及运动员克服自身疲劳的意志品质。

根据肌肉工作的方式,力量耐力可分为动力性力量耐力和静力性力量耐力。动力性力量耐力又可细分为最大力量耐力(重复发挥最大力量的能力)和快速力量耐力(重复发挥快速力量的能力)两种。无论动力性力量耐力或者静力性力量耐力均与最大力量有密切关系,不同运动员在完成同一负荷重量时的重复次数,主要取决于最大力量。最大力量大,则重复次数多,力量耐力好。

从肌肉物质交换的关系来看,在静力性力量练习时,肌肉紧张逐渐下降,从而限制了有氧物质和酶作用的供应,肌肉高度紧张时,还会中断这种供应。在动力性力量耐力练习时,肌肉有节律地交替紧张和放松,短时间随血流供应有氧物质,易于加快消除疲劳的过程。

根据肌肉物质交换的关系,如果发展一般力量耐力,可采用持续间歇练习法、等动练习法、循环练习法和负荷强度较低的静力性练习法。

(一)持续间歇练习

其特点是负荷重量较小,每次应竭尽全力去达到极限,使肌肉长时间持续收缩工作到最大限度。力量耐力的增长主要表现在重复次数的增加上,每次练习要力争增加重复次数,当重复次数超过该项目特点的需要时,就应增加负荷重量。由于每个运动项目的特点不同,因此采用的负荷重量和次数应根据各项目的特点而确定。

(二)等动练习法

它是利用一种专门器械(等动练习器)进行力量练习的方法。等动练习器的结构是在一个离心制动器上连一条尼龙绳,拉动尼龙绳时,由于离心制动作用,拉动绳的力量越大,器械产生的阻力也越大,器械所产生的阻力总是和用力大小相关。

肌肉用力大小与骨杠杆位置有着密切关系,即受到肌肉群的牵拉角度与每个杠杆的阻力臂与力臂的相对长度的影响。因此,当人体任何一个环节活动时,在它整个活动范围内,肌肉所表现的力量并不是均匀一致的。当我们作弯举时,总会明显地感觉到肘关节处于90°角左右时最吃力(阻力最大)。因此,在一般的动力性训练中,由于外加阻力是固定的,所以肌肉在屈肘关节的整个活动范围内,负担是不一样的,开始较小,90°角左右负担量最大,然后又逐渐减小。当肘关节处于不同角度时，屈肘肌群所受到的刺激作用也就不一样。而用等动练习器进行训练时，当骨杠杆处于有利位置时，肌肉如使劲，用力比较大，器械产生的阻力也大；而当骨杠杆处于不当位置时，力量小，器械产生的阻力也就小。这样实际上就等于在肘关节的整个活动范围内，给予了屈肘肌群以不同的负荷（即不同的外加阻力），只要练习者尽力去拉，就能保证在整个活动范围内，肌肉均能受到最大负荷。

进行等动练习时，通常完成次数较多。主要用于发展力量耐力，如果改变负荷要求，亦可用于发展其他力量素质。等动练习可采用以下方法进行：将等动练习器固定在墙壁上、地板上或天花板上，运动员根据各自的专项特点，结合专项动作的方向和幅度，采用不同的负荷进行训练。

（三）循环练习法

循环练习法是指根据训练的具体任务，建立若干练习站或点，运动员按照规定的顺序、路线、时间依次完成各站规定的练习内容和次数，周而复始地进行练习的方法。其特点是能轮流锻炼各个肌群，按先后顺序发展两臂、双肩、两腿、腹部、背部等部位肌群的力量耐力。

循环练习的内容组织需根据练习者的设想、训练目的而定，并且应该遵循“渐进负荷”或者“递增负荷”的原则安排训练，负荷强度必须针对个人情况而定。

根据国外资料报道，提高肌肉耐力一般采用两种不同方式的循环练习。

1. 大强度间歇循环练习

该方法运用时采用最大力量的50% ~80%负荷，重复10 ~30次，重复速度要快，休息时间应是用力时间的2 ~3倍。这种方法主要用于短距离高速度项目（短跑、短距离游泳、短跑道速滑）、摔跤、拳击及其他球类项目的肌肉耐力的训练。

2. 低强度间歇循环练习

该方法采用较低负荷（最大力量的30% ~50%），重复次数增加至最高重复次数。完成动作的速度适中或较慢，休息时间比大强度的循环练习时间要短。这种方法主要用于发展周期性运动项目的肌肉耐力，如长跑、长距离游泳、越野滑雪、赛艇等。

制定循环练习计划时，每组练习的时间短者可安排6种练习，时间适中者可安排9种练习，时间长者可安排12种练习，总持续时间在10 ~30min，循环重复练习2 ~3组。但具体的练习持续时间、重复次数以及间歇时间，应该根据运动员的训练水平和准备发展的身体素质来确定。由于采用循环法练习时各“站”都是事先安排好的、固定的，所以可以组织与（站）同等数量的人同时参加练习，提高练习者的兴趣，活跃练习的气氛。

发展力量素质，除了学习掌握必要的力量素质教学与训练的理论外，还应该掌握正确地发展有关肌群力量的技术动作，并在实践中反复练习。只有这样，才能迅速促进力量素质的不断提高。

第三节 耐力素质概念及训练方法

一、耐力素质的概念界定

耐力素质是指机体在一定时间内保持特定强度负荷或动作质量的能力。“一定时间”是指不同专项对运动时间的规定性。保持特定运动强度或动作质量是耐力水平的体现。耐力水平的提高表现为更长时间保持特定强度或动作质量，或在一定时间内承受更高强度的能力。

对于民航飞行大学生来讲，耐力素质是非常重要的，特别是执行3小时以上或者飞国际航班的飞行驾驶员，必须有良好的飞行耐力，而飞行耐力的增长和保持必须通过长时间不间断的锻炼和训练，因此，学生在学业期间，必须保持一定量的耐力训练。

二、耐力素质的分类

按人体的生理系统分类，耐力素质可分为肌肉耐力和心血管耐力。肌肉耐力也称为力量耐力。心血管耐力又分为有氧耐力和无氧耐力。

（一）有氧耐力

有氧耐力是指机体在氧气供应比较充足的情况下，能坚持长时间工作的能力。有氧耐力训练的目的在于提高人体的机体吸收、输送和利用氧气的能力，促进有机体的新陈代谢。

（二）无氧耐力

无氧耐力是指机体以无氧代谢为主要供能形式，坚持较长时间工作的能力。无氧耐力又分为磷酸原供能无氧耐力和糖酵解供能无氧耐力。

在无氧代谢供能的肌肉活动中，CP分解供能，不产生乳酸，叫磷酸原代谢供能，机体处在这种状态下，坚持较长时间工作的能力，称为磷酸原代谢供能的无氧耐力。在无氧代谢的肌肉活动中，糖的酵解供能，产生乳酸。机体处在这种状态下，坚持长时间工作的能力，称为糖酵解代谢供能的无氧耐力。

根据肌肉工作的力学特征,可分为静力性耐力及动力性耐力。

依耐力素质对专项训练的需求和对人体的影响,耐力素质又可分为一般耐力和专项耐力。一般耐力是指对提高专项运动成绩起间接作用的基础性耐力;专项耐力是指与提高专项运动成绩有直接关系的耐力,具体地讲是指持续完成专项动作或接近比赛动作的耐力。

三、发展耐力素质的基本要素

1. 发展耐力素质要充分考虑年龄、性别及生理特点。男子在17岁之后,女子在16岁以后发展素质耐力较好;运动负荷男子和女子,体质强和体质弱者都要有明显的差别。

2. 发展耐力素质应该在发展有氧耐力的基础上发展无氧耐力。

3. 发展耐力素质要是加适量的运动负荷与间歇。

4. 动作速度为中等对耐力素质的提高最为有效。

5. 要重视耐力锻炼中的呼吸与动作的配合。

6. 耐力锻炼必须持之以恒,要有顽强的意志品质。

7. 耐力锻炼后,应加强营养补充和疲劳的消除。

四、耐力素质训练的一般方法

耐力素质训练与练习的方法较多,而且各种方法都有其各自的特点。总的来说,这些特点基本上又体现在耐力素质练习过程中,在练习强度、持续时间、间歇时间与方式、重复次数等因素的组合与变化上。

目前,常用的耐力练习方法主要有以下几种:耐力素质练习、持续练习法、重复练习法、间歇练习法、变换练习法、比赛游戏练习法、循环练习法、高原训练法。

(一)持续练习法

持续练习法是指在相对较长的时间里(不少于30min),以较为恒定的强度持续地进行练习的方法。持续练习法具有持续刺激机体的作用,有利于改善大脑皮层神经过程的均衡性,提高心血管系统和呼吸系统的功能,能较经济地利用体内储备的能量,有利于发展有氧和一般耐力。持续练习法由于持续时间较长,又没有明显的间歇,所以总的练习负荷量较大。但是练习时的强度较小,而且比较恒定,变化不大,一般在60%的强度上下波动。练习对机体产生累积性的刺激比较和缓。持续练习时,内部负荷心率一般控制在140~160次/min的范围内为宜,优秀运动员可达160~170次/min。构成持续练习法基本要素是重复练习的方式、时间与强度,在方式固定的情况下,练习的时间与强度可作相应调整,如练习强度大,时间可缩短;练习强度小,则适当延长练习时间。

（二）重复练习法

重复练习法是指不改变动作结构和外部负荷表面数据,在相对固定的条件下,按照既定间歇要求,在机体完全恢复的情况下反复进行练习的方法。重复练习法能使能量物质的代谢活动得到加强,并产生超量补偿与积累,既有利于发展有氧耐力,又有利于发展无氧耐力。重复练习法每次练习的负荷量与强度可大可小,根据具体任务、目的而定。由于每次练习前均需恢复到原来开始练习前的水平,即心率在 100 ~ 120 次/min 的水平上,故每次练习可以保证强度在中等偏大或极限强度(90% ~100%)范围内,从而使有机体的耐力水平得到有效的提高。如长时间的重复练习,强度稍大于持续练习法,有利于有氧耐力的提高,而强度在 90% 以上的练习,则有利于无氧耐力的发展。

（三）间歇练习法

间歇练习法是指在一次(或一组)练习之后,按照严格规定的间歇负荷和积极性间歇方式,在机体未完全恢复的情况下从事下一次(或一组)练习的方法。间歇练习法与重复练习法较相似,主要区别在于间歇上的不同要求。重复练习法的间歇是采用完全恢复的间歇负荷和无严格规定的间歇方式(多以消极性的静息为主)进行的。而间歇练习法则是以未完全恢复的间歇负荷和积极性的间歇方式进行的。运动员总是在未完全恢复的状态下进行下一次练习,有明显的疲劳积累,对机体的刺激强度较大。间歇练习法间歇后心率一般在 120 ~ 140 次/min 以上,明显高于重复练习法,但其练习强度因间歇负荷水平较高而无法达到重复练习法的水平。练习时一般心率在 170 ~ 180 次/min,负荷强度 70% ~80%,有利于提高机体的心肺功能和无氧代谢能力。间歇练习法的持续时间与练习强度之间形成一种对应关系,强度大、时间少;强度小、时间稍长。据此间歇练习法可分为低强度间歇练习法和高强度间歇练习法。低强度间歇练习法也称非强化间歇练习法,其负荷在周期性项目中,一般为本人最大强度的 60% ~80%,在非周期性项目中为 50% ~60%,负荷持续时间为 45s 至 1. 5min,此方法有助于发展有氧无氧混合代谢能力和专项能力。高强度间歇练习法也称强化间歇训练法,其负荷强度在周期性项目中一般为本人最大强度的 80% ~90%,在非周期性项目中为 70% ~80%,每次练习的时间因强度较大而相对较短,约 15s 到 1min。这种方法对发展速度耐力和专项耐力均有较大作用。在周期性项目中运用时,有时也可用小段落和短间歇的方式进行安排,这有助于提高无氧非乳酸代谢能力。在练习时要严格掌握间歇时间和间歇的方式。当心率降低到120% ~140次/min时，必须及时让运动员进入下一次练习，心率处于不低于120~140次/min时，心脏每搏输出量和耗氧量达最大值，最有利于提高心肺功能。心率降到120~140次/min的时间，一般占练习后完全恢复时间的一半不到。如练习后完全恢复的时间为3min，那么未完全恢复的时间在1.5min之内。至于积极性的间歇方式可采用走、慢跑、活动性体操等形式，采用积极性的休息方式能对肌肉中的毛细血管起到按摩作用，使血液尽快回流心脏，再重新分配到全身，由此迅速排除机体中堆积的酸性代谢产物，以利于下一次练习。构成间歇练习法的基本要素有练习的数量、强度、间歇的时间与方式和重复次数等。不同的练习目的对这些要素的组合变化要求也不相同。如以周期性项目中跑的练习为例，发展一般耐力时，每次练习的距离要长，组数要多，中小强度；发展力量耐力时，负重量较轻、中等强度，练习次数和组数较多。又如可在练习中提高每次练习的强度（适用于周期性短跑项目和举重项目）增加重复练习的次数（适用于周期性长跑项目和球类项目）和调整间歇时间等基本要素，加大对运动员机体的刺激，贯彻超量负荷原理，从而提高有机体的机能能力。

（四）变换练习法

变换练习法是在变化各种因素的条件下反复进行练习的方法。由于耐力练习比较枯燥，采用变换练习法可以在一定程度上提高运动员的练习兴趣和积极性，从而提高练习的效果。变换练习法所变换的因素一般有练习的形式、练习的时间、练习的次数、练习的条件、间歇的时间、方式与负荷等。以上因素只要改变其中一个因素，就会由于这一因素的变化对运动员机体造成负荷刺激的变化。因而变换练习法的核心是变换运动负荷。变换运动负荷的形式一般有三种：一种是不断增加负荷，另一种是不断减少负荷，第三种是负荷时增时减。在实际练习中究竟采用哪一种形式，应视具体情况而定。如要加大对机体的负荷刺激，就要增加负荷。如要提高机体对负荷刺激的适应能力，就应注意负荷的变化，时增时减。法特莱克法是变换练习法的一种特殊形式，也可以理解是一种由持续练习法和变换练习法综合而成的组合练习法。其特点是在各种变换的外界自然环境条件下进行持续、变速的跑的练习，时间长达1~2小时，强度自我调节，有节奏的变化。如在草地、树林、小丘、小径等自然条件下，把快慢间歇跑、重复跑、加速跑和走等方法不规则地混合起来练习，跑的距离可为5~15km。法特莱克练习对练习的过程没有明确的限制，运动员可自由选择地形、确定速度和路线。因此，这种方法能使耐力练习变得较为生动，使得运动员在练习中能主动投入，积极进取，有利于发展一般耐力。换练习法可以提高练习的兴趣和积极性，在运用时要注意贯彻循序渐进原则,各种因素的变换一开始不能太突然,以免机体一下子不能适应,造成受伤。

(五)游戏与比赛练习法

游戏与比赛练习法是指运用游戏与比赛的方式进行练习的方法。这种方法能较快地提高运动员练习的兴趣和积极性,并在练习中充分发挥主动精神,使机体能够承受较大强度的负荷,有利于提高有氧耐力和无氧耐力。游戏法与比赛法是两种有紧密联系的练习方法,比赛法是从游戏法发展而来的,但练习强度于游戏法。故儿童少年时期发展耐力的方法不采用比赛法,一般由玩耍性的游戏练习逐步过渡到带有比赛性质的游戏练习。生长发育过程基本成熟后,就可采用比赛法来加大练习的强度,从而提高专项耐力水平。发展耐力素质的游戏法有球类游戏和田径游戏,常用的比赛法有训练课中安排的练习赛和对抗性练习等。无论是游戏法还是比赛法,都容易激发运动员的练习性情,以至难以控制自己。因此,采用游戏与比赛练习法时,应控制运动员的热情,掌握好运动负荷,以免因过于兴奋和体力消耗过大而造成有机体损伤或机体工作能力下降。

(六)高原训练法

主要利用高原空气稀薄,在缺氧情况下进行训练。这有利于刺激机体,改善呼吸及循环系统的机能,提高最大吸氧能力,刺激造血功能,增加循环血中红细胞和血红蛋白的数量,提高输氧能力,因而高原训练具有提高运动员对氧债的承受能力,进而提高有氧耐力和无氧耐力的水平。

(七)循环练习法

循环练习时的各站内容及编排,必须符合专项特点的要求进行选择和设计,同时应根据渐进负荷或递增负荷的原则安排练习。以上所介绍的耐力练习方法基本上是单一类型。在实际发展耐力素质的练习过程中,往往还要采用综合练习法,即组合练习法和循环练习法。通过各种方法的综合排列,使得练习过程变化更大,更具选择性,从而有效提高耐力水平。

五、发展一般耐力(即有氧耐力)

有氧耐力是一般耐力的基础,运动员有氧耐力的发展水平主要取决于三方面的因素,即供给运动中所必需的能源物质的储存,为肌肉工作不断提供 ATP 所必需的有氧代谢能力及肌肉、关节、韧带等支撑运动器官承受长时间耐力工作的能力。因此,通过提高运动员的摄氧、输氧和用氧能力,保持体内适宜的糖原和脂肪的含量，以及提高肌肉、关节、韧带等支撑运动器官承受长时间负荷的能力，是发展有氧耐力的基本途径。有氧耐有氧代谢能力、摄氧能力、输氧能力、用氧能力、能源物质的储存糖原、脂肪、支撑运动器官的功能、有氧代谢能力是有氧耐力代谢活动的重要基础，在一定程度上能决定有氧耐力的水平。然而，有氧代谢能力又直接受到最大吸氧量的制约。我国优秀中长跑运动员最大吸氧量可高达70毫升/公斤·分钟左右，世界水平的运动员可高达80毫升/公斤·分钟左右。由此可见，最大吸氧量和有氧耐力之间紧密相连。所以，要发展有氧耐力首先要设法提高最大吸氧量在耐力练习中提高最大吸氧量的主要训练手段是周期性练习，这些练习的强度必须控制在主要通过有氧代谢供能的幅度之内。这就涉及负荷安排问题。有氧耐力练习的负荷安排中，最主要的两个因素是练习的强度与练习的时间。

（一）练习强度

单纯发展有氧耐力的练习强度相对要小，一般说应低于最大强度的70%。并以有氧系统供能为主。练习强度通常可用心率负荷来控制。如一般练习者练习时可控制在140～160次/min，对训练有素的运动员可控制在160～170次/min。根据这个强度进行长时间的工作，可使有氧系统供能得到改善，心肺系统的机能水平、肌肉供血和直接吸收氧气的能力得到提高。由于人与人之间耐力水平发展不平衡，故发展有氧耐力的适宜心率可以用公式推算来确定：适宜心率=安静时心率+（最大心率-安静时心率）×（60%～70%）。心率控制在这个水平，可使心血输出量增加，吸氧量达到最大值的80%左右。练习结果还能使心脏容量增大，有利于促进骨骼肌、心肌的毛细血管增生。如练习强度超过这一水平，心率达170次/min以上，就会产生氧债，从而使练习向无氧代谢方向转化。但练习强度会低，心率在150次/min以下，提高有氧能力的有效性就会降低。在径赛项目的有氧耐力练习，练习强度的大小往往是由跑的速度来决定的，所以经常用无氧阈速度作为有氧练习的强度指标，用无氧阈进行练习可使人体有氧供能系统处于最大的负荷状态，发展有氧耐力最为利。目前，常用无氧阈速度的70%～90%作为发展有氧耐力的主要手段。不过，采用无氧阈度进行练习时要注意两个方面：一是无氧阈速度具有个性化特点，这是由于训练程度、机能力、代谢水平等个体化特征所决定的。二是无氧阈速度具有变化性，当训练水平得到提高，人体的适应性过程得到加强，与血乳酸值在36毫克时对应的无氧阈速度也会发生变化。

（二）练习时间

有氧耐力的练习时间，一般可根据训练水平而定，受过训练的运动员可长达

2h,但至少也要维持20min以上。时间越长,对机体有氧代谢过程的刺激也就越大。同样,有氧耐力练习只有维持较长时间,才能使全身血量和红细胞增加,提高每搏输出量和机体的摄氧、输氧和用氧能力,达到发展有氧耐力的目的。

六、发展专项耐力(无氧耐力)

无氧耐力是专项耐力的基础。练习者无氧耐力的发展水平主要取决于三个因素:第一是无氧代谢能力,这是构成无氧耐力的最重要因素。第二是能源物质(ATP、CP、糖原)的储备。第三是肌肉、关节、韧带等支撑运动器官承受大强度工作的能力。因此,提高运动员的无氧代谢能力和肌肉活动时必需的能源物质储备及支撑运动器官的功能,是发展无氧耐力的主要途径。无氧耐力可分为非乳酸无氧耐力和乳酸无氧耐力,二者区别主要在于能量机制不同。非乳酸无氧耐力的供能机制是三酸腺苷、磷酸肌酸的无氧分解,而乳酸无氧耐力的供能机制是糖酵解。无氧耐力、无氧代谢能力、无氧糖酵解能力、抗乳酸能力、血液综合能力、脑细胞耐酸力、能源物质的储存ATP、CP、糖原支撑运动器官的功能。

(一)发展非乳酸性无氧耐力训练

间歇练习法是提高非乳酸无氧耐力的一种有效手段。一般采用90%~95%的强度,心率可达180次/min以上。这种强度可造成机体供氧、供能的很大困难,心舒张期明显缩短,冠状动脉供血不足,从而提高运动员承受氧债的能力。同时也能发展ATP、CP的有氧再合成水平和提高肌肉中肌红蛋白的含量。训练不采用100%的强度,这可保持一定的练习次数与组数,避免产生速度障碍,也有利于运动员掌握及改进技术。发展非乳酸性无氧耐力,一次负荷的持续时间一般为3~8s(20~70m的跑、8~20m的游泳等),负荷时间超过8s,代谢性质就要发生改变,达不到发展非乳酸性无氧耐力的目的。发展非乳酸性无氧耐力训练的休息间歇,由于氧债的偿还速度相对较快,待机体氧债基本得到偿还时,就可进行下一次的练习,所以练习与练习间(次数间)的休息可相对短些,如2~3min。组与组之间的间歇时间可相对长些,如4~5min,这是因为肌肉中有磷酸、肌酸的储备量有限,有3~4次重复练习中差不多已耗尽,组间较长的间歇可促进能源物质的恢复。但间歇时间也不能太长,以免神经系统的兴奋性有本质的下降。练习的重复次数与组数,是以不降低中枢神经系统的兴奋性和工作的强度为原则。一般重复练习的次数比组数少些为宜。如重复练习3~4次,重复组数可达5~6组。

(二)乳酸性无氧耐力训练

人体的机体是以糖酵解方式供能,在糖酵解过程中产生乳酸。由于乳酸的产生,改变了血液的酸碱度,使血液向偏酸方向变化,这可刺激机体,特别是神经系统,从而提高无氧耐力水平。为达此目的可以采用间歇练习法和重复练习法,负荷的强度应低于非乳酸无氧耐力训练,高于有氧耐力训练的强度,这个界限大约处于本人可以承受的最大强度的85% ~90%,心率处于160~180次/min。由于人体产生乳酸的时间大约是机体剧烈活动35s以后,所以负荷时间应长于35s。为了使乳酸达到一定值,刺激机体能力的提高,应保持一定负荷的持续时间,这负荷时间可控制在1~2min之间。负荷间歇时间,有人做过试验,练习次数之间的间歇时间逐渐缩短比固定的间歇时间的效果要好。如第一次与第二次练习之间休息7~8min,第二与第三次练习间休息5~6min,其结果乳酸不断增加。如果每次练习后都休息4min,结果乳酸上升比较少,甚至到后来还出现血乳酸下降现象。这是因为血乳酸的最高含量不是在练习刚结束时,而是在几分钟后才出现,随着练习一次次重复,乳酸的最高含量的出现就逐步靠近负荷结束阶段。练习间歇应越来越短,所以重复次数不可太多,重复次数过多,加之休息时间又短,就必定会降低负荷的强度,达不到训练的目的。一般对有训练基础的运动员可安排4~5次、4~5组,对无训练基础的人要相对减少。组间的间歇时间应以能消除氧债为原则,15~20min。

(三)肌肉耐力的训练

发展肌肉耐力多采用克服自身体重或负重训练法,即让练习者承受一定的负荷,进行多次重复抗阻力的练习。影响肌肉耐力发展的因素主要是完成这些练习的负荷强度及重复次数或时间等。应根据各专项的要求,练习的方法可以采用动力性练习,也可采用静力性练习。对于耐力性运动专项,似乎与负荷强度大小关系不大,而与重复的次数或时间有着密切关系。即以小负荷强度,坚持较多的重复次数,也可以使肌肉耐力得到发展。所以发展肌肉耐力的原则是让运动员坚持达到再不能继续的极限次数为止。但是,在训练中应有一定强度要求,这是因为要有一定的负荷强度,以免由于负荷时间过长而浪费时间。在训练实践中常用中等负荷的强度,即能坚持重复13~18次练习的负荷。据有关资料,用最大力量的四分之一以下的负荷进行力量训练时,参与工作的是红肌纤维,影响着耐力的发展。根据各项肌肉工作的性质与方式不同,肌肉耐力练习的负荷特征也不同。具体安排可参考力量训练部分。运动员承受某一负荷强度的重复次数,在某些情况下与本人力量有关。如用较大负荷训练时,力量较大的运动员要比力量较小的运动员完成的重复次数要多;用力较小的负荷训练时,完成练习的重复次数多少与本人的力量关系不大。肌肉耐力训练,一般要在提高循环系统机能和呼吸系统机能的基础上进行。因为肌肉耐力的发展与肌肉毛细血管网的扩展程度有很大关系。因循环系统及呼吸系统机能的提高,肌肉毛细血管网扩展,有利于肌肉耐力的发展。

七、发展耐力素质的常用训练和练习方法

在发展耐力素质时,一般注重肌肉耐力,有氧、无氧耐力的训练。以下根据教学训练的体会,提供一些发展耐力素质的方法,供在航空体育课程教学与训练时参考。

(一)肌肉耐力练习

肌肉耐力练习的内容与力量练习大致相同,只是负荷的强度较小,练习持续的时间、反复次数要长与多些,具体练习应针对各运动专项的特点、要求,选择不同的练习、持续时间(或重复距离、次数)以及强度的要求。

1. 1min 立卧撑。撑由直立姿势开始,下蹲两手撑地,伸直腿成俯撑,然后收腿成蹲撑,再还原成直立。每次做 1min,4 ~6 组,间歇 5min,强度为 50% ~55%。要求动作规范,必须站起来才算完成一次练习。也可以穿上沙背心做该练习。或做立卧撑接蹲跳起,则强度稍大,做 30 次为一组,组间歇为 10min。

2. 重复爬坡跑。在 15 度的斜坡道或 15° ~20°的山坡上进行上坡跑,重复 5 次或更多些,跑距 250m 或更多些,间歇 3 ~5min,强度为 60% ~70%,也可根据训练目的决定强度,可以心率控制运动强度,也可穿沙背心进行。

3. 连续半蹲跑. 成半蹲姿势(大小腿成 100°角左右),向前跑进 50 ~70m,重复 5 ~7 次,每组间歇 3 ~5min,强度为 60% ~65%,不规定速度,走回来时尽量放松,在进行下次练习前,可做 15s 贴墙手倒立。

4. 连续跑台阶。在高 20 厘米的楼梯或高 50cm 的看台上,连续跑 30 ~50 步,如跑 20cm 高的楼梯,每步跳 2 级。重复 6 次,每次间歇 5min,强度 55% ~65%。要求动作不能间断,但不能规定时间,向下走尽量放松,心率恢复到 100 次/min 时可开始下一次练习,也可穿沙背心做该练习。

5. 沙滩跑。在沙滩上做快慢交替自由跑,每组 500 ~1000m,也可穿沙背心跑,速度变化和要求可因人制宜,做 4 ~6 组。组间歇 10min,强度为50% ~55%。

6. 逆风跑或负重耐力跑。遇飓风天气(风力不超过五级)可在场地或公路上做持续长距离逆风跑,也可做 1000m 以上的重复跑,重复次数 4 ~6 次,间歇 5min。强度 55% ~60%。可穿沙背心进行负重耐力跑,要求与间歇同。

7. 原地间歇高抬腿跑。原地或前支撑做高抬腿跑练习。每组 100 ~150 次,

6~8组,每组间歇2~4min,强度为55%~60%,要求动作规范,不要求时间,但动作要不间断地完成,也可负重做练习,但每组练习次数及组数可适当减少。

8. 原地间歇车轮跑。原地做车轮跑,每组50~70次,6~8组,组间歇2~4min,强度为50%~60%,也可扶墙借助支撑物完成。

9. 后蹬跑。后蹬跑每次100~150m或负重后蹬跑60~80m,6~8组,组间歇3~5min,强度为50%~60%。

10. 连续换腿跳平台。平台高度30~45cm,单脚放在平台上,另一脚在地上支撑,两脚交替跳上平台各30~50次,要求两臂协调配合,上体正直,重复3~5组,组间歇3min,强度55%~65%。

11. 长距离多级跳。在跑道上做多级跳,每组跳80~100m,30~40次,3~5组,组间歇5min,强度为60%~70%,如果规定完成时间,强度会大大提高,注意组间的恢复情况。

12. 半蹲连续跳。在草皮上做连续向前双脚跳,落地成半蹲(膝关节90°~100°),落地后迅速进行第二次。每组20~30次(也可50~60m),重复3~5组,组间歇5min,强度为55%~60%。

13. 连续深蹲跳。原地分腿站立,连续做原地深蹲跳起或在草地上向前深蹲跳,要求落地即起。每组20~30次或30~40m,重复3~5组,组间歇5~7min,强度55%~65%。

14. 沙地负重走。沙滩上,肩负杠铃杆,或背人做负重走。每组200m,5~7组,组间歇3min,强度为55%~60%,注意心率指标保持在130~160次/min。

15. 沙地竞走。沙滩或沙地上做竞走,每组500~1000m,做4~5组,组间歇3min,强度55%~60%,要求动作规范,尽可能提高速度。

16. 沙地后蹬跑或跨步跳。沙滩或沙地上做后蹬跑或跨步跳,每组后蹬跑80~100m(跨步跳50~60m),重复3~5组,组间歇5min,强度55%~70%。

17. 水中高抬腿跑。在40~50cm深的浅水池中,做原地高抬腿跑,每组100次,4~6组,组间歇10min,强度为55~60%,也可穿插进行行间高抬腿跑,间歇则就稍长些。

18. 水中支撑高抬腿。在40~50cm深的浅水池中,两手扶池壁前倾支撑做高抬腿练习,每组50次,4~6组,组间歇5min,强度为55%~65%,也可在水中行进间后蹬跑穿插进行,间歇则应延长到8~10min。

19. 负重连续转跳。肩负杠铃杆等轻器械做连续原地轻跳或提踵练习,每组30~50次,重复6~8组,组间歇3~5min,强度为40%~50%。

20. 连续跳推举。原地蹲立,双手握杠铃杆,提铃至胸后,连续做跳推举杠铃杆。每组 20 ~30 次,4 ~6 组,间歇 3min,强度为 40% ~60% 。

21. 连续跳实心球。面对实心球站立,双脚正而跳过球后,迅速背对球跳回。往返连续跳,每组 60 次,4 ~5 组,组间歇 3min,强度为 50% ~55% 。

22. 双摇跳绳。原地做正摇跳绳,跳一次摇两圈绳,连续进行。每组 30 ~40 次,做 4 ~6 组,组间歇 5min。强度为 55% ~60% 。该练习必须熟练掌握二摇一跳的技巧;心率必须在恢复到 120 次/min 以下时,方可进行下一组练习。

23. 连续跳深。站在 60 ~80cm 高的台阶或跳箱上双脚向下跳,落地后迅速接着向上跳上 30 ~50cm 高的台阶或跳箱上。连续跳 20 ~30 次为一组,3 ~5 组,组间歇 5min。强度为 60% ~65% 。

24. 连续纵跳摸高。在摸高器或篮球架下站立,连续纵跳双手摸高。每组 30 次,4 ~6 组,组间歇 2min。强度 40% ~60% 。

25. 连续跳起投篮。在篮下持球站立,听口令后跳起投篮,接球后再投。每组 20 ~30 次,做 4 ~6 组,间歇 2min。强度为 40% ~55% 。可以规定时间及必须投进篮的次数。

26. 连续跳起传接篮板球。在篮下站立,双手持球跳起将球掷向篮板,待球弹回接球后再跳起掷球。连续 30 次为一组,4 ~6 组,组间歇 3min。强度为 40% ~60% 。不要求跳起高度,但动作必须连贯、协调不间断。

27. 连续反复传接实心球。用实心球做篮球传接球练习。每组 50 次,3 ~5 组,组间歇 5min。强度为 50% ~60% 。可选用 1 ~2kg 实心球。

28. 连续跳起扣吊球。将 10 ~15 个吊球并排悬于空中,每个间隔 1m,高度为(2. 10m)为宜。听口令后连续跳起扣球,每组扣一轮,5 ~8 组,组间歇 3min。强度为 55% ~60% 。可以规定完成一组的时间。

29. 连续跳起低网上击掌。排球场上两人隔网相对站立,同时跳起两人在网上(2. 10m)双手击掌。每组 20 ~30 次,4 ~5 组。组间歇 2min。可原地或移动中完成。

30. 连续跳栏架。纵向排列 20 个高 30 ~40cm 的栏架。做双脚起跳连续过栏架练习。往返一次为一组,8 ~10 组,间歇 3min。强度为 55% ~60% 。

31. 跳连环马。10 ~15 人间隔 2m 成纵队,每人俯背拖腿成人马,排尾开始连续跳过人马至排头即加入人马行列。每组一轮,6 ~ 8 组,间歇 3min。强度 50% ~55% 。

32. 拉胶皮带。结合专项练习或专门练习做连续拉胶皮带练习。如拉胶皮带扩胸或拉胶皮带作支撑高抬腿等。根据练习的用力程度及运动员水平决定强度和次数。一般强度为55% ~60%。

33. 连续引体向上或屈臂伸。连续在单杠上做引体向上或双杠上做屈臂伸。每组20~30次,4~6组,组间歇5min。强度为50% ~60%。

34. 双杠支撑连续摆动。双杠上直臂支撑,以肩为轴做摆动,每组40次,4~5组,组间歇3min。强度为40% ~55%,前后摆两腿要摆出杠面水平,两腿并拢、伸展。

35. 双杠支撑前进。双杠上直臂支撑,两臂交替前移,每组往返5次,3~5组,组间歇5min。强度为50% ~55%。两臂各前移5次才返回。

36. 单杠悬垂摆体。单杠成悬垂,做向前向后的悬垂摆体。每组30次,4~5组,组间歇5min。强度为50% ~55%。摆动时身体保持直立,摆动幅度越大越好。

37. 手倒立。独立完成手倒立或对墙做或在帮助下完成。每组倒立静止2~4min,3~4组,组间歇5min,强度控制在40% ~50%。

38. 俯卧撑或俯卧撑移动。在垫上连续做俯卧撑30次为一组,4~6组,或成屈臂俯卧撑姿势,用双臂双脚力量左右移动,每组20~30次,4~5组,组间歇4min。强度为50% ~55%。俯卧撑时身体要保持伸直,移动时始终保持屈臂俯卧撑姿势。

39. 爬绳。两手握绳,依次连续倒手向上攀爬(不能用脚)。每组两次,5~10组,间歇5min。强度为40% ~55%。下滑时可用脚协助,不限完成时间。

40. 攀爬横梯。两手握横梯横木,依次倒手攀爬前进。每组倒手20次,3~5组,间歇5min。强度为40% ~55%。

41. 仰卧起坐。仰卧两手抱头起坐,连续做50次为一组,重复4~6组,组间歇3min。强度40% ~50%。起坐时要快,仰卧时要缓和,连续不间断进行。也可在起坐同时两腿屈膝上抬成元宝收腹。

42. 收腹举腿静力练习。在双杠、垫上做收腹举腿(直角支撑)动作,每次静止1~2min。3~5次,间歇5min。强度为40% ~50%。静止时躯干与大腿间的夹角不能大于100°,静止时间由30s开始,逐渐增加。

43. 半蹲静力练习。躯干伸直,屈膝约90成半蹲姿势后静止30s至1min。4~6次,间歇5min。强度为40% ~50%。每次练习结束要放松肌肉,做些按摩摆腿或放松跑活动。

(二)无氧耐力练习

1. 原地间歇高抬腿跑原地做快速高抬腿练习。如发展非乳酸性无氧耐力,则可做每组5s、10s、30s快速高抬腿练习，做6～8组，间歇2～3min。强度为90%～95%。要求越快越好。为发展乳酸性无氧耐力，则可做1min练习，或100～150次为一组，6～8组，每组间歇2～4min。强度为80%，要求动作规范。也可前支撑做高抬腿跑练习。

2. 高抬腿跑转加速跑行进间高抬腿跑20m左右转加速跑80m。重复5～8次，间歇2～4min。强度为80%～85%。

3. 原地或行进间间歇车轮跑原地或行进间做车轮跑，每组50～70次，6～8组，组间歇2～4min。强度为75%～80%。

4. 间歇后蹬跑行进间做后蹬跑，每组30～40次或60～80m，重复6～8次，间歇2～3min。强度为80%。

5. 反复起跑蹲踞式或站立式起跑30～60m，每组3～4次，重复3～4组，每次间歇1min，组间歇3min。

6. 反复跑跑距为60m、80m、100m、120m、150m等。重复次数应根据距离的长短及运动员水平而定。一般每组3～5次，重复4～6组，组间歇3～5min。强度一般的心率控制，如短于专项的距离，练习时心率应达180次/min，间歇恢复至120次/min时，就可时进行下次练习。如发展乳酸耐力，距离要长些，强度小些。

7. 间歇行进间跑行进间跑距为30m、60m、80m、100m等。计时进行。每组2～3次，重复3～4组，每一次间歇2min，组间歇3～5min，强度为80%～90%。

8. 计时跑。可做短于专项距离的重复计时跑或长于专项距离的计时跑。重复次数4～8次，间歇3～5min。强度为70%～90%，根据运动员水平及跑距而定，距离短，强度大些。

9、间歇接力跑。跑道上，四人成两组，相距200m站立，听口令起跑，每人跑200m交接棒，每人重复8～10次，要求每棒跑的时间。

10. 迎面拉力反复跑。跑道上，两队相距100m，每队4～5人，迎面接力跑，每人重复5～7次，要求每棒时间。强度为70%～80%。

11. 反复加速跑。跑道上加速跑100m或更长距离。跑完后放松走回再继续跑，反复8～12次。强度为70%～80%。

12. 反复超赶跑。在田径场跑道或公路上，10人左右成纵队慢跑或中等速度跑，听口令后，排尾加速跑至排头，每人重复循环6～8次。强度65%～75%。

13. 变速跑。变速快跑与慢跑结合进行，快跑段与慢跑段距离，应根据运动员专项而定。如发展非乳酸性无氧耐力，则常采用50m快、50m慢、100m快、100m慢或直道快、弯道慢或弯道快、直道慢等。为发展乳酸性无氧耐力，常采用400m

快200m慢,或300m快200m慢,或600m快200m慢等。强度为60% ~80%。

14. 反复变向跑。在场地上听口令或看信号做向前、后、左右的变向跑。每次进行2min,重复3~5组,组间歇3~5min,强度为65% ~70%。变向跑的每一段落均为往返跑,即跑出去后,返回起跑位置,每一段落至少50m。间歇后心率恢复到120次/min以下,再开始继续练习。

15. 变速越野跑。在公路、树林、草地、山坡等地进行越野跑,在越野跑中做50~150m或更长些距离的加速跑或快跑段落。加速或快跑的距离1000~1500m,强度为60% ~70%。

16. 反复连续跑台阶在每组高20cm的楼梯或高50cm的看台上,连续跑30~40步台阶,每步2级,重复6次,每次间歇5min。强度为65% ~70%,要求动作不间断,也可定时完成。

17. 球场往返跑。篮球场端线站立,听口令起跑至对面端线后再转身跑回。每组往返4~6次,重复4~6组,强度为60% ~70%。

18. 连续侧滑步跑跑道上,身体侧对前进方向,做侧向滑步跑100~150m。重复5~6组,组间歇3~5min,强度为60% ~70%,每次心率达160次/min。

19. 综合跑。在跑道上,做向前跑、倒退跑及左右滑步跑,每种方式跑50~100m,每次跑400米,重复3~5组,组间歇3~5min,强度为60% ~70%。

20. 法特莱克跑。在场地、田野或公路上,用不同的速度跑3000~4000m,强度为60% ~70%,可以采用法特莱克50m快、100m慢、100m快、150m慢渐加式等等。

21. 水中间歇高抬腿。在40cm深的浅水中,做原地高抬腿,每组100次,4~6组,组间歇3min。强度为60% ~65%。也可与水中行进间高抬腿跑交替进行,行进间练习的间歇为4~5min。

22、分段变速游泳。以50m为一段落进行变速游泳,每组250~300m,4~5组,间歇10min,强度为65% ~75%。快速段落要达到本人最快速度的70%以上,放松段落根据水平要求。

23. 水中变姿变速游。同上段落,但以各种姿势混合游泳,每组各种姿势各游50m,3~5组,间歇10min。强度同上。

24. 水中短距离间歇游。50m、100m或更长段落的反复,或不同距离组合的间歇游。做3~4次为一组,3~4组,每次间歇2~3min,每组间歇10min。强度为60% ~70%。

25. 水中追逐游。两人相距3~5m,同时出发,进行追逐游,每次50m往返,做

3~5组,强度为65%~75%。心率达160次/min以上。游的姿势两人必须一致。

26. 游泳接力。两人或四人50m往返接力,也可混合姿势游。每人游4次为一组,3~4组,组间歇5~8min。强度为60%~70%,也可比赛进行。

27. 两人追逐跑跑道上两人一组相距10~20m(根据水平不同)。听口令后起跑,后面人追赶前面人,800m内追上有效,间歇3~5min,下次交换位置。重复4~6次,强度为65%~75%。也可以要求在最后100米内追上方为有效。

28. 上下坡变速跑。在7°~10°的斜坡跑道上做上坡加速快跑100~200m,下坡放松慢跑回起点。每组4~6次,3~5组,组间歇10min。强度为65%~75%。

29. 往返运球跑。在篮球场由一端线运球至另一端线,然后换手运球跑回,往返6次为一组,做4~6组,组间歇2min。强度为60%~75%。

30. 往返运球投篮。在篮球场,由一端线运球至另一篮下投篮后,再运球返回投篮。每组往返4次,4~6组,组间歇3min,强度为55%~60%。投持不限方式,要投中才返回。

31. 运球绕障碍。篮球场上纵向放置5个障碍物,间距2m,听信号后做快速运球绕过障碍物往返跑,也可以竞赛方式计时。不得触碰障碍物。每组往返3~5次,3~5组,组间歇5min。

32. 全场跑动传接球篮球场上两人一组,由一端线开始,至另一端线后再传球跑回。每组往返4次,4~6组,组间歇8~10min。强度为60%~70%。组间心率恢复到100次/min以下,开始继续练习。

33. 跳绳跑。跑道上做两臂正摇跳绳跑,每次跑200m,5~8次,间歇5min。强度60%~70%。要求每次结束时心率达160次/min,间歇恢复到120次/min以下时开始第二次练习。也可规定速度指标。

34. 跳绳接力跑. 在跑道上,两组相距100m,做往返跳绳接力跑。每组往返4次,4~6组,组间歇5min。强度60%~65%。应有一定的速度要求。

35. 双脚或两脚交替跳藤圈。两手握藤圈,原地双脚连续跳藤圈或双脚交替连续跳。双脚跳每组50~60次,交替跳每组100次,都做4~5组,组间歇3min。强度为50%~60%。

36. 两人踢传球→绕障碍运球→跑动射门的组合练习。在足球场两人从底线开始向前跑动踢传球,过半场后,两人交叉运球,传接绕障碍(8个实心球,相距2m),然后跑动射门。往返2次为一组,4~6组。组间歇5min。强度60%~65%。射门时由一人传球,一人射门。未射门的人,取球后两人向反方向再做上述练习。

37. 两人跑动传接球→抢断球→连续射门在足球场,两人跑动传接球,100m

往返3次→两人一组抢断球3min→连续射门10次。2~3组,组间歇2min,强度为55%~70%。跑动传球时尽量不丢球,从中圈开始运球跑动射门。

38. 连续滑步→侧倒体垫球→滚翻。在排球场,根据教练员的手势及抛球动作做连续滑步移动→侧倒体垫球→接滚翻动作。连续做8~10次为一组,3~4组,组间歇8~10min,强度为65%~75%。

39. 沙坑纵跳→途中跑→双杠臂屈伸→双杠支撑前进。沙坑中纵跳20次→途中跑50m→双杠臂屈伸8次→双杠支撑前进,往返3次为1组,3~5组,组间歇5min。强度60%~70%。沙坑纵跳为全蹲跳起,途中跑为70%速度,双杠臂屈伸符合标准,支撑前进不能间断或掉下杠来。

40. 结合各专项动作循环练习。以各专项的专门练习或辅助练习等组成一套练习,反复循环进行。强度为65%左右。

(三)有氧耐力练习

1. 定时跑。在场地、公路或树林中做10~20min或更长时间的定时跑。强度为50%~55%。

2. 定时定距跑。在场地或公路上做定时跑完固定距离的练习。如要求在16~22min内跑3600~4400m。强度为50%~60%。

3. 变速跑。在场地上进行。快跑段、慢跑段距离应根据专项任务与要求决定。一般常用400m、600m、800m、1000m等段落进行。例如中距离跑运动员常用400m快跑,200m慢跑的变速或600m快跑,200~400m慢跑等变速;长跑运动员常采用1000m快、400m慢等变速。重复次数一般4~8次为一组,1~2组,组间歇10~12min。一般以心率控制,快跑段落心率控制在140次/min左右,慢跑段心率恢复到120次/min以下,间歇时心率恢复到100次/min以下时,开始下一组练习。

4. 重复跑。在跑道上进行,重复跑的距离、次数与强度也应根据专项任务与要求而定。发展有氧耐力重复跑强度不应,跑距应较长些。一般重复跑距为600m、800m、1000m、1200m等,重复次数一般为4~10次。强度为50%~60%。

5. 越野跑。在公路、树林、草地、山坡等场地进行。如此跑的距离要求,一般在4000m以上,多可达10000~20000m。如以时间计算,一般在2min以上。多可达1h多。强度为40%~50%。

6. 法特莱克跑。在场地、田野、公路上进行,自由变速的越野跑或越野性游戏。最好在公园、树林中进行,约30min,也可更长些时间。强度为50%左右。

7. 定时走。在场地、公路或其他自然环境中按规定时间做自然走或稍快些自然走。一般走40min左右。强度为40% ~50%。

8. 大步走、交叉步走或竞走。在场地、公路或其他自然环境中做大步快走，交叉步走或几种走交替进行。每组1000m左右，4 ~6组，间歇3 ~4min。强度为40% ~50%。

9. 沙地连续走或负重走。海滩沙地徒手快走或负重（杠铃杆或背人）走。徒手快走每组400 ~800m，负重走每组200m，做5 ~7组，间歇3min。强度为45% ~60%，心率控制在160次/min以下。

10. 沙地竞走。海滩沙地上竞走练习，每组500 ~1000m，4 ~5组，间歇3min。强度为55% ~60%。

11. 竞走追逐。在跑道上，两人前后相距10m，听口令开始竞走，后者追赶前者，每组400 ~600m，4 ~6组，强度为50% ~60%，必须按竞走技术标准的要求，不能犯规，每组结束放松慢跑2min。

12. 水中定时游。不规定游泳姿势及速度，规定在水中游一定的时间，如不间断地游15min、20min等。强度为40% ~50%，要求不间断地游。

13. 水中快走或大步走。在深30 ~40cm的浅水池中，做快速走或大步走练习，每组200 ~300m或100 ~150步，4 ~5组，间歇5min。强度为50% ~55%。

14. 连续踩水。在游泳池深水区，手臂露出水面做踩水练习。每次2 ~4min，4 ~5次，间歇3min。强度为45% ~60%。也可以要求肩部露出水面，加大难度。

15. 5min运球跑。篮球场内，以单手或双手交替运球跑动5min，3 ~5次，间歇2min。强度为45% ~60%。要求不间断进行，或要求一定距离。

16. 10min带球跑。足球场内不限区域，中速带球运球跑10min，2 ~3组，组间歇5min。强度为40% ~50%，要求不间断跑动，不能静止运球。

17. 3min以上跳绳或跳绳跑。在跑道上做两臂正摇原地跳绳3min或跳绳跑2min。4 ~6次，间歇5min。强度为45% ~60%。要求每次结束时，心率在140 ~150次/min，恢复至120次/min以下开始下一次练习。

18. 登山游戏或比赛。在山脚下听口令起动，规定山上终点的标记，可以自选路线登山或规定路线登山，可进行登山比赛或途中安排些游戏，如埋些地雷，规定各队要找出几个地雷后集体到达终点，早者为胜等等。强度为40% ~60%。

19. 30min以上的足球游戏。在足球场或手球场打比赛性游戏。

20. 篮球斗牛游戏。篮球场上打半场或全场比赛性斗牛30min以上。强度为45% ~60%。

21. 5min以上的循环练习。根据专项选择8 ~10个练习，组成一套循环练习，反复循环进行5min以上。3～5组,组间隔5～10min。心率在活动结束时控制在140～160次/min左右,休息恢复到120次/min以下,开始下一组练习。强度控制在40%～60%。

22. 5min健美操。不间断地跳5min以上。4～6组,组间歇5～8min。强度为40%～60%。心率控制在160次/min以下。

八、发展耐力素质的注意事项

1. 耐力素质练习应遵循人体生长发育的规律

耐力素质的发展水平与其他素质一样,在相当程度上受到人体生长发育水平的影响。如果耐力水平与生长发育水平不相一致,非但不能收到良好练习效果,可能还会严重地损害人体健康。因此,根据运动员的发育水平,合理地安排耐力练习,是发展耐力素质过程中一个非常重要的方向。一般来说,对普通大学生年龄段来讲,可进行无氧耐力的练习。另外,耐力练习时的负荷安排也是一个重要因素,通常以130次/min、150次/min、170次/min的心率指标作为学生小、中、大的适宜负荷强度标准。此外,耐力练习方法与手的采用,也要根据不同对象的生理心理特点,从实际出发。

2. 注意在耐力素质练习中体现个体化特点

要最大限度地发展耐力水平,就必须在练习中体现大负荷练习的原则。然而,由于运动员之间训练程度、机能水平、项目要求等方面都存在着不同的差异,因此,耐力练习的方法与手段应有所不同。而且练习的强度、练习的持续时间、间歇的时间与方式及重复练习的次数也应根据实际情况具有差异性。

3. 耐力练习中应注重呼吸方法、节奏和深度发展耐力素质,特别是发展有氧耐力水平,正确的呼吸是十分重要的

呼吸的作用在于摄取发展耐力的必要氧气。机体摄取氧气是通过呼吸频率和加深呼吸深度来实现的,二者之间后者更重要。耐力训练对氧气的需求量大。运动员更应重视呼吸问题。有训练的运动员的呼吸,不是靠加快呼吸的频率,而是以加深呼吸的深度、特别是呼气的深度。只有呼气深,呼吸道中的CO_2气吐得多,才能吸进更多的氧气。同时应培养运动员用鼻子呼吸的习惯,因为鼻腔有黏膜可以净化空气,也可以使氧气暖和一些再吸入气管,还可减少尘埃和冷气进入肺部。有人还认为用嘴呼吸会出现以横隔膜升降的浅呼吸,用鼻呼吸就可避免这种现象。对各项目的运动员都应注意练习他们呼吸的节奏与动作节奏的协调一致,呼吸节奏紊乱,就会使动作节奏遭到破坏,也会使能量物质的消耗增加,不利

于耐力水平的提高。

4. 耐力练习注意激发练习者的主动性

学生在练习中是否主动投入,对练习的效果有很大的影响。主动投入时,中枢神经系统、内脏系统和肌肉系统等都能处在一个良性状态下,为机体承受较大的运动负荷创造了非常好的条件,有利于耐力水平的提高。耐力练习中影响练习主动性的因素较多,主要是和兴趣、意志品质、目标追求、思想认识等有关。所以,耐力练习除了采用多种多样的方法与手段激运动员的兴趣外,还要注意培养运动员刻苦耐劳、坚韧不拔的意志。另外,也可有生动的例子说明耐力水平与运动成绩之间的关系,使运动员从思想上加深对耐力练习的认识,并溶于行动之中。提高运动员的练习主动性还可通过建立逐级目标来达到,根据运动员的实际情况,制定合理的逐级目标,每当运动员达到一个目标,就及时给予表扬和鼓励。这样做能有效地提高运动员的练习信心,会使运动员以更大的热情主动投入到耐力练习之中。

5. 注意有氧耐力练习与无氧耐力练习相结合

有氧耐力和无氧耐力虽然在代谢过程中表现出较大差异,但是两者存在着非常密切的关系。有氧耐力在基础,无氧耐力的发展是建立在有氧耐力提高的基础上。通过有氧耐力练习能使心脏体积增大,每搏输出量提高,从而为无氧耐力的发展打下了坚实的基础。如一开始便是无氧耐力练习,就很难提高每搏输出量,还会影响全身血液的供给,对今后发展不利。反过来,发展有氧耐力过程中,穿插一些无氧耐力练习,能改善运动员的呼吸能力和循环系统的功能,这有利于提高机体输送氧气的能力,对提高有氧耐力水平极为有利,由此可见,有氧耐力和无氧耐力之间是相互联系,相互促进的。所以,在耐力练习中要注意两者的结合,至于有氧耐力练习和无氧耐力的练习的比例,应视实际情况而定。

6. 耐力训练要根据各专项的特点要求,科学地安排运动负荷,有的放矢地进行训练

教学训练的实践证明,不同强度的负荷对发展某一代谢能力作用不同,如短跑运动员必须在有氧代谢能力的基础上,重点发展无氧代谢能力,以短距离大强度负荷为主。马拉松运动员必须重点发展有氧代谢能力,以强度不大的慢跑为主。不同强度的负荷对人体内有氧及无氧代谢供能上比例不同。

7. 发展耐力素质时,应严格技术要求

长时间进行有氧耐力训练时,对飞行大学生的技术运动有严格要求。使之保持正确、协调、运用自如、准确。这可使神经系统的兴奋与抑制过程合理、稳定,有

节律地交替,从而推迟疲劳的产生。

8. 耐力练习后应注意消除练习者的疲劳,使其尽快恢复

耐力练习时间长,消耗的能量大,所以训练后积极补充能源物质很重要,它使练习者机体更快地恢复及获得超量能源的储备。另外,还要采取有效的措施和手段,使疲劳的肌肉及神经系统得以放松和极早消除疲劳,为下次练习创造条件,这对参加耐力性项目训练的飞行大学生极为重要。因为恢复性措施及恢复性训练,直接影响系统训练及大运动量训练的效果。

9. 在耐力练习中要注意加强医务监督

由于耐力练习时间较长,运动负荷较大,对人体各系统的影响也比较深刻。如果飞行大学生在健康水平不佳或者机能能力有障碍的情况下,进行大负荷的耐力练习,就容易对人体各系统的功能造成严重的损害。所以在耐力练习时加强医务监督就非常必要。

第四节 柔韧与协调素质概念及训练

一、柔韧性与协调性的概念

(一)柔韧性的概念

柔韧性是指人体关节活动幅度及关节韧带、肌腱、肌肉、皮肤和其他组织的弹性和伸展能力,即关节和关节系统的活动范围。

柔韧性可以分为主动柔韧性和被动柔韧性。主动柔韧性是指利用肌肉可以使关节活动的范围,被动则单纯是关节活动的最大范围。理论上讲,主动柔韧不可能超出被动柔韧的活动范围。

影响柔韧性即关节活动范围的因素有:关节骨结构,关节周围组织的体积,韧带、肌腱、肌肉和皮肤的伸展性;其中,最后一项对提高柔韧性关系最大。

柔韧不仅决定于结构的改变,也决定于神经对骨骼肌的调节,特别是对抗肌放松、紧张的协调。协调性改善可以保证动作幅度加大。提高柔韧性可采用拉长肌肉、肌腱及韧带等组织的方法,有爆发式(急剧的拉长)和渐进式两种。其中,渐进式可以放松肌肉,使筋腱缓慢地拉长,不易引起损伤。

青少年是发展柔韧性的重要时期,但作为民航飞行大学生已是成年人,所以已过了柔韧性发展敏感期,练习效果进步较慢,需要长期坚持训练和锻炼。

(二)协调性的概念

协调性指身体作用肌群之时机正确、动作方向及速度恰当,平衡稳定且有韵律性。在各项体能中,协调性训练可说最困难,因影响协调性除了遗传、练习者心理个性外,尚有肌力与肌耐力、技术动作纯熟度、速度与耐力关系、身体重心平衡(关系肌力与肌耐力)、动作韵律性(技术动作要纯熟方可)、肌肉放松与收缩,甚至还有柔软度等。

二、柔韧素质的概念及训练意义

柔韧素质是人体各肌肉、关节、韧带等组织的伸展活动能力和弹性的总称。柔韧素质好坏主要取决关节组织结构和胯关节的肌肉、肌腱、韧带等组织的伸展性,也受到天气、年龄、训练水平的一定影响。健美操成套中,大幅度的上肢以及踢腿、控腿、劈叉和大跳动作都充分体现了柔韧能力。良好的柔韧性是提高运动幅度、动作速度、动作力量及完成一些难度动作和高质量动作的基础,同时减少运动性损伤。因此发展柔韧素质,对提高运动技术水平具有重要的意义。

(一)柔韧素质训练的基本方法

发展柔韧素质练习的基本方法包括动力拉伸法和静力拉伸两种方法。动力拉伸法是指有节奏地通过多次重复某一动作的拉伸方法。静力拉伸法是指通过缓慢的动力拉伸,将肌肉、肌腱、韧带等软组织拉长,并停留一定时间的练习方法。这两种方法均可采用主动的拉伸和被动的拉伸。主动的动力性拉伸方法是借助自身的重力或力量拉伸。被动的动力性拉伸方法是依靠外力的拉伸。在训练过程中,通常是把动力拉伸法和静力拉伸法、主动练习法和被动练习法结合起来运用。根据不同关节活动范围的技术需要来确定发展柔韧性和保持柔韧性阶段练习的重复次数。每组练习持续时间 10s 左右;静力拉伸练习,停留在关节最大伸展程度的位置上,保持 30s 左右。为保证运动员在完全恢复的状态下进行下一组柔韧练习,在间隙休息时做一些肌肉放松练习或按摩。如体后屈练习后做体前屈放松练习,劈叉练习后做并腿团身动作等。

在具体的练习中常常采取以下练习发展联系着的肩、胸、腰、髋、腿的柔韧性。

1. 肩、胸、腰部柔韧性练习

主要手段有压、拉、吊、转环、体转、体前屈、体后屈等。

(1)面对墙壁或肋木,手扶一定高度体前屈压肩胸。

(2)背对墙壁或肋木,手臂后举扶墙或反握肋木,下蹲向下拉肩。

(3)侧向墙壁或肋木,侧向手扶墙或握肋木,向侧拉肩。站立体前屈,双手互握后举,帮助者一手顶背,一手向下按压练习者手臂拉伸肩、腰部。

(4)悬垂,反握肋木,向下吊肩。两手握棍或绳,做直臂向后和向前的转肩练习,逐渐缩短握距。

(5)站立,连续快速直臂向前、侧、后绕肩。

(6)体前屈手握脚踝,躯干与腿尽量相贴,可在帮助者用力压其背部,逐步垫高臀部或脚的高度的情况下练习。

(7)站在一定高度上做体前屈,手触地面。

(8)腿垫高的分腿体前屈,或手握肋木的高举腿分腿坐,在外力下向后压腿的体后屈练习。

(9)俯卧,上体挺胸抬起,两手上举,帮助者站在背后,两手握练习者上臂,向后拉压肩胸,向后下拉伸腰部。

(10)仰卧在横马上成背屈伸,两腿固定,帮助者两手握练习者上臂,向后拉压肩、胸、腰。

(11)仰卧成弓桥,向上顶腰和向前拉肩练习,逐步缩小手与脚的距离。

2. 髋、腿的柔韧性练习

主要手段有压、搬、踢、控、绕腿、劈叉等,具体做法如下:

(1)压腿:将一腿置于肋木上,直膝、胯正,可向前、侧、后压腿。

(2)搬腿:单腿站立,一腿举起,直膝、胯正,在外力作用下,前、侧、后板腿。

(3)劈叉压:在纵叉和横叉姿势下,两脚垫高,上体挺直、直膝、胯正,在外力作用或自身重量下,向下压髋。

(4)踢腿:包括大幅度的快速前、侧、后的正踢、绕腿以及体前屈后踢腿练习。可以通过扶把杆踢腿、行进间走步踢腿、原地高踢腿等进行练习。

(5)控腿:通过扶把杆和不扶把杆的单腿站立的前、侧、后高举控腿,体前屈后举控腿,仰卧劈叉的搬控腿等,可采取慢速控腿和搬腿、快速踢起控腿和搬腿。

3. 综合性的柔韧练习

(1)柔韧性难度动作练习在一定的柔韧能力练习基础上,必须结合健美操的难度动作和技术要求进行专门的柔韧性练习,如各类分腿大跳、大跳落成劈叉、支撑劈叉、控腿落成劈叉、纵横劈叉转换及不同方向高踢腿等。

(2)柔韧操练习除了采用以上的柔韧练习外,也可采用柔韧操形式进行练习,如关节活动操、拉伸操等。在优美的音乐旋律和节奏下做动静结合的拉伸操,速度由慢到快,幅度从小到大,可不知不觉地、愉快地达到提高柔韧性的作用。

(3)高低冲击的健美操步伐组合练习。采用持续的高低冲击的健美操步伐组合进行柔韧练习,即在走、跑、跳中进行包括转肩、绕肩、扩胸、转体、踢腿、控腿、劈叉等柔韧练习,可提高练习的兴趣,同时提高了耐力。

(二)柔韧素质训练的基本要求

1. 发展柔韧性应循序渐进,持之以恒

柔韧练习本身就是由不适应到适应逐步提高过程,停止训练柔韧效果就会消退。训练要长期化、经常化、系统化,且要循序渐进、逐步提高要求,不能急于求成,以免出现拉伤现象。

2. 发展柔韧性应多采用“缓慢式”和“主动式”方式

在日常练习中,特别是对待普通大学生,由于缺乏专门的柔韧性练习,因此不宜长时间用力搬、压,或做过分扭转肌肉骨骼的活动,以免造成关节、韧带的损伤和骨骼变形,随着柔韧性的增长,可逐渐加大柔韧练习的负荷量和强度。

3. 发展柔韧性应与专项和个人特点相结合

发展柔韧性训练必须根据健美操项目特点和个人具体情况安排,在全面发展身体各部位柔韧性的基础上,要重点发展健美操所需要的髋部、腿部、腰部的动力性和静力性的柔韧能力,尤其是发展肩、髋关节的全方位的伸展性和灵活性,大腿后部肌群及腰背、腹部肌群、韧带的伸展性,并结合柔韧性难度动作练习,发展快速大幅度的前侧后的踢腿、控腿及地面和空中劈叉能力,达到专项技术要求。另外,根据不同运动员的具体情况,做到区别对待,使训练更具针对性和实效性。

4. 发展柔韧性应与力量、速度能力发展相结合

柔韧的发展是建立在肌肉力量增长基础上的,良好的柔韧能力同时也反映良好的力量能力。健美操是动力性项目,健美操的柔韧性表现有两种形式,一种是在静力性力量下的柔韧性,如控腿、支撑劈叉等,第二种是在速度力量下的柔韧性,如快速高踢腿、分腿大跳、劈叉倒地等。所以速度力量、相对力量与柔韧训练应同步发展和提高,力量训练还可增强关节的稳固性。而在力量训练后进行柔韧训练,可以使肌肉、肌腱和韧带保持相应的弹性和伸展性。保证肌肉韧带柔而不软,韧而不僵,促进身体能力的全面发展。

5. 发展柔韧素质应兼顾身体各个部位相关因素

健美操柔韧性大部分表现均涉及几个相互有联系部位的柔韧性程度。如纵劈叉和前踢腿柔韧度,它与髋关节周围肌肉、韧带的伸展性有很大关系,也与大腿后部肌群、韧带伸展性有密切关系。因此,在练习过程中对相应的几个部位都应

进行发展。

6. 注意外界温度与练习时间

一般当外界温度在18℃时，有利于柔韧的发展，如在冬天气温较低时，必须在保暖条件下，先进行慢跑或热身有氧操，只有机体到达一定温度（如出汗），再进行柔韧练习。早晨柔韧能力相对较低，必须小强度练习，而在下午柔韧能力较强，可进行大强度柔韧训练。

（三）提高协调性训练方法

灵敏协调素质是指人体在各种突然变换的条件下，迅速、正确、协调改变身体运动的能力，是人体的一种综合素质，是体育训练、锻炼中不可缺少的身体素质之一。灵敏协调性的提高，对人体其他素质的提高和发展起着至关重要的作用。协调性对飞行大学生而言，也是一个非常重要的身体素质，长期的飞行实践表明，飞行操作是一个上下肢、全身协调配合的操作过程。因此，在航空体育教学、训练中要有意识地强化协调性的练习，并通过多种练习方式和手段，使每一个飞行大学生身体的协调性都有一个极大的提高。在航空体育课教学实践课中，在每次课上安排10min的协调性“课课练”，对提高学生的身体素质，发展学生自身的协调性及自我锻炼的能力都有很好的效果。

1. 单个动作系列重复练习法

（1）肩绕环：由直立双臂上举开始。一臂直臂向前、向下、向后、向上画圆摆动，同时另一臂向后、向下、向前、向上划圆摆动，均以肩关节为轴。依次进行。

（2）纵跳：双脚并拢手弯向上跳。

（3）前后跳：双脚并拢手弯向上跳，但向前与后跳。

（4）转向跳：双脚并拢手弯向上跳，但跳起后转向180°着地身体与双手要去维持平衡，可向左与向右跳。

2. 动作组合式练习法

（1）立卧撑跳起转体360°

由俯卧撑姿势开始，双腿屈膝抬大腿，成全蹲。起立后即刻双脚蹬地全力、快速纵跳，双臂积极上摆，在空中转体360°。衔接下一个动作时要迅速屈膝下蹲，在双手即将撑地的同时，双脚向后伸蹬，成俯卧撑。连续进行。

（2）全身波浪起

由双腿左右稍开立开始。先做直腿体前屈，然后依次进行向前跪膝（收腹、含胸、低头）、向前挺（收腹、含胸、低头）、向前挺腹（含胸、低头）、挺胸、抬头，成反的“S”形波动，两臂在体侧划圆，连续做。

(3)身体不协调动作组合练习

上右步的同时右手上举,上左步的同时左手上举,右步后退右手叉腰,左步后退左手叉腰,变换节奏。

3. 条件刺激练习法

(1)变方向跑练习

①做向前 5m 冲刺,接后退 3m,左冲 5m 后右冲 3m 的练习。

②在地上划一边长为 10m 的正方形,做顺逆方向跑的连续练习。

(2)移动中的躲闪练习

用小体操垫设置障碍,练习者利用前滑步及左右滑步躲闪过小体操垫向前快速绕行前进。

(3)快速转体练习

听教师口令,做向前疾冲中突停,然后向后疾冲的练习。

4. 游戏练习法

(1)追逐练习

把练习者分为两人一组,一方任意先跑,另一方追逐,开始前保持 3 ~ 5m 间距,追上拍肩后交换练习。

(2)推拉练习

把练习者分为两人一组,站在直径为 2. 5m 圆圈内,双方允许使用推拉办法,一脚出圈者为负方。5 ~ 15 次为一组,练习 2 ~ 3 组。

(3)触摸练习

把练习者分为两人一组,规定在一定的范围内用手触摸对方肩部,可以利用步法移动躲闪。

5. 持器械式练习法

(1)练习者自然站立,由两名以上同学手持排、篮球练习者投掷,练习者劲力躲闪,避免被投掷中。练习 15 ~ 20s 为一组,重复 3 ~ 5 组。

(2)练习者持网球或弹性球,距墙壁 2m 站立,向墙壁投掷网球或弹性球,待弹回时用手迅速接住,练习时双脚要不停地前后左右移动,练习 15 ~ 20s 为一组,重复 3 ~ 5 组。

总之,提高灵敏协调素质的训练方法很多,尽可能丰富训练手段,消除学生练习倦怠,以保证练习。

第五节　灵敏素质的概念及训练

一、灵敏素质的概念

灵敏素质是指人体在各种突然变换的条件下，快速、协调、敏捷、准确地完成动作的能力。它是人的运动技能、神经反应和各种身体素质的综合表现。灵敏素质之所以是运动技能、神经反应和各种素质的综合表现，是因为在从事各个体育专项的每一个动作都不同程度地体现了力量、速度、耐力、柔韧、协调等素质。例如：通过身体的力量，特别是爆发力量，控制身体的加速或减速；通过身体的移动的各种速度，特别是爆发速度，来控制身体移动、躲闪、变换方向的快慢；通过耐力素质保证持久的运动能力、活动能力和工作能力。通过柔韧协调保证力量、速度的发挥。

灵敏素质没有客观衡量标准，只有通过动作的熟练程度来显示灵敏素质的高低。它不像其他素质有客观衡量标准来测定其素质的优劣。如力量可用重量的大小来衡量，单位是公斤；速度用距离和时间的比来衡量，单位是米/秒；耐力用时间的长短或重复次数的多少来衡量；柔韧用角度、幅度的大小来衡量；而灵敏素质只有用迅速准确协调完成动作的能力来衡量。例如学生在活动中的灵敏动作（各种躲闪能力），必须通过躲闪动作来体现，而躲闪的快慢就表现了灵敏程度的高低。

灵敏素质对民航飞行员来讲也是非常重要好的，因为飞机的驾驶舱是一个面积相对较少的空间，因此对飞行员灵敏性的要求极高。

二、飞行学生灵敏素质的评价

灵敏素质的发展水平主要从以下三个方面进行评价：

（1）是否具有快速的反应、判断、躲闪、转身、翻转、维持平衡和随机应变的能力。

（2）在完成动作时，是否能自如地操纵自己的身体，在任何不同的条件下都能准确熟练地完成动作。

（3）是否能把力量（爆发力）、速度（反应速度）、耐力、协调性、节奏感等素质和技能通过熟练的动作综合表现出来。客观实践证明，具有高度灵敏素质的人，他可以随心所欲地控制自己的运动器官,熟练自如的准确完成动作。

三、灵敏素质的影响因素

灵敏素质的影响因素如下:

(1)大脑皮质兴奋和抑制过程的均衡性:均衡性好且转换速度快者,其灵敏性高。

(2)时间和空间的判断力:时间和空间的判断力好、反应速度快,动作的灵敏性高。

(3)肌肉力量及收缩速度:肌肉力量越大,收缩速度越快,其灵敏性越高。

(4)掌握动作技能的数量和熟练程度:动作技能掌握越多,动作越熟练,其灵敏性越。

(5)肌肉、关节、韧带的柔韧性和动作的协调性:柔韧性和协调性越好,动作则更为协调稳定且高度自动化,在运动中表现得更为灵活、省力。

(6)身体功能状态:身体疲劳时,爆发力、动作速度、反应速度及协调性等都下降,灵敏性也显著下降。

(7)体型:高瘦、肥胖、体重过重者往往缺乏灵敏性。

(8)性别和年龄:一般认为,少年时期灵敏素质发展最快,男性较女性灵活,尤其在青春期后,男性的灵敏性更好。

四、飞行大学生灵敏素质的训练方法

灵敏素质是人体综合能力的反映,受遗传因素影响很大。因此,在灵敏素质训练中,通过采取多种多样的练习方法、手段来提高飞行大学生的灵敏素质。教师应尽可能采取逐渐增加复杂程度的练习方式,也可以通过改变条件、器械、器材等方式增加技术动作的复杂性和难度。同时,还应着重培养和提高学生掌握运动技术动作的能力、反应能力、平衡能力、观察能力、节奏感等。

(一)灵敏素质练习的主要手段

1. 在跑、跳中做迅速改变方向的各种跑、躲闪、突然起动以及各种快速急停和迅速转体练习等。

2. 做各种调整身体方位的练习。

3. 做专门设计的各种复杂多变的练习。如用“之字跑”“躲闪跑”“穿梭跑”“立卧撑”四项组成的综合性练习。

4. 以非常规姿势完成的练习。如侧向或倒退跳远、跳深等。

5. 限制完成动作的空间练习。如在缩小的球类运动场地进行练习。

6. 改变完成动作的速度或速率的练习。如变换动作频率或逐步增加动作的频率。

7. 做各种变换方向的追逐性游戏和对各种信号做出应答反应的游戏等。

(二)灵敏素质练习的途径

发展灵敏素质是提高运动能力的一个非常重要的方面,在发展灵敏素质过程中,应该注意到:提高力量、速度、耐力、柔韧素质等是发展灵敏素质的基础;竞技体操、武术、技巧、滑冰、各种球类运动等项目都是发展灵敏素质的有效项目;在专项练习复杂化的条件下反复练习与专项运动性质相似的动作,是发展专项灵敏素质的有效途径。发展灵敏素质的途径主要包括徒手练习、器械练习、组合练习和游戏等。

1. 徒手练习(包括单人练习和双人练习两类)

(1)单人练习:主要有弓箭步转体、立卧撑跳转体、前后滑跳、屈体跳、腾空飞脚、跳起转体、快速后退跑、快速折回跑等练习。

(2)双人练习:主要有躲闪摸肩、手触膝、过人、模仿跑、撞拐、巧用力等双人练习。

2. 器械练习(包括单人练习和双人练习两类)

(1)单人练习:主要包括各种形式的个人运球、传球、顶球、颠球、托球等多种练习,单杠悬垂摆动、双杠转体跳下、挂撑前滚翻、翻越肋木、钻栏架、钻山羊以及各种球类运动、技巧运动、体操运动的专项技术动作的个人练习等。

(2)双人练习:主要包括各种形式的传、接球、运球中抢球,双杠端支撑跳下换位追逐、肋木穿越追逐等双人练习。

3. 组合练习(2 个动作组合、3 个动作组合和多个动作组合的练习)

(1)两个动作组合练习:主要有交叉步→后退跑,后踢腿跑→圆圈跑,侧手翻→前滚翻,转体俯卧→膝触胸,变换跳转髋→交叉步跑,立卧撑→原地高抬腿跑等。

(2)三个动作组合练习:主要有交叉步侧跨步→滑步→障碍跑,旋风脚→侧手翻→前滚翻,弹腿→腾空飞脚→鱼跃前滚翻,滑跳→交叉步跑→转身滑步跑等练习。

(3)多个动作组合练习:主要有倒立前滚翻→单肩后滚翻→侧滚→跪跳起,悬垂摆动→双杠跳下→钻山羊→走平衡木,跨栏→钻栏→跳栏→滚翻,摆腿→后退跑→鱼跃前滚翻→立卧撑等练习。

(4)游戏:发展灵敏素质的游戏具有综合性、趣味性、竞争性的特点,能引起练习者的极大兴趣,使人全力以赴地投入活动,既能集中注意力、积极思维、巧妙对付复杂多变的活动场面,又能锻炼提高神经系统的灵活性和反映过程,有效地提高身体素质和运动技能。发展灵敏素质的游戏很多,主要包括各种应答性游戏、追逐性游戏和集体游戏等。

(三)发展灵敏素质的练习方法

发展飞行学生灵敏素质要根据学生参加的体育项目的特点出发,重点发展综合反应、平衡协调等能力。

1. 提高反应判断的练习

(1)按口令做相反的动作。

(2)按有效口令做动作。

(3)原地、行进间或跑步中听口令做动作。如:喊数抱团成组;加、减、乘、除简单运算得数抱团组合,看谁最快等。

(4)一对一追逐模仿。

(5)一对一互看对方背后号码。

(6)听信号或看手势急跑、急停、转身、变换方向的练习。

(7)听信号的各种姿势起跑。如:站立式、背向、蹲、坐、俯卧撑等姿势。

(8)跳绳:两人摇绳,从绳下跑过转身,从绳上跳过等。

(9)一对一脚跳动猜拳、手猜拳、打手心手背、摸五官等练习。

(10)各种游戏:如:叫号追人、追逃游戏、抢占空位、打野鸭、抢断篮球(一方攻、一方守,攻方运球强行通过,守方积极拦截抢夺,夺到球变为攻方运动员)等。

2. 发展平衡能力练习

(1)一对一面向站立,双手直臂相触,虚实结合相互推,使对方失去平衡。

(2)一对一弓箭步牵手互换面向站立,虚实结合互推互拉使对方失去平衡。

(3)各种站立平衡:俯平衡、搬腿平衡、侧平衡等。

(4)头手倒立,肩肘倒立、手倒立停一定时间。

(5)在肋木上横跳、上下跳练习。

(6)做动作或急跑中听信号完成突停动作。

(7)在平衡木上做一些简单动作。

3. 发展协调能力的练习

(1)一对一背向互挽臂蹲跳进、跳转。

(2)模仿动作练习。

(3)各种徒手操练习。

(4)双人头上拉手向同方向连续转。

(5)脚步移动练习。如:前后、左右、交叉的快速移动。单脚为轴的前后、转体的移动。左右侧滑步、跨跳步的移动。

(6)做小腿里盘外拐的练习。

(7)跳起体前屈摸脚。

(8)选用武术中的“二踢脚”“旋风脚”动作。

(9)双人跳绳。

(10)做不习惯方向的动作。

(12)改变动作的连接方式

(12)选用健美操、体育舞蹈中的一些动作。

(13)简单动作组合练习。如:原地跳转360°接跳远。前滚翻交叉转体接后滚翻。跪跳起接挺身跳等。

(14)双人一手扶对方肩、一手互握对方脚腕,各用单脚左右跳、前后跳、跳转。

4. 运用体操中的一些简单动作发展身体灵敏

(1)前滚翻、后滚翻、侧滚翻。

(2)连续前滚翻或后滚翻。

(3)双人前滚翻:一人仰卧,另一人分腿站在仰卧人的头两侧,双方互握对方两脚踝,然后作连续的双人前滚翻或后滚翻。

(4)连续侧手翻。

(5)双人侧手翻:双人同向重叠站立,后面人抱住前面人的腰,然后共同完成侧手翻。

(6)鱼跃前滚翻。(可越过一定高度的障碍物)。

(7)一人仰卧,两人名抓一只脚,同时用力上提,使其翻转站立。

(8)前手翻、头手翻、后手翻,团身后空翻。

(9)跳马、跳上、挺身跳下;分腿或屈腿腾越;直接跳越器械;跳起在马上作前滚翻。

(10)在低单杠上作翻上、支撑腹回环、支撑后摆跳下、支撑摆动向前侧跳下等简单动作。

(11)在低双杠上作肩倒立、前滚翻成分腿坐、向前支撑摆动越杠下,向后摆动越杠下等简单动作。

5. 利用跳绳进行的一些练习方法

跳绳是一项学生非常喜爱的活动，简便易行，操作简单，但对于发展学生的爆发力、弹跳力、全身协调能力等体能素质效果非常明显。

(1)跳绳扫地跳跃：练习者将绳握成多段，从下蹲姿势开始，将绳子做扫地动作，两脚不停顿地做跳跃练习。

(2)前摇二次或三次，双足跳一次，俗称“双飞”+“三飞”。

(3)后摇二次，双足跳一次，俗称(后双飞)。

(4)交叉摇绳：练习者两手交叉摇绳，每摇一两次，单足或双足跳长绳子一次。

(5)集体跳绳：两名练习者摇长绳子，其他练习者连续不断地跳过绳子，每人应在绳子摇到最高点时迅速跟讲，跳过绳子。并快速跑出。谁碰到绳子，与摇绳者交换。

(6)双人跳绳：同前，要求两名练习者手拉手跳3~5次后快速跑出。

(7)走矮子步：教师与一名队员将绳拉直，并把高度适当降低，学生在绳子下走矮子步和滑步与滑步动作。

(8)跳波浪绳：教师与一名学生双手握一根长绳子，并把绳子上下抖动成波浪形，学生必须敏捷地从上跳过，谁碰到绳子，与摇绳者交换。

(9)跳蛇形绳：教师与一名队员双手握一根长绳，并把绳子左右抖动，使绳子像一条蛇在地上爬行，数个学生在中间跳来跳去1min内触及绳子最少者为胜。

(10)跳粗绳(或竹竿)：教师双手握一根粗绳或竹竿，队员围成一个圆圈站立，当教师握绳或竿做扫圆动作时，队员立即跳起，触及绳索或竹竿者为败。

第六节　体能综合训练范例

体能是通过力量、速度、耐力、协调、柔韧、灵敏等运动素质表现出来的人体基本的运动能力，是运动员竞技能力的重要构成因素。体能水平的高低与人体的形态学特征和人体的机能特征有着密切的关系。合理的体能训练可以提高我们的体能水平，下面带大家了解如何进行体能训练。

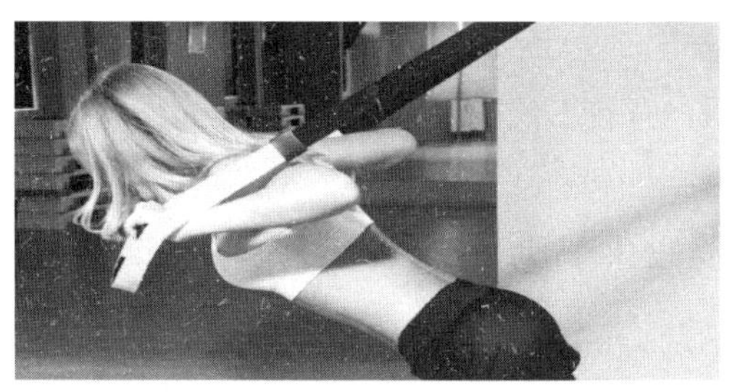

图 2－8

一、体能训练的原则

（一）多样化

因为体能训练是件很单调的事所以如果只采用一种方式的话很快就会失去兴趣的。没有了兴趣的话效果自然要打折扣。利用多种方式进行体能训练有利于保持身体的兴奋感。

（二）有氧耐力、无氧耐力相结合

有氧耐力是基础，无氧耐力是格斗的主要所需。有氧耐力是低强度运动的维持性。无氧耐力是高强度运动的维持性，二者都要重视、不可偏废。

（三）整体性与局部性（平衡性）

体能训练的是一个系统性训练，比如循环系统、呼吸系统等。体能要注重整体性的提高，同时又要加强局部的专项耐力。如持续快速出拳、踢腿还有移动的能力。

（四）超量负荷

为了取得训练效果，每次练习的负荷量都有必要超过平时的基本要求。否则只能是游戏，谈不上效果。

（五）恢复性

体能训练是加速人体新陈代谢的过程，必须有足够的休息和能量作保证。以促进受训者恢复体能、使得正常训练得以持续进行。比较积极的恢复手段是针对不同肌肉间歇交替进行练习。

二、专业体能训练方法

（一）体能训练之耐力训练

1. 长跑：要求为 400 米跑道，女子每次 15 圈、男子每次 20 圈，每圈平均速度不得低于2分20s。

2. 负重越野:自己背负不低于30公斤的背囊(女子为20公斤),在不低于海拔2000米的小路或者山脊行走,时间为一整天或两天,每周或两周一次。

3. 如果时间和其他条件不允许的话也可用游泳、自行车等代替长跑,运动量相当。

图2-9

(二)体能训练之平衡训练

1. 单脚平衡:单脚站立完成前俯后仰动作多次。

2. 动态平衡:选择一离地窄坎,像走平衡木样行走。或单脚跳格子。

(三)体能训练之力量训练

1. 大腿力量训练:大腿与地面平行,做“鸭步”状行走,30米一组,5组一次,中间不休息。

2. 小腿力量训练:踮脚跳,大腿不用力,30米一组,5组一次,中间不休息。

3. 上肢力量训练:俯卧撑8个一组,做5组。引体向上6个一组,做5组。

4. 腰腹力量训练:仰卧起坐带转体,15次或20次一组,做3组。

(四)体能训练之柔韧训练

1. 单杠悬垂,拉伸肢体。

2. 压腿、下腰。

3. 拉伸身体两侧肌肉。

(五)体能训练之弹跳力训练

1. 半蹲跳

半蹲、双手放置于前,向上跳离地面最少20cm到25cm。当在空中,你的双手需放在后面,着地时,完成一次。

2. 抬脚尖

找个梯级或者是一本书来垫脚,然后只把脚尖放在上面、脚跟不得着地或垫着，脚尖抬到最高点再慢慢放下，完成一次换脚完成、完成一个组。

3. 台阶

找张椅子来、把一只脚放上去、呈90°。尽全力的跳开，在空中换脚，再放在椅子上，将原起跳的脚放回椅子上，完成另外一跳。

4. 纵跳

双脚放直，与肩同宽，锁紧膝盖，只用小腿跳，只能弯曲脚踝，膝盖尽量不弯曲。到地时再迅速起跳，完成一次。

5. 脚尖跳

将脚尖抬到最高点，用脚尖快速起跳，跳时不得超过1.5cm或2.5cm。

（六）体能训练之速度训练

反复冲刺训练是有必要的。30次、50次，也许80次，那就要看你的吃苦精神了。所谓冲刺，要求你自己在准备活动后全速往前冲，而不是中速。不必天天练，每周3h即可。

图2－10

体能训练计划，制定得恰当的话，作用是很明显的。下面这一套计划，希望对大家能有所帮助。计划是死的，人是活的，所以计划很多时候是用来参考的。在训练的过程中，需要自己不断去改善，这才是最适合自己的。

1. 最大力量的发展

练习时所采用的重量一般为运动员体重的70%～120%，每组的重复次数从1～2次到6～10次不等。训练中常用的有下面几个杠铃练习：

（1）提拉至胸：重量为运动员体重的70%～80%，做2～3组×4～5次。

（2）抓举：运动员体重的70%～100%，4～5组×5～3次。

（3）深蹲：体重的80%～110%，3～5组×10×4次。

（4）半蹲：体重的90%～120%，4～5组×10～5次。

(5)负重体前屈:体重的60% ~90%,3 ~4 组×10 ~5 次。

(6)负重走:体重的 80% ~90%,3 ~4 组×5 ~15 步。

(7)提踵:体重的 90% ~120%,4 ~5 组×15 ~10 次。最大力量的发展一般是安排在基础准备期和专项准备进行,一次训练课的最大力量训练量不应过多,中间应穿插一些其他快速的速率练习。

2. 速度性力量的发展

速度性力量的发展一般采用相当于运动员体重 40% ~50% 的负重练习,练习要求以一定的频率在限定时间内完成规定的动作数量(一般 5 ~15 次)。主要采用以下几个练习:

(1)快事抓举:3 ~4 组×5 ~8 次。

(2)快挺:3 ~4 组×10 ~15 次。

(3)弓箭步跳:4 ~5 组×15 ~20 次。

(4)深蹲跳或兰蹲跳:3 ~5 组×5 ~10 次。

(5)负重后蹬跑:4 ~5 组×30 ~50 米。

(6)负重高抬腿跑:4 ~5 组×20 ~30 次。

(7)负重足尖跳:3 ~5 组×60 ~80 次。

图 2 –11

3. 爆发力的发展

(1)杠铃练习:抓举、挺举、高翻、提铃至胸、半蹲、深蹲。运动员体重的80% ~120%,2 ~4 组×3 ~5 次。

(2)前后抛:4 ~7kg 的铅球×10 ~30 次,10 ~15kg 的壶铃×10 ~15 次,2 ~5kg 的实心球×10 ~30 次。

(3)跳跃练习:立定跳远、立定三级跳、十级跨跳、高抬腿跳、一步一跳、蛙跳、跳栏架、跳台级等。

(4)负重练习:负 5 ~10kg 的沙衣或轻重量和杠铃做深蹲跳、收腹跳、跨步跳、跳台级等练习。

4. 力量耐力的发展

(1)轻重量多次重复的练习：用运动员本人体重的50%，深蹲，4～6组×10～15次。弓箭步跳，4～6组×40～60次。

(2)长距离的跳跃练习：跨步跳(100～200m)、高抬腿跳(100～200m)、单足跳(60～100m)、轻跳(200～300m)。

5. 专项力量的发展

跨栏运动员的负重和抗阻模仿动作练习是发展专项力量的主要手段，在完成这些练习时要保持基本的动作节奏、动作速度、动作周期时间、动作轨迹。练习时手臂和腿部要加橡此带或负沙袋。练习可在原地做，也可在跑中做。负重的大小和抗阻力的力量要根据练习的特点而定，一般来说，完成这类练习应保证动作的速度。

图2－12

(1)负1～3kg的沙袋(固定在小腿上)或负橡皮带做起跨腿的模仿练习，(3～5)组×(15～20)次。

(2)负1～3kg的沙袋(固定在小腿上)或负橡皮带做摆动腿的模仿练习，(3～5)组×(15～20)次。

(3)负0.5～1kg的沙袋在栏侧或栏上做过栏练习，(3～5)栏×(10～15)次。

(七)柔韧性训练

1. 静力性的柔韧性练习

(1)肋木上的各种压腿：正压腿、侧压腿、后压腿、下腰、弓箭步压腿。

(2)垫上或在草地上的各种练习：两人一组或单人做直腿并腿屈压、盘腿屈压、跨栏坐、盘腿坐、跪撑、跨栏坐向侧向后倒体、纵向横向劈叉、仰卧压腿、站立抬腿等。

2. 动力性的柔韧性练习

(1)扶肋木做各种大幅度的摆腿练习:正摆腿、侧摆腿、后摆腿、前绕腿(直腿)、后绕腿。

(2)各种负重的摆腿练习,模仿跨栏动作的练习。

(八)灵敏和协调性训练

灵敏和协调性的训练一般采用体操、技巧、球类、游戏、跳绳、全能运动等。提高力量素质,提高肌肉收缩速度,训练肌肉放松能力,对培养灵敏性和协调性都有良好效果。

第三章

航空体育技能类模块

航空体育技能模块主要是根据飞行大学生为完成体能训练所采取的或者是运用的一些项目,这些项目既有学生日常锻炼中非常喜爱的运动项目,也有针对飞行学生体能类别而设置的一些运动项目,主要目的一是满足学生对体育运动的需求;二是通过项目锻炼达到飞行大学生所需要的体能,为终身体育打下良好的基础。

航空体育技能模块主要包括大球类——篮球、足球、武术;小球类——羽毛球、乒乓球、网球;技巧类——体操、健美操;搏击类——散打、跆拳道、武术(模块构建见图 3 -1)。

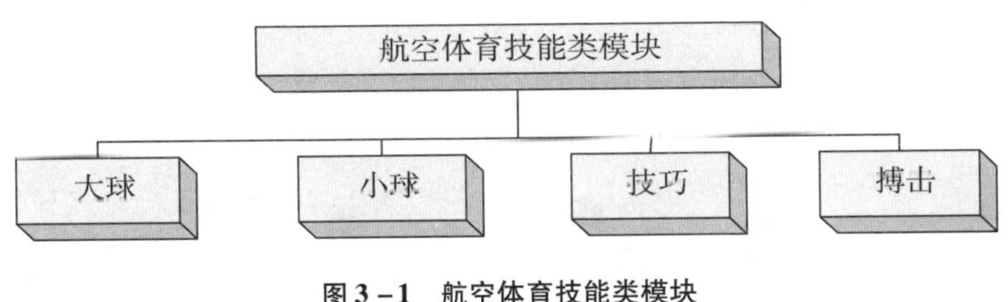

图 3 -1 航空体育技能类模块

第一节 大球类项目组合及训练

大球类模块的组合主要是根据学生需求,结合飞行大学生业余锻炼实际,主要选择了篮球、排球、足球三个项目,这三个项目是学生日常活动频度较高且非常喜爱的运动项目,也有着非常广泛的基础。本节主要是以技术介绍和练习方法为主,练习方法简便易行,学生通过参照书中练习方法均可以实现自主练习的目标。

一、篮球基本技术与训练方法

根据学生经常参加篮球活动所需要的基本技术,有针对性地选择了部分技术作为学习和练习的内容,主要包括移动、传接球、运球、突破、投篮、防守等技术动作。

(一)站位与移动

1. 基本站立姿势

(1)站立时:两脚自然开立,两脚尖内扣,脚跟稍虚,屈膝降低重心,上体稍前倾,手臂自然放于体侧,肘微屈,两眼平视,随时准备向各个方向起动。若原地持球,基本站立姿势是:保持上述姿势,持球于胸腹之间,并做好传、运、投的准备;若跨步急停接球时:第一步脚落地的同时接球,然后保持基本持球姿势。

(2)防守时:基本站立姿势可用前后步或平行步站立。前后步防守时,前脚同侧的手臂伸向前方,另一手臂向同侧下方伸出;平行步防守时:身体正对对手,两臂左右张开或随球挥动以干扰对方投篮和传球。

2. 移动

(1)转身:通过转身可以摆脱防守队员,获得传、运、投的机会,也能在掩护和抢篮板时抢占有利位置。一脚向中枢脚脚尖方向跨出的步法叫"前转身"。背向防守队员持球时,可用前转身衔接下一个进攻动作。一脚向中枢脚脚跟方向跨出的步法叫"后转身"。利用后转身摆脱防守队员时必须紧贴防守队员,以便转身后获得有利位置。转身时,要用中枢脚的前脚掌转动(见图3-2)。

图3-2

(2)跨步:跨步是一种起始步法,也是原地做假动作引诱防守队员失去防守位置和重心的一种步法。向移动脚异侧前方跨出的步法为交叉跨步,向移动脚同侧前方跨出的步法为同侧跨步。

(3)摆脱、切入、抢位:队员要获得良好的进攻战机,必须在移动前做迷惑对手的假动作,使对手在短时间内不能识破自己的进攻意图而失去防守能力。进攻队员运用脚步移动或上体虚晃离开防守队员称“摆脱”,也叫假动作;进攻队员利用脚步移动超越防守队员并插入到篮下称切入;进攻队员用身体把防守队员贴在身后称抢位(见图3－3)。

(4)滑步:这是防守队员的主要移动步法,有侧滑步、侧前滑步和侧后滑步之分。以侧滑步为例,向左侧滑步时,左脚向左侧跨出一步,同时右脚前掌内侧用力蹬地贴着地面滑动,跟随左脚移动。侧前滑步、侧后滑步与侧滑步动作相仿,方向不同。

图3－3

(5)后撤步:这是前脚变后脚的步法。当进攻队员准备从防守队员前脚一侧突破时,防守队员可以用此步法迅速撤回前脚进行堵截(见图3－4)。

图3－4

(6)交叉步:由攻转守寻找对手或防守队员失去防守位置时,可以用交叉步迅速追随对方再过渡到滑步继续防住对手。其动作要领是向左侧交叉步时,右脚用力蹬地,迅速从左脚侧前方迈出,上体稍左传,右脚落地的同时左脚向左跨步,依次两脚交叉快跑。

(7)变向跑:是篮球比赛中采用最多的脚步动作步法之一。在改变跑功方向时(以从右向左变方向为例)最后一步右脚脚前掌内侧用力蹬地的同时,脚尖稍向内转,迅速屈膝,腰部随之内转,使重心向左移动,上体向左前倾,左脚向左前方跨出一步，并用力蹬地，右脚快速向左侧前方跨出，继续加速跑动（见图 3－5）。

图 3－5

（8）急停：是指队员在跑动过程中与接球技术结合运用成面向对手的姿势，或在徒手跑动时用于摆脱对方的方法。急停包括跳步急停和跨步急停两种。跳步急停是指停步之前以一脚蹬地跳起并腾空，接着采用双脚同时落地的方法；跨步急停为双脚依次落地的方法。无论采用哪种方法，都要在停步前适当降低身体重心，两脚落地时两膝弯曲，重心保持在两脚之间，上体稍前倾，目视前方，成基本站立姿势，注意中枢脚的确定（见图 3－6）。

图 3－6

（二）传接球技术

传接球是进攻队员有目的地转移球和进行战术配合的必要手段。最基本的传接球有以下几种。

1. 原地双手胸前传接球

双手持球于胸前（两臂不要外张），手指自然分开，持球的两侧偏后，两腿屈膝前后（左右）开立。传球时，两腿蹬地重心前移，两臂前伸，手腕向上翻转，利用拇指下压，中、食指拨球将球传出（见图 3－7）。

接球时，两臂前伸迎球，手指自然分开，两拇指成八字形，两手呈半球形。当手触球后，两臂后引缓冲，持球在胸前（接球动作顺序与传球动作图示相反）（见

图3－8)。

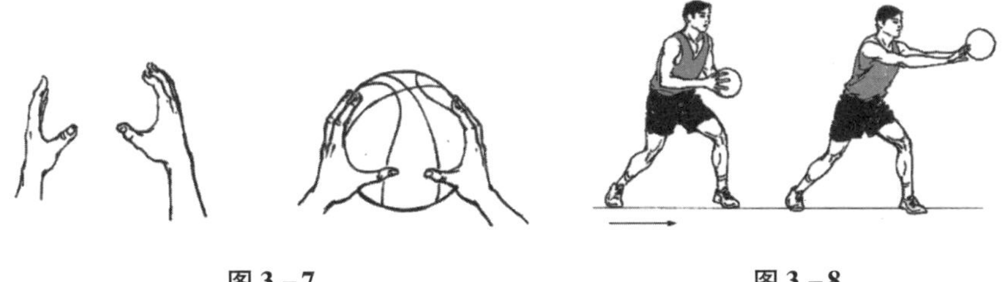

图3－7　　　　图3－8

2. 单手肩上传接球

右手传球时,左脚前向迈出,身体右转重心后移,同时把球引至右肩侧上方,手指分开,手腕后仰托球下部。传球时右脚蹬地转体,右臂前挥,手腕前屈,中、食指拨球将球传出(见图3－9)。接球时,手臂伸向来球方向,掌心微凹正对来球,当手触球后顺势后引,缓冲翻腕,双手持球于胸腹前。

图3－9

3. 其他传球

图3－10、图3－11。

(1)双手头上传球	(2)体侧传球	(3)双手反弹传球

图3－10

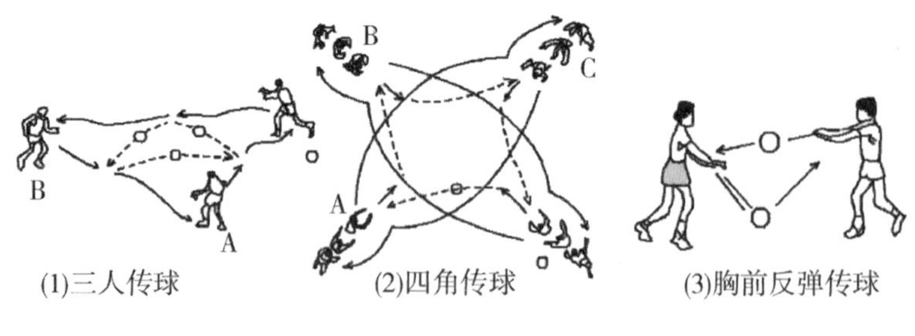

图 3－11

4. 其他接球

见图 3－12。

图 3－12

5. 传接球的练习方法

(1)两人一球,相距 3～5m 相对站立,做原地双手胸前传接球、反弹传接球和肩上单手传接球。

(2)两人一球,相距 3～5m 相对站立,做移动中接球急停,接球后做持球前、后转身传球。

(3)分成两组,相距 5～8m 成二路纵队相对站立,用一球迎面跑动中传接球。

(4)分成两组,做两人行进间传接球,往返练习。

(三)运球技术

运球是个人进攻的手段,也是组织进攻的桥梁。运球方法较多,常用的有以下几种。

1. 原地运球

运球时,非运球手臂屈肘平抬,用以保护球,运球手五指自然张开、朝向身体的侧前方，指根以上触球，主动迎接地面反弹球，并随球的力量向上缓冲，然后用力向下拍按球，如此反复进行(见图3－13)。

图3－13

2. 各种变向运球

(1)体前变向换手运球。如用右手向对方右侧运球，就用右手拍按球的右上部，使球从自己右侧转向左侧，同时右脚向左前方跨出，上体左转，用右肩挡住对方，然后用左手运球，左腿迅速跨出，从对方右侧运球过人(见图3－14)。

图3－14

(2)背后换手运球(见图3－15)。

图3－15

(3)胯下变向换手运球(见图3-16)。

图3-16

(4)转身运球(以右手运球为例):当对手堵截运球路线时,运球队员将球控制在身体右侧;左脚向前跨出一步为中枢脚,置于对手两脚之间,然后右脚用力蹬地后撤,顺势做后转身动作。

3. 运球的练习方法

(1)每人一球,原地做高运球、低运球和体前换手运球。

(2)分成两组,做全场直线往返运球。待基本掌握,可进行运球比赛。

(3)换手运球,在半场内绕3分投篮线运球,依次轮换做绕圆弧时需用外侧运球。

(4)折线变向运球。分成两组依次做折线往返运球,运球到每一折点时,应做急停急起变向运球。

(5)分成2~4组,各在半场内做运球后上篮比赛(见图3-17)。从底线运球至中线再返回运球上篮。如球未投中,直至补篮投中为止,才能将球传给下一个队员,以先完成者为胜。

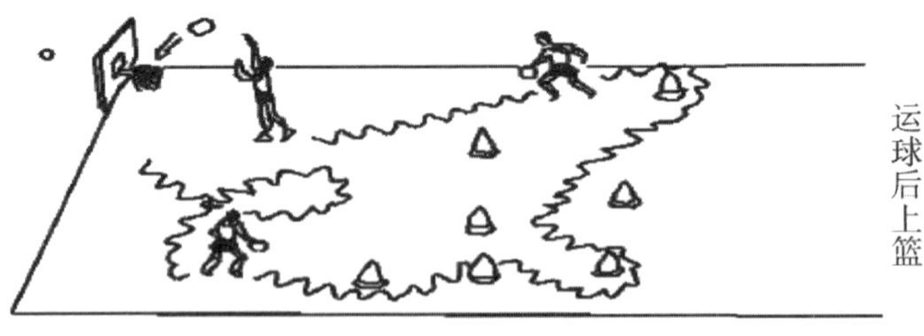

图3-17

(四)持球突破技术

持球突破是持球队员用脚步动作和运球技术超越对手的方法。常用的方法有以下两种。

1. 同侧步突破

接球急停时,如向右突破,以左脚为中枢脚,并用前脚掌内侧蹬地,右脚向右前方跨出一步,同时上体左转,左肩前压,重心前移,在右脚落地前,右手在右脚侧前运球。右脚落地后,接着左脚向前跨出一步超越对手(见图 3-18)。向左突破动作相同,方向相反。

图 3-18

2. 交叉步突破

向右突破时,以右脚为轴,用左脚前脚掌内侧蹬地,向右移重心,左脚向右方跨一大步贴近对手,同时上体右转,左肩前压,右手在右前方运球,然后右脚蹬地,快速上步超越对手(见图 3-19)。向左突破动作相同,方向相反。

图 3-19

3. 突破的练习方法

(1)两人一球,相距 1m 左右相对站立,做原地同侧步或交叉步持续突破动作练习。

(2)分成两组,分别在两个半场进行练习,将球传给站在罚球线上的队员,立即快速跑动上前,接球急停后,做突破上篮。

（五）投篮技术

投篮是篮球比赛取胜的直接手段。投篮方法很多,最基本的有以下几种。

1. 原地双手投篮

两脚左右或前后分开,手指自然分开,两手拇指相对成“八”字形,手心空出,双眼瞄准投篮点(正面瞄篮圈前沿正中)。投篮时,两脚蹬地,用腰腹伸展力量向上方抬肘伸臂,手腕前屈,最后用食指、中指的指端拨球,使球有适当弧度向后旋投出(见图3－20)。

图3－20

2. 原地单手肩上投篮

持球手五指自然分开,用指根以上部位托球下方置于肩上,另一手扶球内侧。投篮时,两脚蹬的同时向前抬肘伸臂,手腕前屈,用力拨球使球后旋投出(见图3－21)。

图3－21

3. 行进间投篮技术

(1)运球接跳起单手肩上投篮

持球方法和原地单手投篮相同,只是两手持球上举,同时两脚用力蹬地,身体垂直向上跳起,当腾空至最高点时,扶球手离开。持球手迅速向前上方伸臂,用手腕和手指力量将球投出,落地要屈膝平稳(见图3－22)。

图 3－22

(2)运球接行进间单手低手投篮

运球过程中要投篮时，当球运行的空中时，右脚向来球方向或投篮方向跨出一大步，同时接球，左脚向前跨出小步，用力蹬地起跳，右腿屈膝上提，左脚蹬离地面，同时双手向前上方举球，身体达到最高点时，右臂向前上方伸展，使球从食指和中指指端出手前旋入篮，出手后，两脚同时落地、两腿弯曲，以缓冲落地的力量(见图 3－23)。

图 3－23

(3)接传球后跳起单手肩上投篮

右手投篮时，右脚向前跨一大步同时接球，接着左脚跨出第二步，用脚跟先着地，然后用前脚掌蹬离地面，随着球的上举用左手护球过肩，当身体腾空至最高点时，左手离球，右手向上伸臂，手腕前屈，以食指、中指拨球投出(见图 3－24)。

图 3－24

(4)接球后单手低手投篮

右脚跨大步接球,第二步较小,并向前上方跳起,持球在胸前。投篮时,右手要充分向球篮举球,用手腕上挑动作,使球从食指和中指指端出手前旋入篮(见图3-25)。

图3-25

4. 投篮的练习方法

(1)分成三组,排成纵队,先练习原地单、双手投篮,然后做跳起单手肩上投篮。

(2)分成两组,各在半场内,先做运球急停跳投,再把球传给罚球线上队员,做上步急停接球,然后跳投。

(3)分成两组,各在半场内站立,在罚球线端站1人(面向边线)单手托球,依次跑上前跨右脚上步拿球做进行间肩上投篮,然后再做传接球行进间低手上篮。

(4)全场传接球上篮,中圈站两人传球,依次进行。

(5)各种角度的运球投篮练习。

(六)防守技术

1. 防守的步法

见图3-26。

图3-26

2. 防持球队员

(1)重点防突破。一般采用两脚左、右开立,两手左、右伸出摇摆,重心下降,与持球人保持一步半距离,根据对手脚步移动采用左、右滑步或后撤步堵截突破(见图3-27a)。

(2)重点防投篮。采用两脚前后开立,重心下降,前脚同侧手臂前伸并上下摆动,用前后滑步阻挠投篮(见图3-27b)。

a

b

图3-27

3. 防无球队员

应站在对手和球之间并偏向有球一侧,随球的转移而不断移动防守位置。当球离防守人较近时,可采用面向人、侧向球的站法;球离得较远时,可采用面向球、侧向人的站法,做到人球兼顾,以便伺机抢断球(见图3-28)。

图3-28

4. 防守的练习方法

(1)成2~4步列横队,间隔1m开,看教师手势和听信号做左、右滑步和前后滑步练习。

(2)两人一组,先做一对一攻防徒手练习,然后一人做运球进攻,另一人防守,攻防变换进行。

(3)半场三对三或四对四盯人防守。

(七)篮球基本功

1. 手功:是指手指手腕控制球和支配球的能力。手指手腕对球的感应能力,通常指手感。

2. 脚功:是指运动员转移身体重心、变化移动速度和移动方向时,脚掌用力蹬地的能力和灵活性。

3. 腰功:是指运动员控制身体平衡和影响控制身体重心转移的能力。

4. 眼功:是指运动员对篮球场上情况观察的广度、深度和眼睛动作的能力。

(八)篮球的基本战术

1. 进攻战术

进攻战术又分基础战术和全队进攻战术。

(1)基础战术

基础战术是两三人配合的战术,常用的基础战术有以下几种。

①传切配合:外围队员传球后,突然起动,切至篮下,接同伴回传球投篮。

如图 3-29 所示,④传球给⑤后,立刻摆脱对手向篮下切入,接⑤传来的球投篮。

如图 3-30 所示,在⑤与⑥互相传球之际,④乘其对手不备之机,突然空切篮下,接外围同伴的传球,然后投篮。

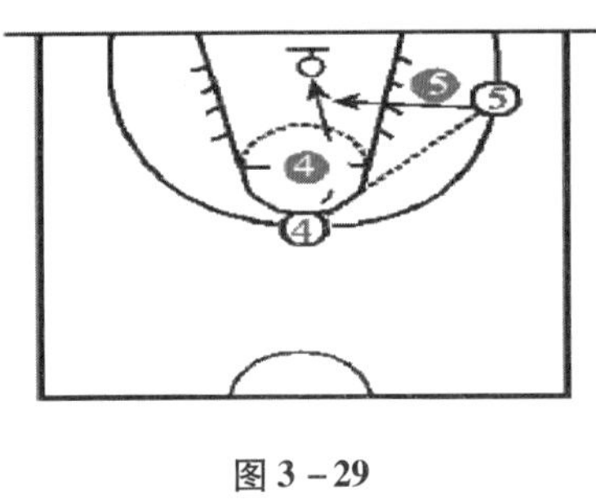

图 3-29

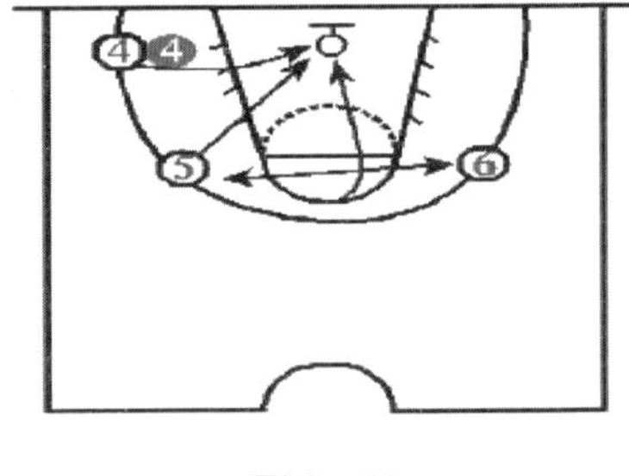

图 3-30

传切配合的要求:切入队员要根据情况掌握切入的时机,果断、快速摆脱对手,并随时注意接同伴的传球。传球队员要运用假动作吸引、牵制对手,当切入队员已摆脱对手并处于有利位置时,应及时、准确地把球传给他。

②突分配合:指持球队员突破后,利用传球与同伴配合的方法(见图 3-31)。

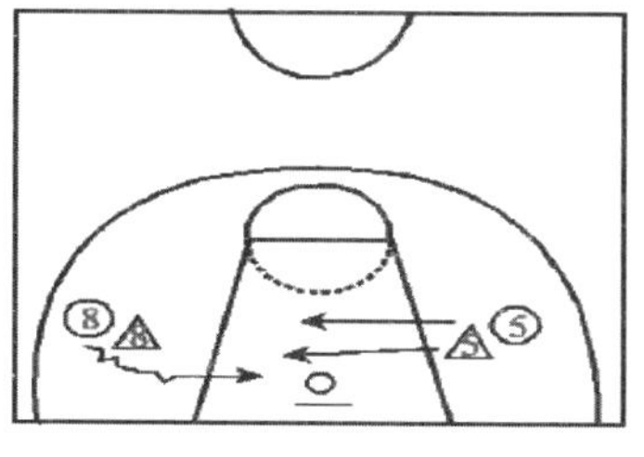
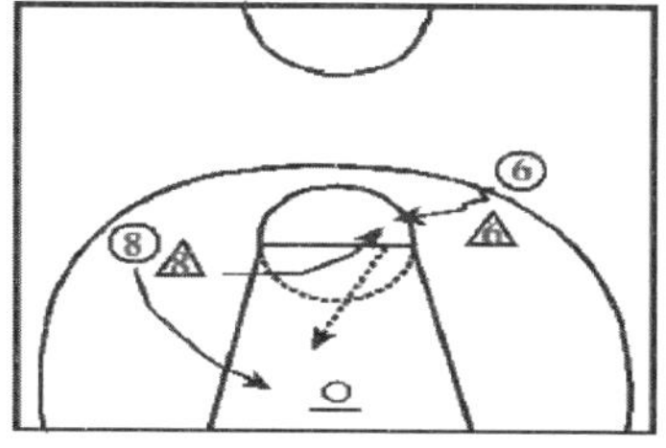

图 3－31

突分配合的要求:突破要突然、快速,在突破过程中既要做好投篮的准备,又要随时观察场上攻守队中的位置和行动,以便抓住有利战机,及时、准确地把球传给有利进攻的同伴。

③策应配合:是指进攻队员背对篮筐或侧对篮筐接球,由他作为枢纽,与同伴空切相配合而形成的一种里应外合的方法(见图 3－32)。

策应配合的要求:配合队员要根据策应者的位置,及时传球给策应者远离防守的一侧,做到人到球到,或设法摆脱防守,切入,绕出接球。

④掩护配合:是掩护队员采用合理的行动,用自己的身体挡住同伴的防守者移动功路线,使同伴借以摆脱防守,或利用同伴的身体和位置使自己摆脱防守的一种配合方法(见图 3－33)。

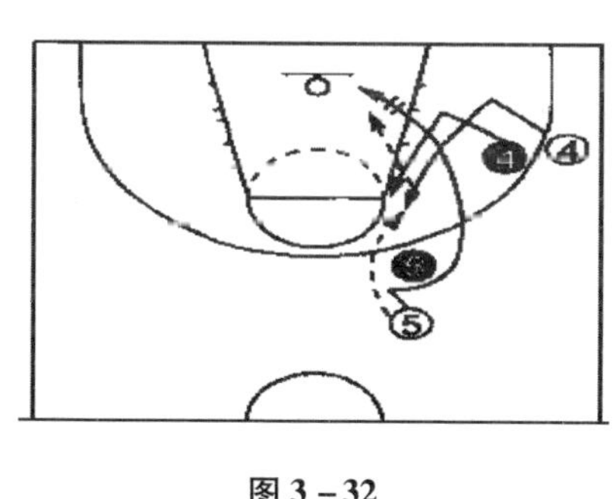

图 3－32

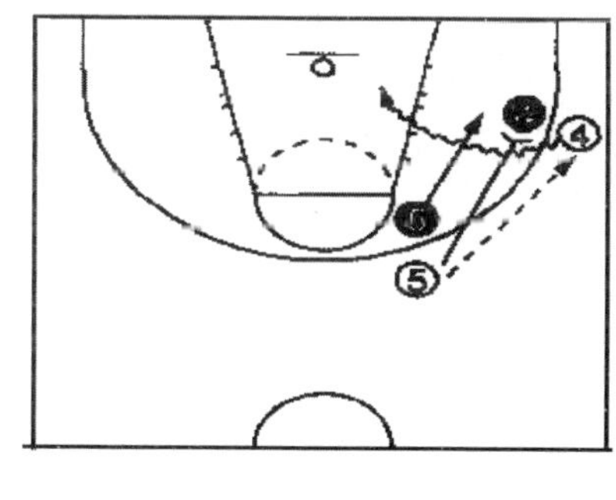

图 3－33

掩护配合的要求:掩护配合时队员配合要默契,注意及时行动,节奏分明,动作果断,并根据情况变化,采取应变措施,争取第二个机会。

(2)全队进攻战术

全队进攻战术,又分快攻和阵地进攻两种形式。

①快攻。在抢到后场篮板球、断球、掷界外球和跳球时,迅速短传或长传给前场同伴,造成以多打少局面。主要有二攻一配合和三攻二配合,其中二攻一配合

是快攻到前场,出现以多打少二攻一时,运球队员要果断快速地运球上篮,防守队员上前阻截,再将球传给同伴投篮。

②阵地进攻。主要战术队形有“1 –3 –1”和“2 –1 –2”。

2. 防守战术

防守战术同样分为基础战术和全队防守战术。

(1)基础战术

基础战术为一人和两人配合防守战术,常用的有以下几种。

①盯人与交换盯人。在防守对手时,用挤过、穿过等方法紧盯住对手。在对方掩护时,为瓦解对方掩护而互换对手盯人。

②协防与夹击。主要用于篮下有威胁的对手,一般是附近外线同伴缩回,形成二防一。

③一防二。防守应站在进攻两者之间,向持球队员做抢、截球假动作,逼对方失误,如已接近球篮时,要果断封锁投篮路线。

(2)全队防守战术

全队防守战术,其常用的基本防守战术是半场人盯人防守。半场人盯人防守是在预先确定了盯人的前提下,在半场范围内以个人防守为基础,综合运用各种防守的基础配合所组成的全队防守战术。防守的原则是以防人为主,人球兼顾,控制对手,逼近对方并干扰对手。

篮球比赛在攻防对抗中,技术、战术变化多端,比赛经常会出现很多紧张激烈精彩的场面。特别是熟练而成功的战术配合,以及神投、妙传和空中扣篮等高超技艺的表演,妙趣横生、引人入胜,给人们带来无穷的乐趣和艺术享受。

二、排球运动技术与训练方法

排球基本技术是排球运动的基础,主要由准备姿势、移动起跳、发球、垫球、传球、扣球、拦网等技术组成。

(一)准备姿势和移动起跳

1. 准备姿势

(1)半蹲准备姿势:两脚左右开立稍比肩宽,一脚在前,两脚尖适当内收,脚跟稍提起,膝关节保持一定的弯曲程度。上体前倾,重心前移。两臂放松,自然弯曲,两手置于腹前。两眼注视来球,两脚始终保持微动,使神经系统处于适宜的兴奋状态(见图 3 –34b)。

(2)稍蹲准备姿势:稍蹲准备姿势比半蹲姿势的身体重心稍高,动作方法相同

(见图 3－34a)。

(3)低蹲准备姿势:身体重心比半蹲姿势更低。低蹲时,两脚左右、前后的距离要更宽一些,膝部的屈曲程度大于半蹲姿势。身体重心更要靠前,肩部垂线过膝,膝部垂线超脚尖,手臂置于胸腹之间(见图 3－34c)。

图 3－34

2. 移动起跳

主要目的是及时接近球,保持好人与球的位置关系以便击球,同时也为了迅速占据场上合理位置,适宜于比赛的需要。

(1)一步移动:向前移动时前脚向前迈出一步,后脚蹬地迅速跟上成准备姿势,向左右移动可用并步;向左移动时用右脚蹬地,同时左脚向左跨出一步,右脚再过来;向右移动时动作方向相反。

(2)两步移动:向前移动时,后脚先向前跨一步,接着另一脚再向前跨一步站成准备姿势;向左右移动可用交叉步,向左移动时,左脚用力外转,身体稍前左转,右脚接着向左侧迈出一步,然后左脚再向左跨出一步,同时身体转向来球方向,保持准备姿势;向右移动时动作方向相反。

(二)发球

发球既可直接得分,又能破坏对方战术配合。发球方法较多,最基本的有以下几种。

1. 侧面下手发球(以右手发球为例)

准备姿势基本同正面下手发球。发球时,将球在身前正前方上抛约 30cm 高,离身体一臂远,同时右臂摆至侧下方。击球时,右脚蹬地左转,带动右臂前摆用手掌或虎口击球后下部,重心移至左脚,面向球网(见图 3－35)。

2. 正面上手发球(以右手发球为例)

身体面对球网,两脚前后开立,右手发球,左脚在前,左手持球于胸前。发球时,向右肩前上方抛至高于击球点 30cm 处,同时右臂伸肘向后上方举起,挺胸展腹,上体稍右转,当球下落约一臂高度时,利用蹬地转体和收腹动作带动右臂向前挥动,用手掌击球后半部(见图 3 - 36)。

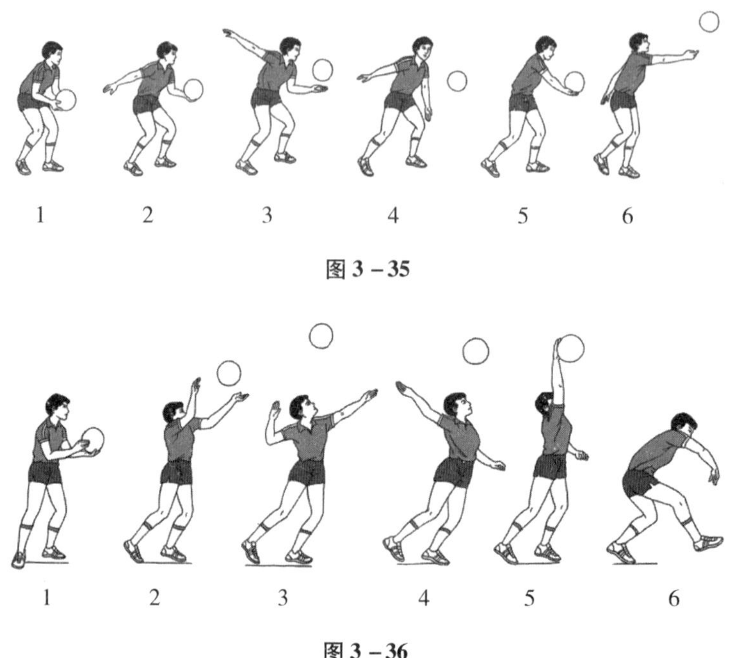

图 3 - 35

图 3 - 36

3. 发球的练习方法(见图 3 - 37)

(1)两人一球,相距 10m 对面站立,互相对发球。先练习正面或侧面下手发球,然后练习正面上手发球。

(2)分成 2 ~ 4 组,相距 6 ~ 12m 成纵队隔网相对站立,练习正面、侧面下手发球和正面上手发球。

(3)分成两组做接发球练习。一组依次发球,另一组在场内接发球。两组交替进行。

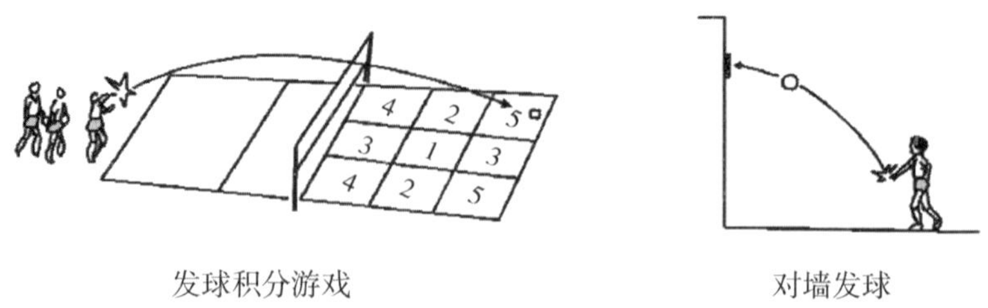

发球积分游戏　　对墙发球

图 3 - 37

(4)分两组站立,进行发球比赛。两组同时对发球,在规定轮次中,以发球成功次数多者为胜。

(三)垫球

垫球是排球的最基本技术,也是初学者首先应该学好的技术。

1. 正面双手垫球

垫球时双臂伸直夹紧插入球的下部,用小臂形成的平面触球,并利用蹬地、抬肩和身体协调动作将球垫起(见图3-37)。

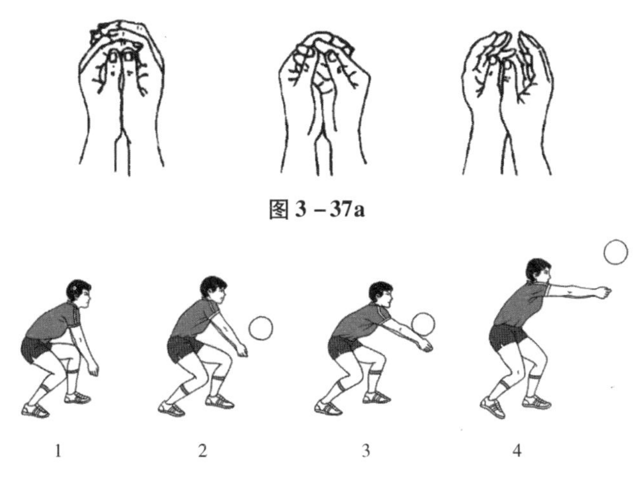

图3-37a

图3-37b

2. 体侧垫球

右肩微向下倾斜,用两臂在左后方向前截住球,用两前臂击球后下部将球垫出(见图3-38)。

图3-38

3. 跨步垫球

当来球部位低、离人远时，要看准来球，及时向前或向侧跨一大步，两臂前伸，用前臂击球后下部。要做到“一插快，二夹紧，三抬臂”（见图 3－39）。

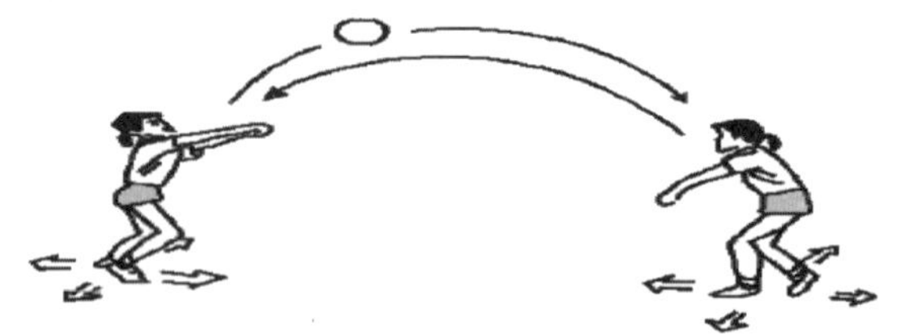

图 3－39

4. 垫球的练习方法

（1）两人一球，相离 4～6m，互相做一抛一传或一抛一垫。

（2）两人一球，相距 6m，做前后、左右方向移动传球和垫球。

（3）分成 2～4 组，站成圆圈，做传、垫球比赛。在规定时间内，以落地次数少为胜。

（4）分成 2～4 组，在进攻线上成纵队站立，做过网传、垫球练习。

（四）传球

传球是排球运动中最基本的技术。传球种类很多，其中正面双手上手传球是最基本的，在比赛中主要用于二传。

1. 正面双手上手传球

正面双手上手传球，一般用拇指、食指、中指承受球的压力，无名指和小指控制球。在触球瞬间，用伸臂、手腕和手指弹力、结合蹬地展体力量将球传出（见图 3－40）。

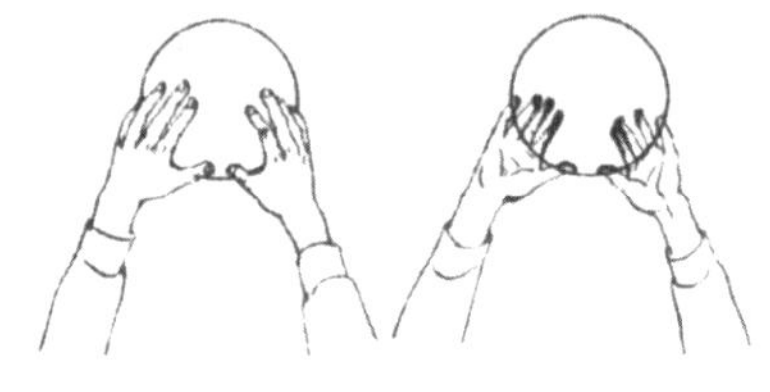

图 3－40a

图 3－40b

2. 传球的练习方法

见图 3－41。

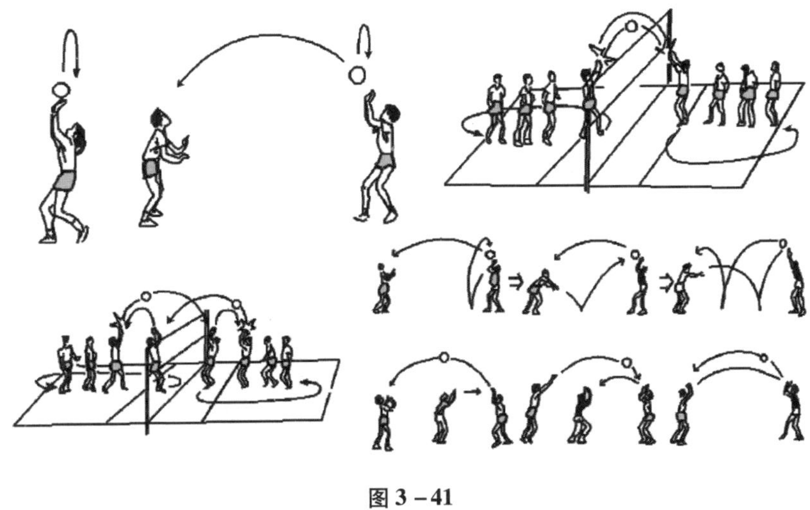

图 3－41

（五）扣球

扣球在排球比赛中是重要的进攻手段。扣球种类很多，这里仅介绍最常用和比较简单的正面扣球。

1. 正面扣球

正面扣球技术由助跑起跳、空中击球和落地动作组成（以右手扣球为例）。

（1）助跑和起跳：一般以两三步助跑为主，右手扣球时，左脚自然迈出一步，接着右脚跨出一大步，同时两臂摆至后下方，重心前移，左脚迅速跟上，在右脚稍前着地，两臂从体侧上摆、双脚用力蹬地向上跳起。

（2）击球和落地：起跳后，抬头挺胸，两臂屈肘抬起高于肩，上体向右侧扭转，右臂屈肘向头后拉开，手臂放松。击球时，迅速转体收腹，带动手臂挥动，用全掌击球后中上部，手腕快速下甩。落地时，两脚屈膝收腹，控制下落力量（见图 3－42）。

2. 扣球的练习方法（见图 3－43）

（1）两人或多人用一球，相距一定距离，做扣、垫球练习。

（2）助跑扣球：由教师在网前向上抛球或传球，学生从进攻线开始助跑跳起，扣球过网。

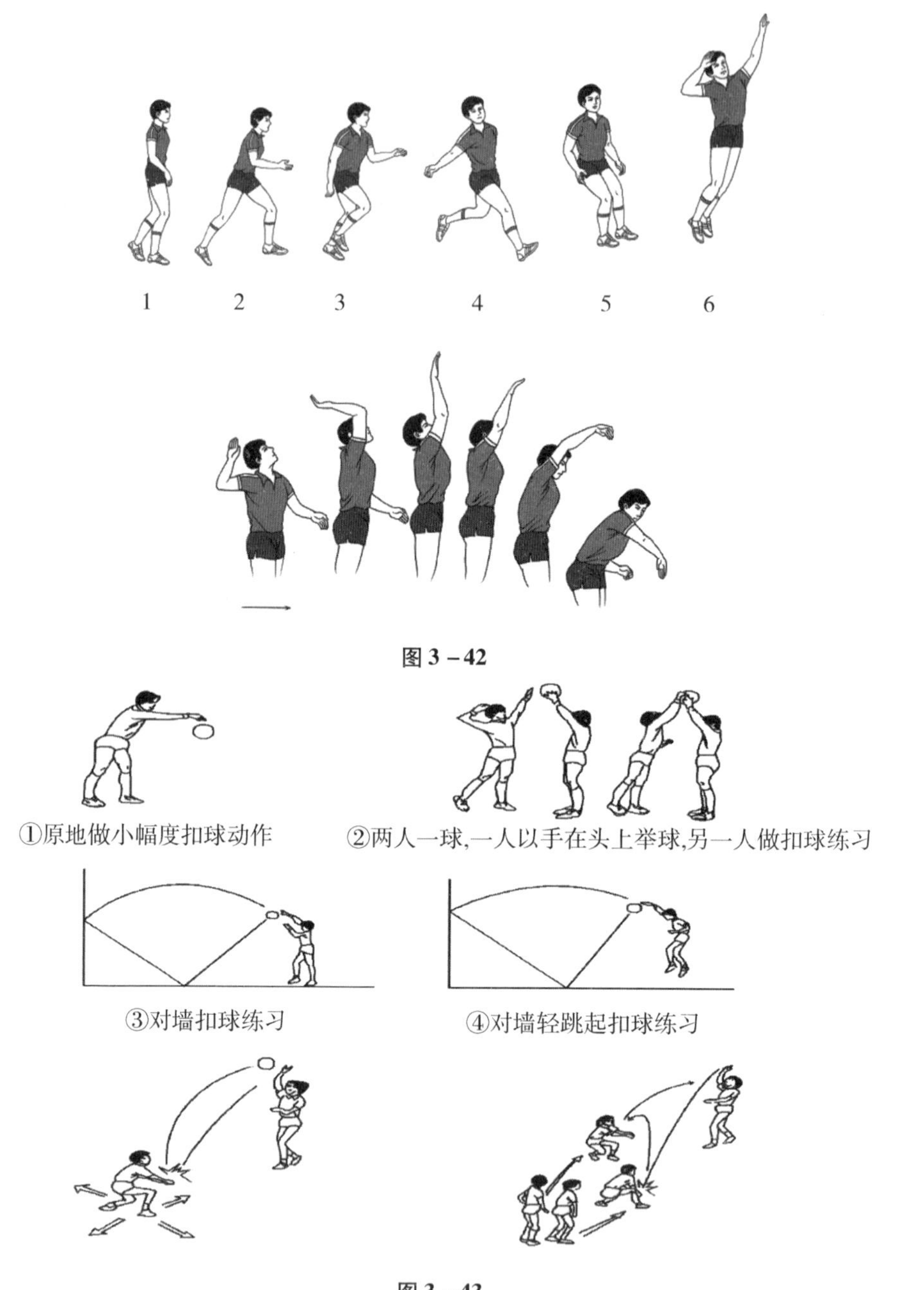

图 3-42

图 3-43

（六）拦网

拦网是防守的第一道防线和得分的重要手段,也是反攻的重要环节。拦网技术动作包括:准备姿势、移动起跳、空中击球和落地 4 个部分。

1. 准备姿势

面对球网,两脚平行开立,与肩同宽,两膝稍屈,两手自然弯曲置于胸前。随时准备起跳或移动。

2. 移动起跳

根据不同情况可灵活运用并步、跨步、滑步、交叉步、跑步等各种移动步法,将身体重心移动到拦网位置,移动后立即制动,使身体正对球网后起跳,或在起跳过程中在空中使身体转向球网。

3. 空中击球

起跳后稍收腹,控制平衡。两手从额前向网上沿前上方伸直。拦网时,两手伸向对方上空,接近球,两手自然张开,屈指屈腕,用力捂盖球前上方。

4. 落地

如已将球拦回,则可面对对方,两腿屈膝缓冲,双脚落地;如未拦到球,则在下落时,就要随球转头,并以转头方向相反的一只脚先横过来落地,随即转身面向后场。

(七)排球的基本战术

在排球比赛中,运动员根据双方具体情况和场上的变化,灵活运用各种合理技术,并按照一定的形式,组织有目的、有针对性的集体配合行动。

1. 阵容配备

根据队员技术水平与特长进行二传和进攻队员的力量搭配并确定阵容称阵容配备。主要形式有“四二”配备(见图3-44)、“五一”配备(见图3-45)、“三三”配备(见图3-46)。

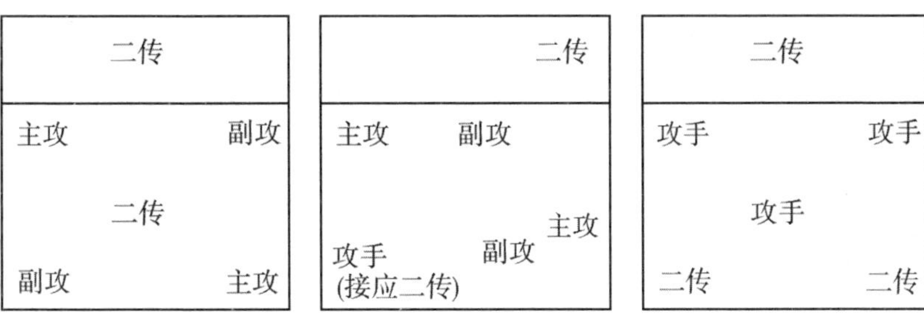

图3-44　　图3-45　　图3-46

2. 交换位置

交换位置是阵容配备的补充形式,它可以充分发挥场上队员的技术特长,弥补阵容配备的某些缺陷，从而提高战术的成功率。根据发球队员击球后，双方队员在本场区内可任意交换位置的规则，主要形式有前排队员之间的换位（见图3－47）、后排队员之间的换位（见图3－48）、前后排队员之间的换位（见图3－49）。

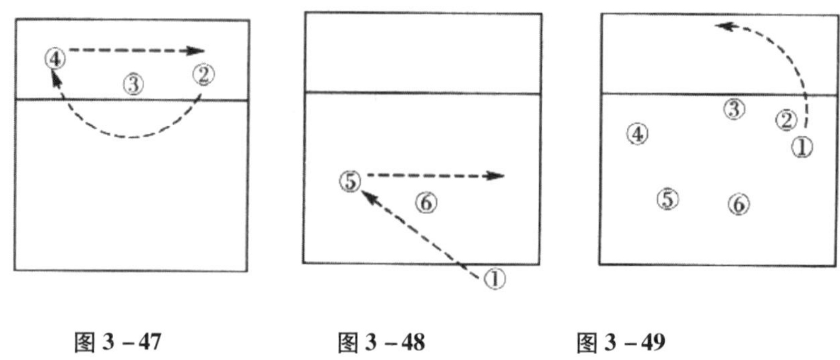

图3－47　　图3－48　　图3－49

3. 发球站位

发球站位指有球权的一方在准备发球时的站位。发球队员准备发球时，前排队员距网前1.5m站立并做好拦网准备，后排队员按“心跟进”站位做好防守准备（见图3－50）。

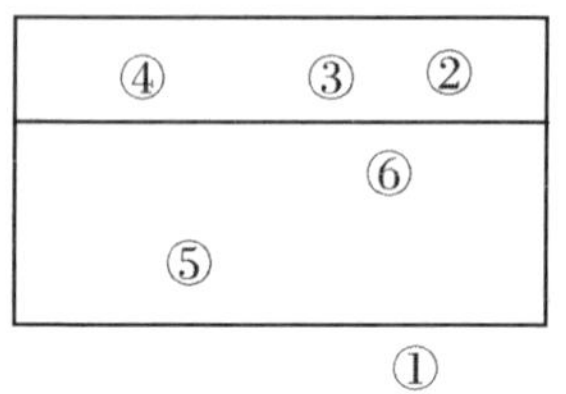

图3－50

4.“中一二”进攻战术

二传手在3号位与4号位、2号位攻手之间的进攻配合方法称“中一二”进攻战术。组织方法如图3－51所示：③号位队员担任二传，其他五名队员都应将来球垫（传）往③号位，由二传根据不同情况将球传给④号位队员或②号位队员进攻。

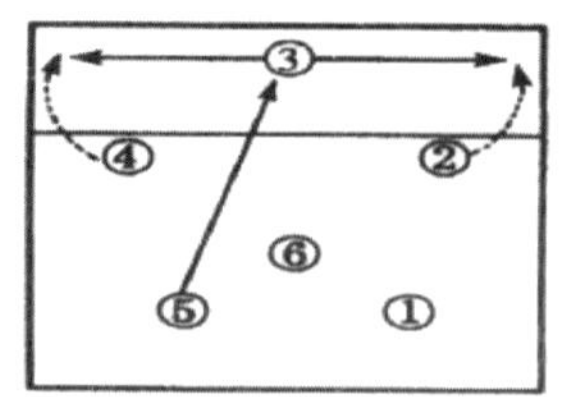

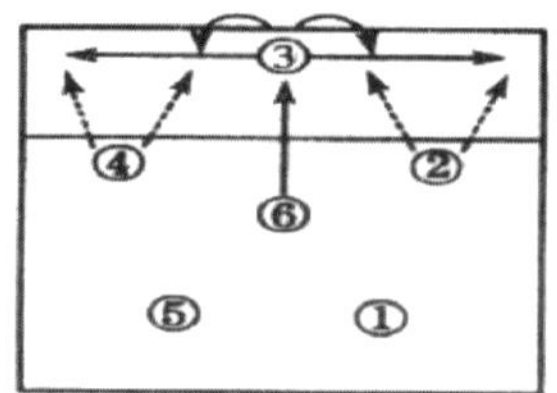

图3－51

排球运动场地较小,设备简易,运动量可大可小,既可以比赛,也可以在空地上进行传、垫球。作为一般娱乐性或游戏性活动,不分年龄、性别,不同技术水平的人均可参加,很受人们喜爱。

经常参加排球运动能够使人的身体素质、心理素质得到很好的锻炼,对培养积极、主动、勇猛、顽强的作风有着良好作用。

三、足球的基本技术与训练方法

足球基本技术是运动员在足球比赛中所采用的合理行动和动作方法的总称。足球技术包括踢球、停球、运球,比较高水平的技术还有头顶球、掷界外球和守门员技术等。

(一)熟悉球性的练习

见图 3－52。

(1)颠球　(2)带球起练习一　(3)带球起练习二

图 3－52

(二)踢球

踢球用于传球和射门,最基本的踢法有脚内侧踢球、脚背正面踢球、脚背外侧踢球和脚背内侧踢球(见图 3－53)。

图 3－53

1. 脚内侧踢球

脚内侧踢球常用于短距离的传球和射门。踢球时,直线助跑,支撑脚踏在球侧(12～15cm),膝关节微屈,脚趾指向出球方向。踢球腿以髋关节为轴由后向前摆动,膝踝外展,脚尖稍翘,以脚内侧部位对准来球。当膝关节接近球体上方时,小腿加速前摆,击球刹那,脚跟前顶,脚型固定,用脚内侧部位击球的后中部。

2. 脚背正面踢球

脚背正面踢球主要用于远距离的传球和大力射门(见图3－54)。直线助跑,支撑脚踏在球侧约15cm处,脚趾指向出球方向,膝微屈,眼睛注视球。在支撑脚前跨的同时,踢球腿大腿顺势后摆,小腿后屈。前摆时,大腿以髋关节为轴带动小腿前摆,当膝关节接近球体上方时,小腿加速前摆,脚背绷直,脚趾扣紧,以脚背正面击球的后中部。击球后,踢球腿顺势前摆落地。

图3－54

3. 脚背外侧踢球

脚背外侧踢球主要用于踢定位球、角球和弧线球(见图3－55)。与脚背正面踢球方法基本相同,只是当踢球腿的膝部摆至球的正上方时,要求膝关节和脚尖内转并加速快摆,脚面要绷直。

图3－55

4. 脚背内侧踢球

脚背内侧踢球主要用于中远距离的传球和射门(见图3－56)。踢球时,斜线助跑,助跑方向与出球方向约成45°,支撑脚踏在球侧后方约25cm处,膝微屈,脚趾指向出球方向,重心稍倾向支撑脚一侧。在支撑脚踏地的同时,踢球腿以髋关节为轴，大腿带动小腿由外后向前内略呈弧线摆动，膝踝关节稍外旋，当膝关节摆至接近球的内侧上方时，小腿加速前摆。击球时，膝向前顶送，脚背绷直，脚趾扣紧斜下指，以脚背内侧击球的后中下部，击球后踢球腿顺势前摆着地。

图 3－56

5. 踢球的练习方法

(1)两人一组，一人用脚底踩球，另一人助跑上前踢球(不踢出)，体会支撑脚落地选位、踢球腿的摆动与触球部位。然后两人相距 8m 面对站立，用一球踢定位球。

(2)三人一组，各相距 8m 站成三角形，用一球进行三角踢球。

(3)分成两组，在中间放上栏架，用一球两边对踢，两组进行比赛，以球从架上踢过多者为胜。

(4)分成两组，分别站在两个圈内对踢，两组进行比赛，以踢进对方圈内多者为胜。

(5)分成 2～4 组，站在角球处(或离球门近一点的位置)，练习踢角球，或进行踢角球比赛，以踢进罚球区或球门多者为胜。

(6)分成若干组，距球门 11m，接正面和侧面来球射门。

(三)停球

停球方法较多，最基本的有脚底停球、脚内侧停球、脚外侧停球、胸部停球等十几种(见图 3－57)。

停球的练习方法：

1. 两人一组，相距 8m 左右，一人用手抛或脚踢地滚球，另一人用脚底、脚内侧停球。

2. 两人一组，相距 8m，用手抛球练习胸部停球，两人交换进行。

3. 分成两组，分别站在圈外，要求踢球者把球踢进圈内，同时停球者把球停在圈外。两组可进行比赛，以成功次数多为胜。

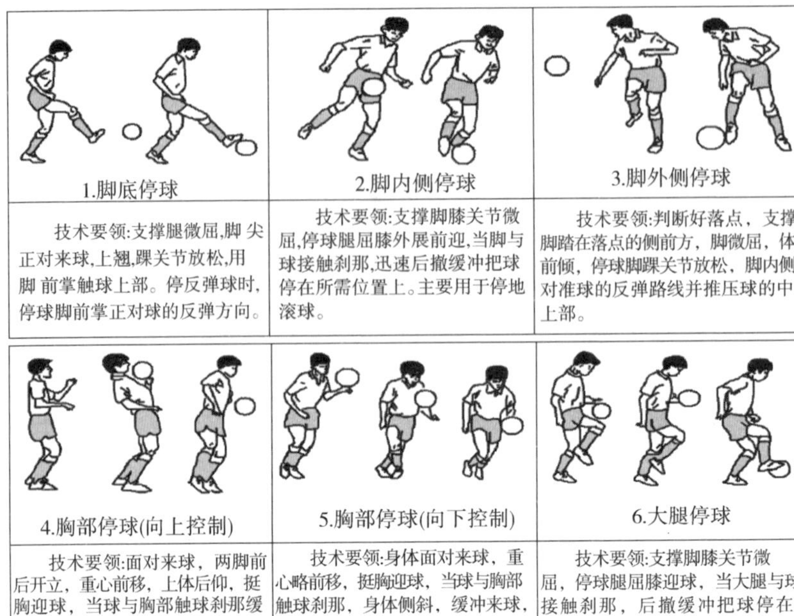

1.脚底停球	2.脚内侧停球	3.脚外侧停球
技术要领:支撑腿微屈,脚尖正对来球,上翘,踝关节放松,用脚前掌触球上部。停反弹球时,停球脚前掌正对球的反弹方向。	技术要领:支撑脚膝关节微屈,停球腿屈膝外展前迎,当脚与球接触刹那,迅速后撤缓冲把球停在所需位置上。主要用于停地滚球。	技术要领:判断好落点，支撑脚踏在落点的侧前方，脚微屈，体前倾，停球脚踝关节放松，脚内侧对准球的反弹路线并推压球的中上部。
4.胸部停球(向上控制)	5.胸部停球(向下控制)	6.大腿停球
技术要领:面对来球，两脚前后开立，重心前移，上体后仰，挺胸迎球，当球与胸部触球刹那缓冲来球，使球弹起落于身前。	技术要领:身体面对来球，重心略前移，挺胸迎球，当球与胸部触球刹那，身体侧斜，缓冲来球，使球弹起落于身前。	技术要领:支撑脚膝关节微屈，停球腿屈膝迎球，当大腿与球接触刹那，后撤缓冲把球停在体前。

图 3－57

4. 分成两组,相距 20m 成纵队相对站立,用一球做迎面传停球练习。

(四)运球

运球技术按脚触球的部位分为脚背正面运球、脚背内侧运球和脚背外侧运球。

1. 脚背正面运球

带球时,上体前倾,步幅中等,带球脚屈膝上提,脚尖向下,在着地前用脚正面推拨球。

2. 脚背内侧运球

带球时支撑腿微屈,带球腿屈膝提起,用脚内侧推拨球后中部。

3. 脚背外侧运球

带球时上体前倾,步幅较小,带球脚的脚尖内转,迈步前伸着地前,用脚背外侧推拨球。常用于变向和快速直线带球。

4. 运球的练习方法(见图 3－58)

区域内集体带球交叉跑动带球追单足跳者。

(1)分成 2～4 组,各组一球依次做往返运球,单脚或两脚交换做。

a.区域内集体带球交叉跑动

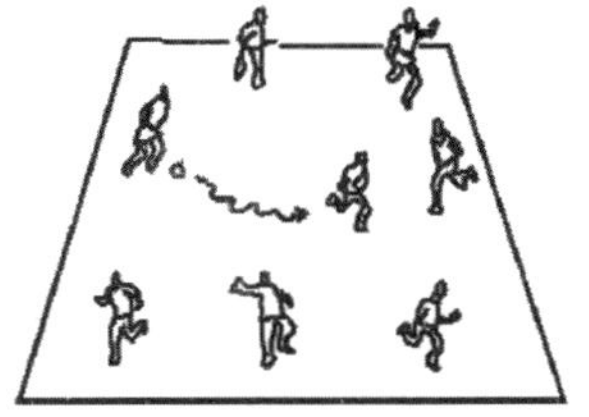

b.带球追单足跳者

图 3－58

(2)分成 2～4 组,依次先做直线运球,再绕圆圈运球。

(3)分成 2～4 组,分别在两个相连的圆圈外做“8”字形运球比赛。

(4)绕障碍物运球后射门。

(五)头顶球

头顶球是运动员在比赛中为了争取时间和取得空中优势,用头触球的动作。它是足球的重要基本技术,常用于抢截球、传球和射门。头顶球包括前额正面头顶球和前额侧面头顶球两种。

1. 原地前额正面顶球

身体正对来球方向,两脚前后开立,膝关节微屈,上体后仰,重心置于后脚上,两臂自然张开,两眼注视来球。当球运行到身体垂直部位前的一刹那,两腿用力蹬地,收腹,迅速向前摆体,身体重心由后脚移向前脚。颈部保持紧张并快速振摆,用前额正面击球的后中部(见图 3－59)。

图 3－59

2. 原地前额侧面顶球

两脚前后或左右开立,前膝微屈,上体和头部向出球方向的异侧稍转动,重心置于后脚上,两臂自然张开,两眼注视来球。当球运行至体前上方时,用力蹬地,上体迅速向出球方向扭摆,同时甩头。当球运行到与出球方向同侧肩的上方时,用前额侧面击来球的后中部。

3. 练习方法

(1)做各种头顶球的模仿练习。

(2)自抛自顶,互抛互顶。

(3)3 人成三角形相距 5m 左右,做互顶球练习。

(六)掷界外球

掷界外球是把比赛中越出边线的球用双手掷入场内的技术动作。方法有原地掷界外球和助跑掷界外球两种。

1. 原地掷界外球

面对出球方向,双手抱球肘弯曲置于头后。上体后仰,两膝微屈。掷球时,两脚蹬地收腹屈体,同时两臂急速前摆,当球摆到头上时,用力甩腕将球掷入场内。掷球要求将球举过头顶、双脚均不得离开地面,动作要连贯。

2. 助跑掷界外球

与原地掷界外球动作相同,只是增加了助跑,在助跑到最后一步时,将球举到头后,经头上抛入场内,要求抬脚从地面向前滑进,不得离开地面。

(七)守门员技术

守门员是全队最后一道防线,主要任务是不让对方把球攻入本方球门。技术包括位置选择、准备姿势、脚步移动、接球、扑球、拳击球、托球、手掷球和抛踢球。

1. 接球

(1)接地滚球:上体前屈,两臂自然下垂,两小指靠拢,掌心向前,用手指先接触球底部,然后两臂靠近屈肘抱于胸前,脚的动作一般是单腿跪撑,另一种是直腿接球。

(2)接凭空球:身体正对来球,接球的两臂主动前伸,两手掌心斜对球,在手接触球时,两臂屈肘回缩缓冲来球力量,顺势将球抱于胸前,同时要有含胸收腹动作。

2. 手掷球

手掷球有单手肩上掷球、单手低手掷球和侧身勾手掷球。

3. 抛踢球

抛踢球是守门员把获得的球直接传给远离自己的同队队员的技术动作。有踢自抛的下落空中球和踢自抛的反弹球,均用脚背正面踢球。

4. 练习方法

(1)看手势在移动中做各种接球的模仿练习。

(2)两人一组,接同伴的抛或踢的地滚球、平高球。

(3)结合射门练习。

(八)足球的基本战术

足球的基本战术主要包括比赛阵型、进攻战术和防守战术等。

1. 比赛阵型

随着足球运动技术、战术的发展,比赛阵型经过不断演变,目前主要采用的有"433"和"442"阵型(见图3-60)。

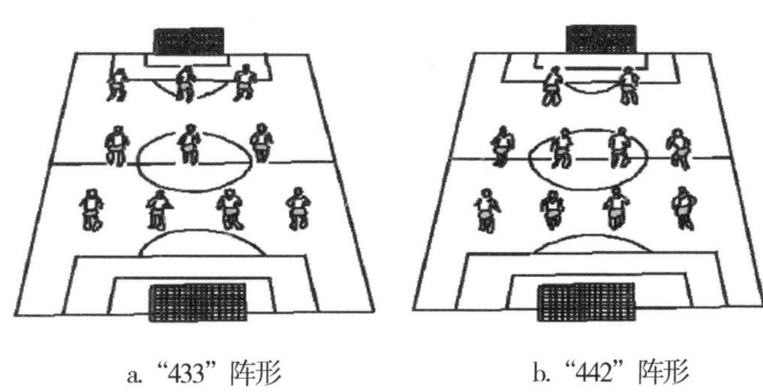

a. "433" 阵形　　b. "442" 阵形

图3-60

2. 进攻战术

(1)摆脱与跑位,即无球队员利用突然起动快速奔跑,有目的、有意识地去接应同伴或制造球场上的空当。

(2)局部进攻战术是全队战术基础,主要以二三人配合为主,常采用二攻一的战术,如直传斜插二过一、斜传直插二过一、踢墙式二过一等(见图3-61a、b、c),还有三攻二的战术(见图3-61d)。

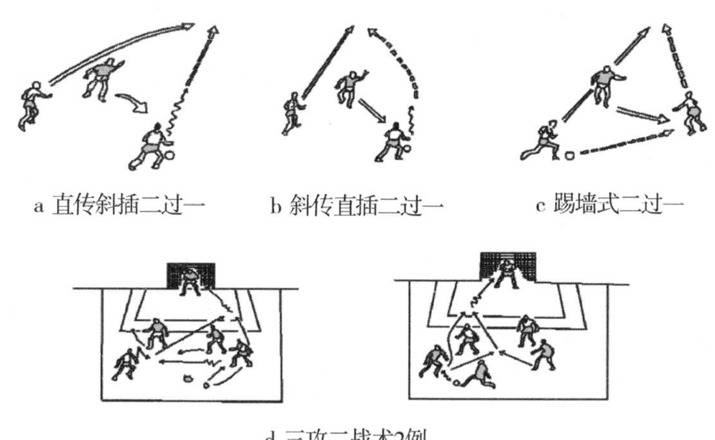

a 直传斜插二过一　b 斜传直插二过一　c 踢墙式二过一

d 三攻二战术2例

图3-61

(3)整体进攻战术最基本的有两种,即边路进攻和中路进攻。

①边路进攻。在对方半场两侧,主要通过边锋和交叉到边上的中锋与插上的前卫、后卫突破对方防线,达到外围传中、下底传中、彻底迂回传中的目的。由中锋和另一侧包抄队员射门(见图3-62)。

图3-62

②路进攻。在对方半场中间地带,主要通过中锋和内切的边锋或插上的前卫突破对方的防线,以及在半场中路做长传冲吊,利用两边包抄射门(见图3-63)。

图3-63

3. 防守战术

防守战术又分个人防守战术和整体防守战术。

(1)个人防守战术,包括选位和盯人、保护与补位。选位与盯人:在后场防守时,应选位于对方与本方球门中心构成的直线上,并要紧逼有球或无球队员。保护与补位:要及时互相弥补防守位置上出现的漏洞。

(2)整体防守战术,主要有盯人防守、区域防守、混合防守和制造越位战术。目前常采用混合防守(是盯人和区域防守的结合),一般采用三个后卫盯人,拖后卫负责补位,前位和前锋区域盯人的分工方法。

足球比赛的胜利取决于能在多变的情况下,机动、灵活地运用个人技术。紧张的比赛中有着无穷的创造性乃至艺术性,这也是足球深受广大群众喜爱、乐此不疲的原因。

足球运动允许身体的合理冲撞,在拼抢争夺中,对抗性尤为激烈,有助于培养勇敢、顽强的拼搏精神;激烈的比赛形式又要求能遵守规则和礼貌待人,因此对促进人个性健康发展和形成文明的行为规范也有重要的意义。

第二节 小球类项目组合及训练

一、羽毛球基本技术与训练方法

羽毛球的基本技术包括握拍法与持球法、发球、接发球、击球、步法等。

(一)握拍法与持球法

正手握拍法与握手动作相似,虎口对准拍框侧面拍柄的内棱角,小指、无名指和中指并握,食指稍分开,大拇指与食指相对(见图 3 -64a)。

反手握拍法在正手握拍基础上,将拍框稍向外转,拇指上伸用内侧顶住拍柄的宽面,食指向中指收拢(见图 3 -64b)。

(二)发球

按球在空中飞行的弧线发球可分为高远球、平地球、平快球、网前球等;按发球动作可分为正手发球和反手发球,正手可发高远球、平快球、网前球,反手主要发网前球和平快球。发球的持球法如图 3 -64c 所示。

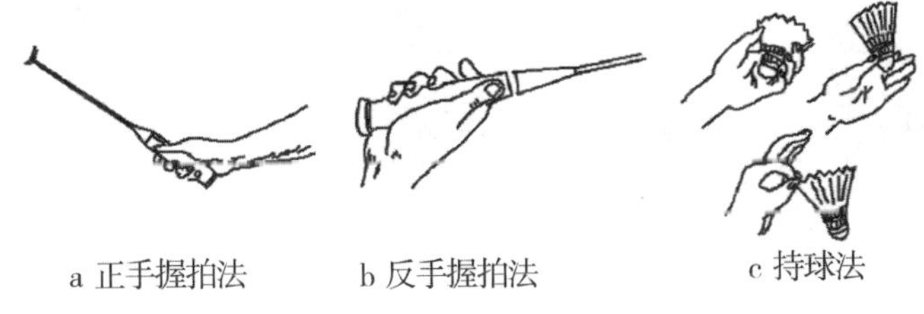

a 正手握拍法　　b 反手握拍法　　c 持球法

图 3 -64

1. 发高远球

发球时,左手松开使球下落,同时右手握拍沿着自下而上的弧线,向前上方加速挥摆(其仰角要大于 45°)。将触球时,前臂带动手腕向前上方“闪动”,使击球瞬间造成“爆发力”,击球点在右侧前腰下(见图 3 -65)。

2. 正手发网前球(俗称发小球)

挥拍的幅度要小,力量较轻,拍面稍后仰,主要利用手腕和手指的力量从右向左斜切推送,把球击出(见图 3 -66)。

图 3－65

图 3－66

3. 反手发球

右脚在前，右肘稍高，引拍距离很短，将球向前方推送出去（见图 3－67）。

图 3－67

（三）接发球

接发球是指将对方发过来的球还击到对方境内。接发球和发球在比赛中同样起着主要的作用。

1. 单打接发球

在右发球区接发球时，站在靠中线离前发球线 1.5m 处接发球。在左发球区接发球时，站在该发球区的中间位置接发球。两脚前后开立，一般应左脚在前右脚在后，身体侧身对网，重心在前脚，后脚脚跟稍离地，双膝微屈，收腹含胸，左手自然抬起屈肘，右手持拍于右身前，思想集中，两眼注视对方（见图 3－68）。

2. 双打接发球

图 3－68

双打比赛接发球站在接发球区内离前发球线较近的位置，以利于对付对方的网前球，或利于快速上网击球。双打接发球与单打接发球准备姿势基本相同，身体重心随意放在任何一脚上，球拍要举高，争取主动。

（四）击球

1. 正手击高远球

把球从自己的后场打向对方后场的击球方式，用于调动和牵制对方。击球时，前臂在上臂带动下向前上方迅速挥掰手腕向前“闪动”击球（见图 3－69）。

图 3－69

2. 反手击高远球

用反手握拍把球从自己的后场打向对方后场的击球方式。右脚迈向左后方，背对球网，身体重心在右脚，球拍举在胸前，拍面朝上，双膝微屈，利用腿和腰腹协调力，大臂带动前臂，肘部上抬与肩并行时，前臂带动腕部，在右侧上方伸直手臂向后击球（见图 3－70）。

图 3－70

3. 正手抽球

将自己正手一侧的低球快速击向对方中后场的击球方法。击球时,脚的步位要配合好,正手抽球时,右脚向侧稍后跨出(见图3-71)。

图3-71

4. 反手抽球

将落向自己反手一侧的低球快速击向对方中后场的击球方法。击球时,利用腰、臂、腕的旋转快速挥拍(见图3-72)。

图3-72

5. 正手低手击高远球

将落向自己正手前方的低球快速击向对方中后场的击球方法。击球时,右脚向前跨出大步,臂上扬并像捞东西一样迅速向上挥拍(见图3-73)。

图3-73

6. 反手低手击高远球

将落向自己反手前方的低球快速击向对方中后场的击球方法。击球时,右脚向左前跨出大步,使用手臂和手腕的力量像弹击一样挥拍(见图 3-74)。

图 3-74

7. 正反手扑球

迎击对方的近网球的方法。击球时要正确判断对方的动作迅速移动步伐,准确击球(见图 3-75)。

图 3-75

8. 扣球

扣球是羽毛球运动中的攻击手段。其动作技术要点为以下几点。

(1)判断球的落点,迅速移动。

(2)重心移至右脚尖,向后挥拍。

(3)上体向后仰,持拍臂肘弯曲。

(4)转肩滞肘以画圆状击球,击球点比打高远球略前。

(5)击球瞬间迅速发力后,手和拍顺圆弧自然摆至左下方(见图 3-76)。

图 3－76

(五)步法

与其他球类项目不太一样,羽毛球的步法很讲究规范。步伐一乱就会在比赛中处于不利的地位。

1. 前进步法

可采用跨步、垫步、蹬步和交叉步法。不论是一步、两步或三步上网,最后一步都要求右脚在前,重心落在右脚上。

2. 后退步法

正手后退,一般采用侧步和交叉步后退,要求最后一步右脚在后,重心放在右脚上。反手后退可左脚先向左后退一小步,使身体左转,以左脚为轴,右脚交叉向左后迈一步,右脚落地同时击球。

(六)羽毛球的基本战术

1. 单打战术

(1)攻后场战术

此战术是通过击高球,重复压对方的底线两角,造成对方的被动,然后寻找机会进攻。用它来对付初学者,或后场还击能力较差,或后退步子较慢及急于上网的对手是很有效的。

(2)攻前场战术

对网前技术较差的对手,可运用此战术先将其吸引到网前,然后再攻击其后场。采用此战术,自己首先要有较好的网前击球技术。

(3)打四方球战术

若对手步子移动较慢,体力较差,技术不全面,可以用快速、准确的落点攻击对方场区的四个角落,寻找机会向空当进攻。此战术的主要目的是通过打落点,逼迫对方前后奔跑、疲于应付,并在其击球质量下降或露出破绽时进行攻击得分。

(4)打对角线战术

对身体灵活性差、转体较慢的对手,不论是进攻还是防守,均应以打对角线球为主。这样,对方会因移动困难而被动,为本方进攻创造机会。

2. 双打战术

(1)攻人战术(二打一)

集中攻击对方中有明显弱点的人,并伺机攻击另一人因疏忽而露出的空当,或对此人偷袭。双打比赛中的配对选手的技术,一般总有一人好,另一人稍差些,即便两人水平相差不多,但若能集中力量攻击其中一人,也可给其造成很大的心理压力,从而使其出现失误。

(2)攻中路战术

当对方分边站位防守时,将球攻击到对方两人的中间;当对方前后站位时,可将球下压或平推到两边半场。这样可使对方防守时互相争抢或互让而出现失误。

羽毛球运动量较大,要求参加者有很好的灵敏性。经常参加羽毛球运动,可以发展人体的灵活性和协调性,提高人体的动作速度,改善内脏器官功能,使身体得到全面发展。同时对培养人的顽强、灵活、沉着、果断等优良品质和作风也有作用。

二、网球基本技术与训练方法

(一)握拍法

握拍法是网球中最基本的技术,它直接影响拍面接触球的角度,即拍弦接触球时所发生的变化。最基本的握拍法有三种:东方式、大陆式和西方式。为了能清楚地说明各种握法与拍柄的关系,现将拍柄上各部位名称介绍一下。网球拍柄是多边形的,有八个边,球拍在垂直地面时,拍柄的八个边可分别名为:上平面、下平面、左平面、右平面、左上斜面、右上斜面、左下斜面和右下斜面(见图 3-77)。

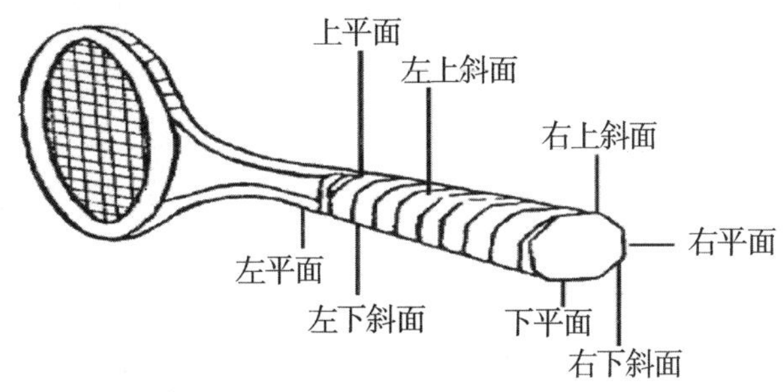

图 3-77

1. 东方式握拍法

(1)正手握拍法:亦称“握手式”握拍法,拍面与地面垂直,手握拍柄好像与人握手一样。具体地说,虎口形成的“V”字形对着拍柄右上斜面上缘,右手掌根紧贴右上斜面并与拍柄端齐平,拇指垫握住拍柄的左垂直面,五指紧握拍柄,食指稍离中指,用食指下关节压住右垂直面(见图 3-78)。

(2)反手握拍法:从正手握拍法把手向左转动四分之一圆周,虎口对着拍柄左上斜面,用手掌根压住左上斜面,拇指伸直贴在拍柄的左垂直面上,食指下关节压住右上斜面(见图 3-79)。

东方式正手握拍法

图 3-78

东方式反手握拍法

图 3-79

2. 大陆式握拍法

大陆式握拍法对正、反手击球都无须变换握拍。它始于欧洲大陆,对处理低球、削球、上网截击很有利,对处理齐腰的高球也方便,但对打高跳球不太方便。大陆式握拍法是将球拍侧立,从上而下握柄,犹如手握铁锤柄,即虎口对着上平面中心左方,手心、手掌根抵住拍柄的上平面,拇指围住左垂直面,食指下关节紧贴右上斜面(见图 3-80)。

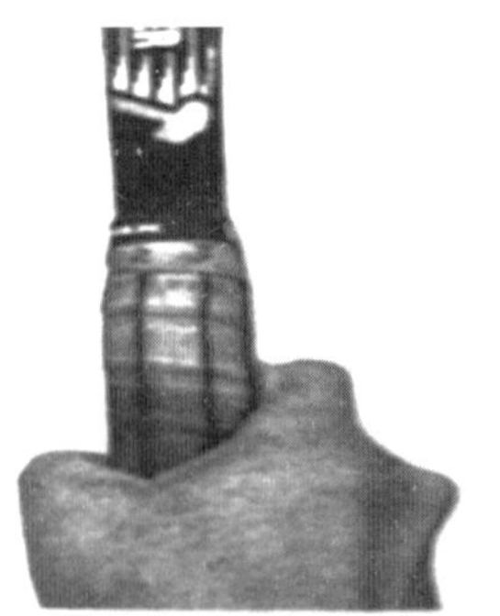

大陆式握拍

图 3-80

3. 西方式握拍法

(1)正手握拍法:将球拍平放在地上,用手抓起后,虎口对着拍柄右上斜面下缘,手掌根贴着右下斜面,拇指压在拍柄上平面,食指关节握住右下斜面即可(见图3－81)。

a. 西方式正手握拍

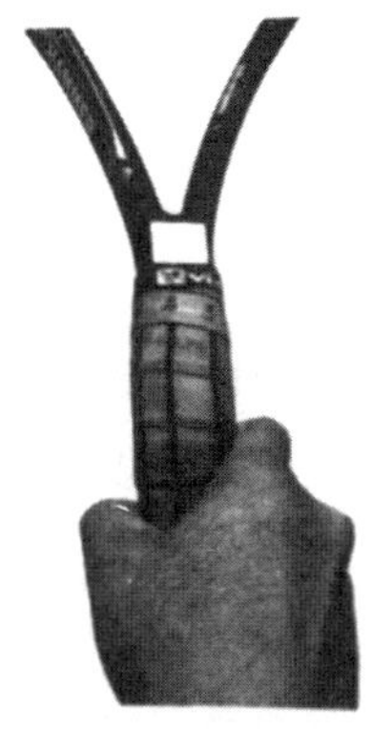

b. 半西方式握拍法

图3－81

(2)反手握拍法:即西方式正手握拍后,把球拍上下颠倒过来,置于身体反手一侧,用同一拍面击球。

4. 双手反手握拍法

右手用东方式反手握拍法,握在拍柄端部;左手用东方式正手握拍法,握在右手的上方(见图3－82)。

双手反手握拍

图3－82

(二)准备姿势

正确准备姿势应当是双脚开立,比肩略宽,脚掌着地,脚跟抬起。身体重心置于两脚前脚掌之间,两膝微屈,并保持膝关节的良好弹性。上体微前倾,两眼注视对手或来球。球拍置于腹前,拍头微上翘,手腕低于拍头。用正手握法轻握球拍,非持拍手,轻扶着球拍的颈部。它可以扶住并稳定球拍,减轻持拍手的腕部负担,另外还能起到将球拍引至身体一侧的辅助作用,有利于加快动作。

(三)基本步法

1. 正手击球步法

在端线外做好准备姿势,正手击球时,一般跨出一两步或几步就可到达适当的击球位置。当到达时,右脚跨出最后一步并向右转动,重心在右脚上,然后左脚跨交叉步,形成关闭式站位,最后重心前移至左脚并击球。

2. 反手击球步法

反手击球步法与正手击球步法相反，即左脚先向左迈步，当到达适当的击球位置时，左脚跨出最后一步并向左转动，然后右脚跨交叉步，最后重心前移并击球。

3. 前进步法

在来球落点位于中场发球线附近时，大多采用跑动迎上的击球步法，从底线向正手前方跑动迎上击球的步伐为正手前进步法。反手击球前进步法与此相同，方向相反。

4. 后退步法

当对方来球落点深时，正手击球一般采用先后退再迎上的步法，即先快速向后退停住，然后脚在向前跨出击球，为底线正手后退击球步法。后退反手击球步法与此相同，方向相反。

练习方法：

①手练习前后左右移动的脚步动作。

②结合挥拍动作练习步法。

③利用多球进行步法练习。

④两人面对站立，相距 3 ~ 4m，一人掷地滚球，另一人用侧滑步和交叉步快速移动接球，然后传回。

⑤跳绳练习，如单脚跳、双脚跳、移动的单脚交替跳、双摇跳等，提高脚步的频率和灵活性。

（四）正手击球

从准备姿势开始（右手持拍为例），以右脚为轴，向右转肩转髋，同时左脚前跨一步使两脚与肩同宽。身体左侧对球网，重心移到右脚上，转体同时带动球拍直接后引，将拍面引到与身体平行。球拍高度齐膝，拍头略高于手腕，左臂微前伸保持身体平衡。挥拍击球时身体重心移至左脚，并以左脚为轴向左转髋转肩，带动右手臂向前迎击球的中部，击球点在左脚侧前方。球离弦后，球拍随惯性挥至左肩上方，并迅速还原到准备回击下一次来球的状态。

（五）反手击球

从准备姿势开始，以左脚为轴，向左转肩转髋，同时右脚跨出一步，使两脚与肩同宽，身体右侧对球网，重心移至左脚上。转肩同时左手转动拍颈使右手成东方式反手握拍，并带动球拍后引与身体平行，击球肘贴近身体，左手轻持拍颈，拍头略低于来球。击球时身体重心移至右脚，左手放开拍颈，以右脚为轴向右转髋转肩,带动右手臂由下向前上挥拍击球中部偏下,击球点在右脚侧前方。击球后球拍随惯性继续挥至右肩上方,并迅速恢复成准备姿势,随时回击下一次来球。

（六）双手反手击球

当判断准来球是飞向反手方向时,在移动到位的最后一步应保持右脚在前,身体右侧朝向来球方向。双手握球拍向左后挥摆,右臂伸展较大,左臂弯曲。在迎球过程中,挥臂与转体动作配合,使球拍由低向高挥动,击球点在右脚侧前方,拍面垂直,触球的中部。击球后双手随势挥至右侧头部高度,身体重心移向右脚。动作完成后,迅速恢复成准备姿势。

正、反手击球的练习方法:

①原地进行徒手或持拍挥拍练习,体会向后拉拍、转肩、扭转腰部和交换重心等动作要领。

②在原地练习挥拍的基础上,结合步法作挥拍练习,体会步法与手法的协同配合。

③距墙 7 ~ 8m 远,正、反拍击球练习,步子要不停地移动进行调整。此练习方法对初学者来说效率高,效果好,能很好地体会动作和球感。

④送多球进行单个动作的击球练习。

⑤底线正、反拍对打斜、直线练习。

⑥底线正、反拍一点打两点练习。先固定线路,逐渐加大难度到不定点线路。

（七）发球

常用的发球有三种:平击发球、切削发球和上旋发球,三者的动作结构基本是一致的。

1. 准备姿势

初学者多采用东方式反拍握拍法。准备发球时,全身放松,侧身站立在端线外中场标记线旁边(单打),左肩对着左边网柱,面向右边网柱,两脚分开约同肩宽,左脚与端线约成 45°,右脚约与端线平行,重心在左脚上。左手持球轻托球拍在腰部,拍头指向前方。呼吸均匀,精神集中。

2. 抛球与后摆

抛球与后摆拉拍动作是同步开始的。持球手拇指、食指和中指三指轻轻托住球,掌心向上。当向下向后引拍时,持球手同时下降至右腿处,紧接着当球拍从身后向头上方做大弧度摆动,身体做转体、屈膝、展肩时,持球手柔和地在身前左脚前上举,直至伸高及头顶,当球送至最高点再离开手指抛向空中。此时右肘向后外展约同肩高,拍头指向天空,左侧腰、胯成弓形状,身体重心随着抛球开始先移向右脚,然后平稳地开始前移。

3. 击球动作

当左手抛出球时,球拍继续向上摆起,这时握拍手的肘关节放松,可以使向前转动的身体和右肩自动地使手臂产生一个完美的绕圈。当球下降至击球点时,迅速向前上挥拍击球,左脚上蹬,使手臂和身体充分伸展。当身体向前上方伸展击球时,肩、手臂已经回转,双肩与球网平行。挥拍击球时,持拍手腕带动小臂有一个旋内的"鞭打"动作,这就是发球发力的关键动作,也是其他诸如重心前移、蹬腿、转体、挥拍等力量聚集的总和。

4. 随挥动作

球发出后,身体向场内倾斜,保持连续的完整的向前上方伸展的随挥动作。球拍挥至身体的左侧,重心移向前方,做到完全自然地跟进并保持身体平衡。

5. 三种不同的发球

(1)平击发球。平击发球在诸种发球中是球速最快的发球法,也叫炮弹式发球。该发球不但球速快,而且反弹低。如果身材高大就可以借助高点击球的空中优势直接进攻对方;如身材较矮小或女选手就不宜使用平击发球。这种发球虽然力量大、球速快、威胁大,但命中率比较低。发平击球时的击球点应在身体的右眼前上方,以拍面中心平直对准球,击球的后中上部。因此手腕的向前拌甩和前臂的"旋内鞭打"非常重要,身体应充分向上向前伸,获得最高击球点,以提高发球命中率。

(2)切削发球。这是一种以右侧旋转(略带下旋)为主的发球法,就是由球的右上往左下切削击球。由切削发球的飞行轨迹及弹跳方向所定,该发球不但球速快、威胁大,而且容易提高发球命中率。发球时把球抛到右侧斜上方,球拍快速从右侧中上方至左下方挥动。击球部位在球的中部偏右侧,使球产生右侧旋转。

(3)上旋发球。这是以上旋为主、侧旋为辅的发球法。发上旋球时把球抛到头后偏左的位置,击球时身体尽量后仰成弓形,利用杠杆力量对球加旋转,球拍快速从左向右上方挥动,从下向上擦击球的背面,并向右带出,使球产生右侧上旋。

发球练习方法:

①反复练习抛球,因为抛球的好坏直接影响到发球的质量。

②徒手做发球前的准备姿势,模仿抛球及发球的完整动作。

③对墙练习发球,离墙 7 ~ 8m,先向地面发球,然后从地面弹到墙上再弹回,反复进行练习,体会抛球与击球的结合。

④在场地上用多球进行抛球与击球相结合的练习,边模仿,边练习,边体会。

⑤先练习发不定点球,后练习发定点球,逐步提高难度,即在发球区内不同的

落点设立目标练习“打靶”,以提高命中率和准确性。

三、乒乓球基本技术与训练方法

乒乓球的基本技术包括持拍方法、基本步伐、发球、接发球、推挡球、攻球和搓球。

(一)持拍方法

1. 直拍握法

用食指第二指关节和拇指第二指关节拍拍的正面,虎口贴柄。其他三指弯曲贴于拍后 1/3 上端(见图 3－83a)。

2. 横拍握法

虎口贴拍肩,拇指紧捏拍面,食指斜伸在拍的另一面(见图 3－83b)。

图 3－83

3. 准备姿势

两脚平行开立约比肩宽,两膝微屈稍内扣,站在近台中间偏左手方,持拍手自然弯曲,置于腹前。

(二)基本步伐

1. 单步

以一脚前掌为轴,另一脚向各个方向移动一步。

2. 并步(亦称滑步或换步)

一脚向来球方向移动,另一脚随即跟着移动一步。

3. 侧身步

以来球同侧脚向来球方向跨出一步,另一脚跟着向后移动一步。

4. 交叉步

以来球的异侧脚向来球一侧移动并超过另一脚,接着另一脚向来球一侧移动。

（三）发球

发球种类较多，基本方法有正反手发平击球、正反手发左右侧上（下）旋球。

1. 正手平击发球

左脚在前，身体稍右转，左手掌心托球，抛球后，待下落时前臂向后向前挥动，拍面稍前倾，击球中部。

2. 反手平击发球

右脚在前，球抛起后，右手持拍从身体左后方向前挥动，拍面稍前倾，击球中上部。

3. 正手发左侧上（下）旋球

右手持拍向右上方引拍、球下落时，手臂迅速向左下方挥动，触球瞬间手腕向左上方转动，使球向左侧上旋。如手腕向下方转动，出球便向左侧下旋。

4. 反手发左侧上（下）旋球

触球瞬间手腕向右正方转动摩擦球的中部，出球向右上旋。反之，则出球向右下旋。

（四）接发球

1. 站位的选择

对方在左角发球应站在台中偏左；对方在右角发球应站在台中偏右。

2. 旋转和回球

首先注意对方球拍运动方向，判准来球旋转性能、速度和落点回击球。一般为：接下旋球时，用搓、拉、削的方法；接上旋球时，用搓或攻的方法；接不旋转球时，用推或攻的方法。回接球的旋转和回球方法（见图3－84）。

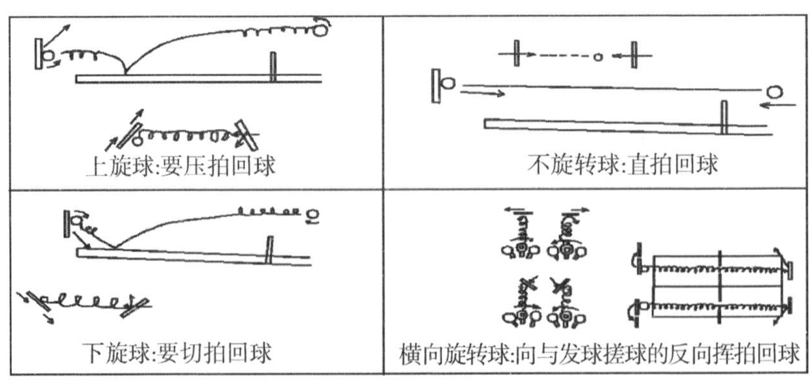

图3－84

(五)推挡

1. 平挡球

拍形呈半横状,小臂前伸主动迎球,在球上升期触球的中部,借来球反弹力击回。

2. 快推

两脚平行站立离台 30 ~ 40cm,屈臂持拍于腹前,击球时前臂向前伸出,手腕外旋并使球拍前倾,在球上升期击球中上部,击球后,手臂继续前送。

(六)攻球

攻球在比赛中是争取主动和取胜的重要技术,分正手攻球和反手攻球两类,这里只介绍正手攻球。

1. 正手快抽

左脚在前,持拍成半横状并向前倾,当球弹起上升时,手臂和手腕向前上方挥动,同时内旋转腕击球中上部,击球后挥拍至头部(见图 3 - 85a)。

2. 正手拉抽

左脚在前,身体离台稍远,击球前,向右后引拍使拍稍后仰,当球下落时,上臂由后向前加速挥动提拉,同时配合手腕动作向上摩擦击球中下部,击球后挥拍至前额(见图 3 - 85b)。

图 3 - 85

(七)搓球

搓球常用技术有快、慢搓,搓侧旋扣加转球。下面主要介绍快、慢搓球技术。

1. 反手慢搓

左脚在前,持拍臂向左上方引拍,击球时,向前下方转腕用力,拍形后仰,在球下降期击球中下部(见图 3 - 86)。

图 3-86

2. 正手慢搓

左脚在前,身体稍向右转,手臂向右上方引拍,待球下降时,向左前方用力击球中下部。

3. 快搓

身体靠近球台,来球在身体左侧时,用反手在球上升期击球中下部。来球在身体右侧时,用正手搓球,手臂向右前上方行拍,球在上升期中,手臂手腕向前下方用力击球中下部。

(八)乒乓球的基本战术

1. 发球抢攻战术

(1)发侧上、下旋短球至对方正手位、中路后抢攻。

(2)发侧上、下旋长球至对方端线两大角后抢攻。

(3)发急球或急下旋球后抢攻。

(4)发侧上、下旋短球至对方正手位、中路近网,配合发长球至端线两大角抢攻。

(5)使用两面不同性能球拍,发转与下转球抢攻。

2. 对攻战术

(1)压对方反手,伺机正手攻或侧身攻。

(2)压反手变正手,伺机进攻。

(3)加、减力量,变换节奏,伺机进攻。

(4)来斜线回直线、来直线回斜线进攻对方。

(5)正反手都回直线进攻对方。

对于飞行大学生而言经常参加乒乓球运动,可以发展大学生身体的灵活性、协调性和快速反应能力,改善人体心血管系统机能和大脑神经系统机能,有利于培养人的机智、果断、沉着、冷静、进取等优秀品质。如果经常参加各种比赛可以培养学生良好的心理素质,这些素质对飞行大学生未来职业有十分重要的作用。

由于民航业对飞行员身体的要求非常高,对视力也有特别的要求,长期练习乒乓球可以有效地防治近视眼。

飞行员在操作飞机的时候,主要一项很重要的任务就是查看仪表,由于查看仪表属于长期从事眼近距离的工作,由于晶状体总是处在高度的调节状态下,会引起视力疲劳现象。同时,看近处物体时,两眼球聚向鼻梁方向,使鼻外肌肉压迫眼球,天长日久,眼轴就会慢慢变长,造成近视。经常进行乒乓球运动,可以有效地预防和治疗近视眼。

因为打乒乓球时球穿梭往来,忽远忽近,而眼睛须以乒乓球为目标,不停地远近、上下运动和调节,使眼球不停运转,不断地促使睫状肌放松与收缩;同时,眼外肌也在不停地舒缩,大大促进了眼球组织血液供应和代谢,因而有效改善睫状肌功能,消除或减轻眼睛疲劳,起到预防和治疗近视眼的作用。打乒乓球尤其对早期假性近视的疗效更佳,视力恢复率可达 90% 以上。

第三节 体操技巧类项目组合及训练

体操技巧类项目运动的基本特点之一是既能全面又能重点地锻炼身体。体操技巧类项目可以有效增强肌肉力量,改善平衡能力,提高灵敏程度,塑造健美形体;可以有针对性地进行局部练习以达到平衡发展和矫正某些畸形的目的,这些特点是其他运动项目所不具备的。

体操技巧类运动的许多技能在生活中有很高的实用价值,可以有效提高人们克服障碍、自我保护的能力,如基本体操中的攀登、爬越、荡绳、搬运,技巧中的各种滚动、滚翻,器械体操中的各种上法、下法等。这些技能的掌握对人们在生活中特殊情况下的自我和相互救助、保护有很大帮助,也使得体操运动更加贴近生活实际。

一、人体运动基本体操组合与训练

(一)人体平衡

平衡是为保持人体特定的稳定状态而进行的重心控制练习。正确的平衡练习能培养良好的身体姿态,发展前庭器官的功能,进而使人们对外界环境的生存适应能力得到提高。

在改变平衡练习难度方面的方法有:改变支撑面积(用单脚、脚尖、脚跟站立等);改变身体姿态(闭眼做各种练习);改变行进方法(变走为跑、跳、舞蹈步法);改变行进方向(变向前为向后、向侧);变换练习器械(变体操凳为平衡木、双杠、浪木等);增加障碍物和练习速度等。

1. 提踵站立

提踵站立即用前脚掌支撑地面的站立姿势。这一练习有助于小腿后群肌肉力量和协调性的发展。

2. 单脚站立

单脚站立即用一只脚站立的姿势。这一练习主要是发展下肢的协调能力和前庭器官功能。

3. 空中通过障碍物或限制物

做在空中行进中避开某障碍物或限制物走过的练习,对于练习者在空中平衡能力和心理素质的锻炼和发展有积极作用(见图3－87)。

图3－87

(二)攀登、爬越

攀登和爬越是以手或手脚共同用力使身体向某方向移动的一种练习。攀登和爬越能相对全面地发展人的力量和灵敏素质,对培养练习者勇敢顽强的意志品质及生存自救能力具有积极意义。

练习攀爬时,需双手紧握器械,重心靠近支撑点,以防身体晃动。进行攀登时,常用的器械包括:绳索、竿、肋木、体操凳、梯子、立柱等。爬越可在专用的横木、板墙上,也可在高低杠上进行。

1. 爬垂直绳(竿)

爬绳(竿)是用两手和两脚或只用两手向上引体攀爬至高处的一种练习。爬垂直绳(竿)的方法有三种:三拍法、两拍法和只用手的爬绳(竿)法。

(1)三拍法。直臂悬垂开始。第一拍,向上屈腿,用一脚背,另一脚脚跟夹绳。第二拍,两腿向上蹬直,同时屈臂引体向上,成屈臂夹绳悬垂。第三拍,两手向上换握成开始姿势。对于上肢力量较差的练习者而言,三拍法比较适合(见图3-88)。

(2)两拍法。一臂在上直臂悬垂,另一臂在下屈肘,手在下颌处握绳开始。第一拍,两腿前屈上提,两脚夹绳(夹绳方法同三拍法);第二拍,两腿伸直,同时两臂屈臂上引,下位手向上换握。同三拍法相比,两拍法对上肢力量的要求更高(见图3-89)。

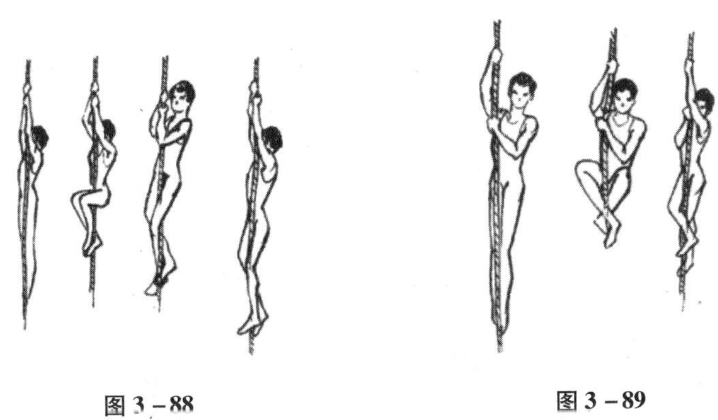

图3-88　　图3-89

(3)停绳方法:站立式、圈套式、“8”字式是几种主要的停绳方法。

①站立式:攀至一定高度,置绳于身体右侧。右腿经绳前向后绕,使绳由前向后缠住右腿,左脚背由下缠紧绳子,两脚并拢,绳子紧贴右脚掌,然后绳子从左臂下穿过,两臂侧举(见图3-90)。

②圈套式:做法一,直臂悬垂开始,腿夹绳前举,右手从右侧大腿下将绳拉起,并至左手,右手松开叉腰。做法二,方法与一相同,不同之处在于两腿要用绳套住(见图3-91)。

③“8”字式:直臂悬垂开始,腿夹绳前举,右手从右腿下将绳拉起,绳端从右侧大腿后绕过,再从两腿中间放下。然后右手握绳,将左腿用相同的办法套住,使两腿都处在两个环套中,绳成“8”字形。动作掌握熟练后,可松开一手或两手(见图3-92)。

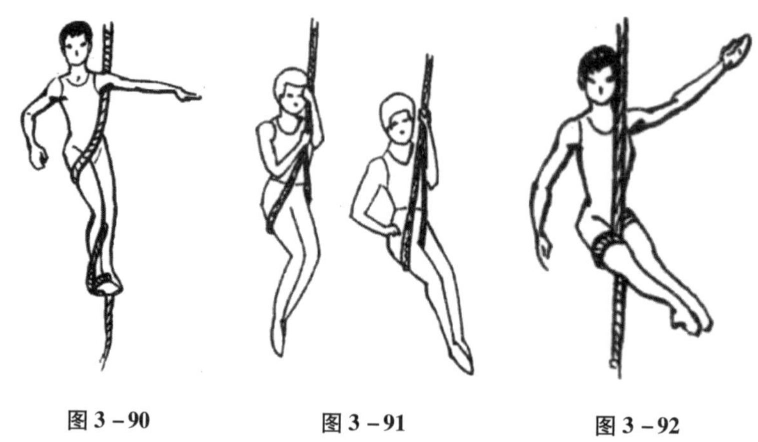

图 3 – 90　　图 3 – 91　　图 3 – 92

2. 荡绳

荡绳包括两种形式:摆荡和荡过。荡绳练习能够提高练习者的握力、上肢和腰背力量,而且对于空间身体姿态控制及身体协调性培养也有很好的效果,也是野外生存的必需技能。

(1)摆荡:摆荡的做法分为两种:脚蹬地和不蹬地。蹬地摆荡时,蹬地点可在绳的垂直下方,也可在其任意一侧;不蹬地摆荡时,其摆幅的变化主要是利用身体姿势的改变来来控制。

(2)荡过:荡过是由一个极点荡至另一极点跳下的动作(图 3 – 93)。

图 3 – 93

3. 攀爬、翻越肋木

用手或手脚并用在肋木上进行的攀爬或翻越,攀爬肋木练习具体分为四种:只用手的攀爬、手脚依次交换的攀爬、两手同时换握的攀爬和跳跃式的攀爬。在攀爬路线上又包括直线、斜线和曲线。此种练习也可在体操梯及相似器械上进行。这项练习对练习者力量、耐力和勇气的提高很有帮助,是攀岩的基础性练习。

4. 爬越特定障碍

利用两手和身体其他部位引体向上爬越特定障碍到达目的地。爬越特定障碍练习的进行比较容易操作，在悬垂、支撑和由悬垂变为支撑、由支撑变为悬垂的过程中都可进行。爬越练习的器械包括高单杠、双杠、跳跃器、平衡木、助木、专用的板墙等。这一练习对练习者力量的增强很有帮助，能很好地提高身体对外部环境的适应能力（见图3－94）。

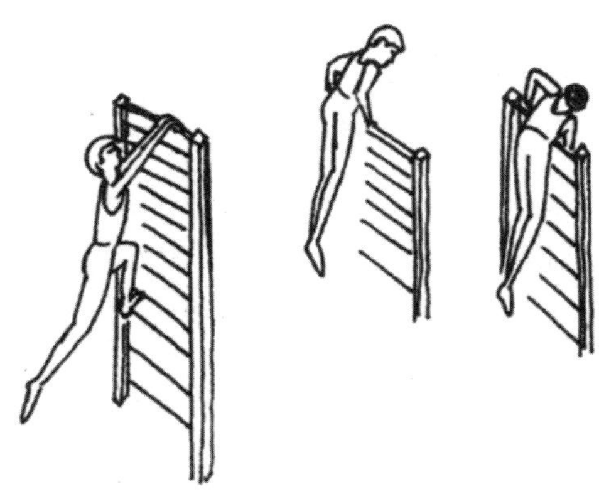

图3－94

（三）投掷

投掷是以手持握（或双脚夹住）器械或其他物品向某方向抛出的一种练习。投掷练习的形式有掷准、掷远、抛与接等。投掷物包括实心球、体操棍、沙袋、小皮球、小石块及其他实物。投掷练习可发展人体，特别是上肢的力量、速度、协调等身体素质，能够明显地提高人体在空间的精准发力能力。

练习的过程中，对练习难度和运动负荷进行改变的方法主要有：改变抛接物的大小及重量；改变抛接物的姿势（如坐、躺、跪立、屈体、平衡等）、运动状态（如走、跑、跳、击掌等）和方向；改变抛接物的数量及投掷距离等。

1. 投准

手持物品投中规定的目标，即为投准。如将皮球投进远处的篮子里，用石子击打固定的或移动的目标。这一练习对神经系统对肌肉的精细控制力的发展有积极作用，从而增强身体对外物的准确判断及把握能力。

2. 抛与接

将物品抛起或将空中下落的物品接住，这一练习可较好发展身体，特别是上肢的力量与协同性，而且还有助于提高练习者的反应速度及视觉能力。

(四)搬运

通过手提、肩扛、怀抱、头顶和背负等方法,将实物或同伴从某处搬往目的地的一种练习,即为搬运。搬运对练习者体能的发展,生存生活能力的提高具有显著的效果。

以人数为依据对实物搬运进行分类,可分为单人搬运、双人搬运和多人搬运。搬运时,应使搬运物尽量靠近身体,使搬运省力;搬运距离较长时,应避免身体局部负担过重而过多地消耗体力。

1. 搬运实物

采用抓、握、托、抬等多种形式将实物从某处搬运至目的地,通常搬运的实物具体包括实心球、体操凳、跳箱、山羊、体操垫等器材、器械。还可以因地制宜,利用石块、圆木等实物进行练习。

2. 搬运同伴

搬运同伴的形式很多,包括如一对一搬运、二对一搬运等。

(1)一对一搬运有背负法、骑坐肩上法、托背托腿法、肩扛法等。

①背负法:被搬运者分腿站立在搬运者后面,两手扶搬运者肩部,搬运者上体稍前倾,下蹲,两手托抱被搬运者的大腿,起身站立,开始移动(见图3-95)。

图3-95

②骑坐肩上法:搬运者成单膝跪立,上体前屈,让被搬运者坐在搬运者的肩上,被搬运者用脚尖钩住搬运者的腰背部,搬运者抱住被搬运者的两腿,起身站立,开始移动(见图3-96)。

③托背托腿法:被搬运者仰卧,搬运者单膝跪立或下蹲,一手托其背部,另一手托其膝关节后部并将其托起。被搬运者用双手抱住搬运者的颈部,开始移动(见图3-97)。

④肩扛法:两人面对面站立,搬运者用左手握被搬运者的右手腕,右手抱其膝关节的后部,俯身将被搬运者扛在右肩上,然后左手松开,将被搬运者的右臂夹在自己的左腋下,用右手从被搬运者右腿后握其右手腕,起身站立,开始移动(见图3-98)。

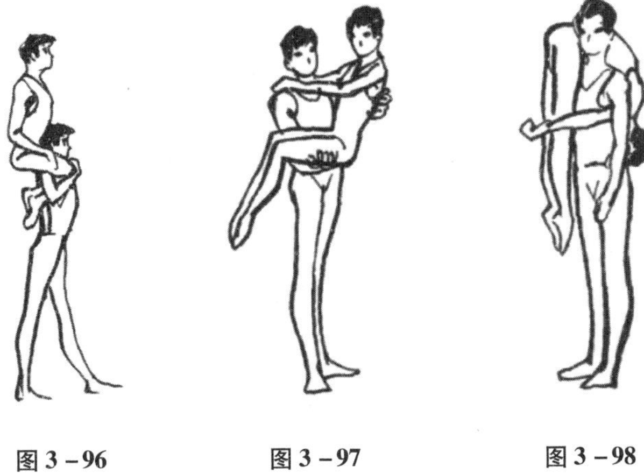

图 3－96　　图 3－97　　图 3－98

(2)椅式搬运法、托腋下和膝部搬运法、托背托腿搬运法等是二对一搬运方法的主要形式。

①椅式搬运法

a. 两手交搭椅式搬运法:两人面向移动方向并排站立,相邻两手互握对方手腕。被搬运者坐在由两人连接的手臂上,并用两手抱住两人的颈部或肩部(见图 3－99)。

b. 背靠椅式:两人面对蹲立,内侧手臂互搭在对方的肩上,外侧手互握。让被搬运者坐在交搭的手臂上,背部靠在另一臂上,两手分别抱住搬运者的颈部,站起来行进(见图 3－100)。

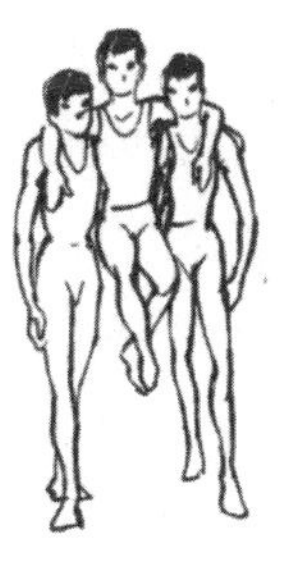

图 3－99

图 3－100

c. 四手交搭椅式:两人面对面成分腿蹲立姿势,各人用右手握住自己的左手腕,并用左手握住对方的右手腕,交搭成一个"椅子"。让被搬运者分腿坐在"椅子"上,并用两手分别抱住搬运者的颈部,站起来行进(见图 3－101)。

②托抱腋下和膝部搬运法：搬运者前后站立，面向前进方向。被搬运者仰卧在两名搬运者中间，一人抱被搬运者的腋下，另一人托抱搬运者膝部（见图3－102）。

③托背托腿搬运法：搬运者站在仰卧的被搬运者的一侧或两侧，蹲下成单膝跪立，一人托其腿，另一人托抱其背部，被搬运者用手抱住站在他头侧的同伴颈部，将其抬起向前移动（见图3－103）。

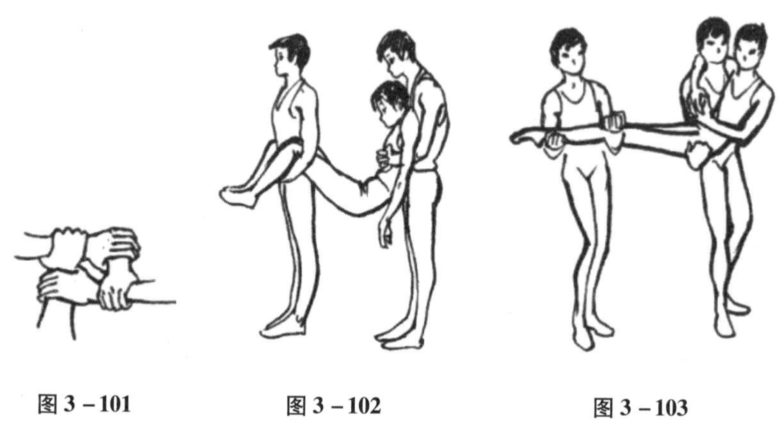

图3－101　　图3－102　　图3－103

二、技术类体操项目组合与训练

（一）垫上运动

垫上运动俗称"翻筋斗"，也叫技巧，是中小学体育与健康课程中的一项主要内容。它内容丰富，形式多样，主要包括各种基础练习、象形、平衡、倒立、跳跃、摆腿、滚翻、手翻、空翻及造型等动作。垫上运动对练习的场地、器材也没特别要求，通常只需具备垫子或地毯就可以进行练习，而且许多动作可以在草坪、沙地及平地上做。所以，垫上运动是青少年非常喜爱而且易于开展的运动项目。

垫上运动的健身价值很大。经常从事垫上运动，对人的力量、灵敏、柔韧、协调等素质的发展有很好的帮助作用，提高身体基本活动能力，改善身体机能状况，塑造健美体形，培养勇敢、果断、机智等意志品质，对前庭器官功能的提高和自我保护能力的培养等方面有着很好的促进作用。

1. 前滚翻

从蹲撑开始，重心前移，两腿向后下方蹬直离地，同时屈臂、低头、提臀，用头的后部在两手撑地前着地，经后脑、背、腰、臀部依次向前滚动，当背部着地时，迅速收腹屈膝上体紧跟大腿团身抱腿成蹲立(见图3-104)。

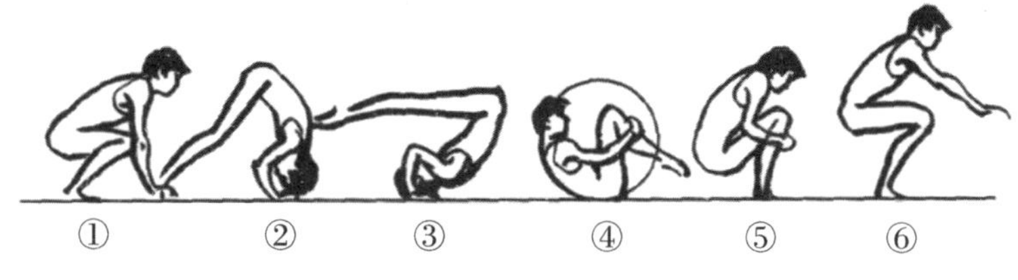

图3-104

2. 后滚翻

由蹲撑开始,身体稍前移接着直臂顶肩推手低头拱背团身后滚,依次经臀、腰、背向后滚动,两手迅速屈臂抬肘翻腕置于肩上(掌心向后),当头部着地时两手用力推地撑起翻转成蹲撑(见图3-105)。

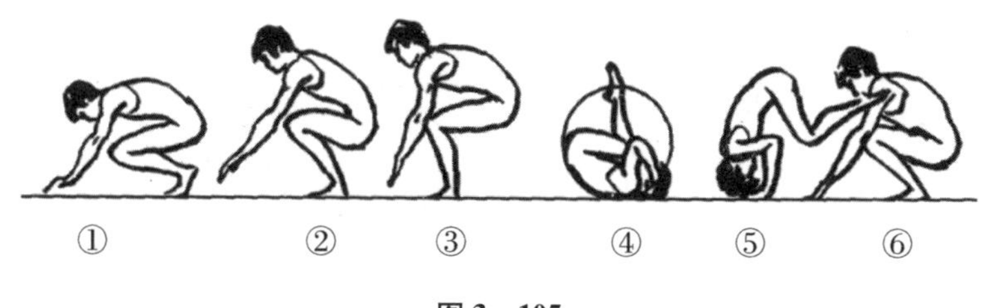

图3-105

3. 肩肘倒立

开始时保持直腿坐姿,上体后倒,两臂在体侧用力压地,接着举腿、翻臀,当脚尖至头部上方时,两腿上伸、髋关节充分伸直,用两手托住腰部成肩肘倒立姿势(见图3-106)。

图3-106

4. 头手倒立

开始时为蹲撑姿势,手指在体前自然分开撑地,用头的前额上部与两手成等边三角形处撑地,身体重心前移,同时提臀,一腿上摆,一脚蹬地,接近倒立时,两腿并拢上伸，身体挺直成头手倒立（见图 3－107）。

图 3－107

5. 俯撑双腿经侧摆越成仰撑

从俯撑开始，腰稍塌，利用腰腹反弹立即收腹提臀同时右手推离地面，身体重心移向左臂，两腿迅速经右侧向前摆越，当两腿将摆至前面时迅速前伸，同时右手撑地，拉开肩角、顶肩，挺身成仰撑（见图 3－108）。

图 3－108

（二）跳跃

跳跃动作是体育运动中的一项主要内容，跳跃动作分两大类：一般跳跃和支撑跳跃。一般跳跃是支撑跳跃的基础，包括弹板练习、跳上、跳下、跳跃障碍等动作。支撑跳跃动作由七个环节组成，即助跑、上板、踏跳、第一腾空、推手、第二腾空和落地等，其中第二腾空动作的高、飘、远、美及落地的稳定性是对整个动作质量进行评定的主要环节。支撑跳跃的动作包括正腾越、侧腾越和翻转腾越等。

通过腿和手臂短促有力地作用于器械，使人体在短暂的腾空时间里做出各种形式不同的动作，即为跳跃的特点。经常进行跳跃动作的练习，能有效提高运动器官、血液循环器官、呼吸器官和前庭分析器官的机能，能够明显地增强下肢、腰腹、肩带及上肢肌群的爆发力，同时还能积极地促进空间方位的判断能力和身体平衡的控制能力的发展，对培养练习者勇敢、顽强、果断的意志品质和超越障碍的实用技能也有重要作用。

1. 一般跳跃

(1)助跑起跳

由自然摆臂的轻松助跑开始,重心相对平稳,步幅由小到大,逐渐加快速度,上体前倾逐渐由大到小,重心有所提高。跑到最后一步(即蹬地腿)时要适当将步幅减小,两臂后引,摆动腿迅速前摆,蹬地腿积极蹬离地面,向摆动腿快速并拢,用前脚掌向前下方踏上助跳板,两腿积极缓冲,紧接着快速用力蹬板,同时两臂由后下方向前加速摆臂并制动,使身体向前上方腾起,腾起时的姿势为梗头、含胸、紧腰、上体稍前倾(见图 3-109)。

图 3-109

(2)屈腿跳(弹跳板)

轻松助跑上板,将用力摆臂起肩同充分蹬伸腿进行结合,使身体向上高高腾起。接近最高点时用力收腹屈腿上提,两手抱膝团身,随即迅速伸腿展体落地(见图 3-110)。

图 3-110

(3)转体跳(弹跳板)

轻松助跑上板,垂直向上充分起跳后身体的姿势为紧腰、伸直,利用头、臂、肩向转体一侧带动身体沿着纵轴转动。向左转体时,上举右臂,左臂伸向右腋。当转体接近180°时,两臂向前上方伸展制动,然后展体平稳落地(见图3-111)。

图3-111

(4)跳上经跪撑跪跳下

短距离的轻松助跑踏跳,两臂前摆,含胸、稍低头,手撑器械,与此同时保持顶肩、提腰、收腹屈腿至器械上跪撑。接着两臂由后向前加速摆动,摆至前举时制动,同时展髋、立腰,小腿积极下压器械,使身体向前上方腾起,在空中经跪姿伸髋后落地(见图3-112)。

图3-112

2. 支撑跳跃

(1)斜向助跑挺身腾越

从纵器械左侧斜向助跑踏跳(跳板与器械轴约成20°角),两臂积极前摆,手撑器械远端,用力顶肩,同时含胸、提臀、稍屈髋,接着向后上方迅速摆腿。当后摆与最高点接近时积极制动腿，左、右手依次推离器械，保持伸髋展体越过器械至落地（见图 3－113）。

图 3－113

（2）横马（箱）侧腾越

短距离助跑后两脚踏跳，两手前撑器械，含胸、提臀（臀部稍高于肩），同时向左侧上方积极摆腿，接着左手推离器械，重心向右臂转移。当腿侧摆与最高点接近时，向左侧伸髋展体，经器械上单臂侧支撑，随后右手推离，使身体越过器械落地（见图 3－114）。

图 3－114

（三）双杠

双杠为器械体操项目，是一项重要的体操教学内容。它的动作有易有难，变化多样，选择性大，可在一杠或两杠上做出各种动作，如各种摆动、摆越、滚翻、转体、屈伸等，是广大学生十分喜爱的运动项目。

双杠是竞技体操项目之一，动作难度发展越来越大，出现了许多的难新动作，且运来越多，如团身后空翻一周半转体 180°成挂臂、团身后空翻两周成挂臂、向后大回环屈体后空翻两周成挂臂等动作。

双杠运动有很高的锻炼价值，长时间练习双杠，能有效地发展上肢、躯干、肩带肌和腹背肌力量，而且还能很好地发展控制能力、协调能力和平衡能力等。双杠锻炼既能够进行单个动作的练习，还可以将多个动作进行巧妙地组合，一起进行练习，也可以将静力性动作与动力性动作结合，进行合理的编排，突出以动为主的双杠练习特征，从而更好地利于身体锻炼。通过双杠练习，能培养学生勇敢、顽强、果断和勇于克服困难、刻苦练习的良好品质，达到很好的健身效果。

在双杠的学习中要按照循序渐进的原则进行，在抓好相应的身体素质的前提下，先进行基础动作的学习，后进行一定难度动作的教学，与此同时保护与帮助必不可少。要以支撑摆动、挂臂摆动、杠上移动、转体、滚翻、慢起肩倒立等简单动作为基础，易于学生学习与掌握，逐步提高动作学习的难度，从而促进学生的力量、柔韧性、灵敏性、协调性、控制能力和平衡能力等身体素质的不断提高。

1. 跳上支撑前摆成外侧坐

练习者站立于杠内，从内握杠（以右侧为例）。跳起成支撑，顺势向前上方摆腿，然后左大腿外侧坐杠，弯曲小腿向后下伸，右腿向后下方伸直，使左小腿和右腿在后下方平行，左手撑杠，右臂侧举，两眼目视前方，上体挺直（见图 3－115）。

图 3－115

2. 挂臂支撑单脚蹬地屈伸上成分腿坐

由杠端内纵向分腿侧立挂臂支撑开始，上体后倒，一腿蹬地，一腿向后上踢摆，并腿、收腹、举腿、翻臀，成臀部高于杠面的屈体挂臂支撑；随后用力向前上方伸腿、伸髋、送臀，当脚伸至最高点时，随即制动双腿，同时两臂用力压杠，急振上体跟肩上成稍屈髋支撑姿势，随后两腿顺势向前上方远伸展髋、分腿落杠成支撑分腿坐（见图 3－116）。

图 3 – 116

3. 支撑后摆转体 180°成分腿坐

由前摆极点开始，以肩为轴向后摆，当摆至垂直方位时，稍用力向后上摆腿，同时肩稍向前倾。待肢体摆过杠面后，头向右转，并以脚尖带动髋部向右转体，随之两腿迅速剪绞（左腿在下、右腿在上）分腿，以大腿内侧坐杠，接着两手体后依次换握撑杠，身体转正成分腿坐（见图 3 – 117）。

图 3 – 117

4. 分腿坐慢起成肩倒立

由分腿坐开始，两手在体前靠近大腿处握杠，肘部内夹，上体前倒，屈臂顶杠支撑；同时含胸收腹，屈体提臀，两腿侧分，使重心前移升高；当重心提升前移接近支撑点垂直部位时，两肘外张，在手前 20 ~ 30cm 的地方落杠顶肩支撑；当身体重心提移至手、肩支撑面内时，逐渐伸展髋关节，同时两腿由两侧内收并拢，将身体充分伸直，抬头、紧腰成肩倒立姿势（见图 3 – 118）。

图 3 – 118

(四)单杠

单杠是器械体操项目的一种,也是中学体育教学的一项内容。单杠动作很多,技术多样,连接多变,包括摆动、摆越、屈伸、回环、腾越、空翻、空翻转体等动作,可进行单个动作练习,也可以将各种动作进行整合,组成整套进行练习。长时间练习单杠,可增强人体运动系统、内脏器官和神经系统的功能,对人体的正常发育和全面发展有积极影响。尤其是对手臂握力、肩部力量、腰腹肌力量和时空感知觉等能力的提高和发展,深受青少年的喜爱。

随着我国《全民健身计划纲要》的实施,单杠也深受人们的欢迎,成了大众体育健身锻炼者喜欢的一项运动。人们利用单杠进行各种动作练习的锻炼活动十分普遍,有效地促进与提高了大众的身体健康。

不断进行创新是体操技术发展的生命力所在,尤其是自 20 世纪 80 年代以来,单杠技术的飞速发展,如团身后空翻两周转体 360°、直体前空翻抓杠、“飞行”接“飞行”和多次“飞行”连接等难新动作的接连出现,使单杠运动更加精彩夺目、扣人心弦、引人入胜。

学习单杠时应按照一定的顺序,由低杠逐渐过渡到高杠,动作由简单到复杂,由单个动作过渡到整套动作。由于单杠动作的主要形式是摆动、回环、转体、上法和下法等,容易出现脱手或磨破手掌的现象,因此,对学生保护与帮助措施的加强是教学中不可缺少的环节,还应该注重学生自我保护能力的培养。

1. 翻上成支撑

由站立悬垂开始,上一步屈臂引体,后腿取捷径向后上方摆腿,另一腿蹬地与前腿并拢,腹部尽早靠杠。当上体翻至杠前水平部位时,制动两腿,抬上体挺身,翻腕成支撑(见图 3 - 119)。

图 3 - 119

2. 单脚蹬地翻上成支撑

由站立悬垂的姿势开始，屈臂引体，胸部靠近横杠，蹬地腿向前迈一步用力蹬地，另一腿从后经过前方取捷径向后上方摆腿，蹬地腿蹬离地面后迅速与摆动腿靠拢，与此同时屈臂用力引体，倒肩，向杠后上方伸腿、伸髋，腹部贴杠翻转。当身体翻转两腿至杠后水平部位时，两腿制动，同时抬上体、翻腕、挖腰，挺上身成支撑（见图3－120）。

图3－120

3. 跑动外挂膝上

由站立悬垂开始，两脚蹬地向后上方跳起，经直角悬垂弧形前摆，当脚摆过杠下垂直点时，两脚前后跑动蹬地，上抬髋部，前腿外摆越杠屈膝挂杠，后腿向前上方伸摆成挂膝悬垂摆动；当回摆臀部摆过杠下垂直部位时，摆动腿顺势加速用力后摆，同时两臂和挂膝腿用力压杠，跟上体、翻腕，前伸挂膝腿用大腿根部靠杠支撑，上体立起成骑撑（见图3－121）。

图3－121

4. 骑撑后倒挂膝上

从骑撑开始，直臂顶肩，重心提起后移，前腿屈膝挂杠，后腿后伸，上体立起快速后倒弧形前摆，当摆动腿摆过杠下垂直部位后，积极向前上方伸腿、送髋后制动回摆。当回摆臀部摆过杠下垂直部位时，摆动腿趁势加速用力后摆，同时两臂和挂膝腿用力压杠，翻腕、跟上体，挂膝腿及时前伸以大腿根部靠杠支撑，立腰、制动身体上成骑撑（见图3－122）。

图 3 – 122

5. 支撑单腿摆越成骑撑

就右腿摆越来说，从支撑开始，左臂支撑，上体稍向左侧倒，重心移至左臂上，右腿伸直迅速经侧向前摆越，同时右臂用力顶肩推手离杠，越杠后摆动腿用大腿的后上部靠杠，身体移正，右手迅速握杠支撑成骑撑（见图 3 – 123）。

图 3 – 123

三、定位塑身健身操及训练

民航飞行员职业是一个窗口职业，不仅对飞行大学生颜值要求较高，而且对形体也有很高的要求，因此形体塑身也是飞行大学生的一门必修课程。大量实践证明，科学的运动与饮食是控制体重最科学与健身的方法以，针对飞行大学生的实际情况，下面提供几种定位塑身健身操的锻炼手段与方法，以期丰富学生课余的拓展练习。

（一）2 式瘦身健身操

下面这套 2 式瘦身操，每天只需花上 2min 的时间，就能达到全身瘦的效果，这对于学习任务非常繁重的飞行大学生而言，非常适合。

第一式：

1. 双手和右腿保持上步姿势不变，左腿抬起往后伸直，与臀部在同一条直线上，腹部保持收缩，动作持续 10s，再换边重复动作（见图 3－124）。

2. 右腿抬起，膝盖放在椅子边上，左腿往下伸直着地。双手手肘以下位置放在椅背上，上身微微往前倾，腹部保持收缩，动作持续 20s（重复第一步动作，见图 3－125）。

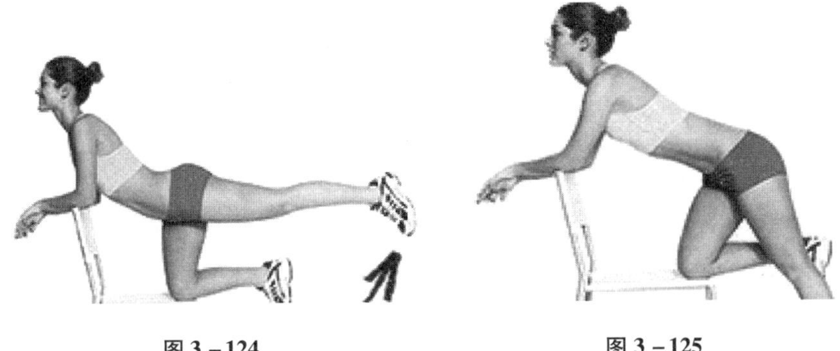

图 3－124　　图 3－125

第二式：

1. 双腿张开站立，身体挺直，双手分别拿着一个哑铃。双腿微微屈膝下蹲，上身稍微往前倾，双手举起哑铃置于肩膀高度，动作持续 20s（见图 3－126）。

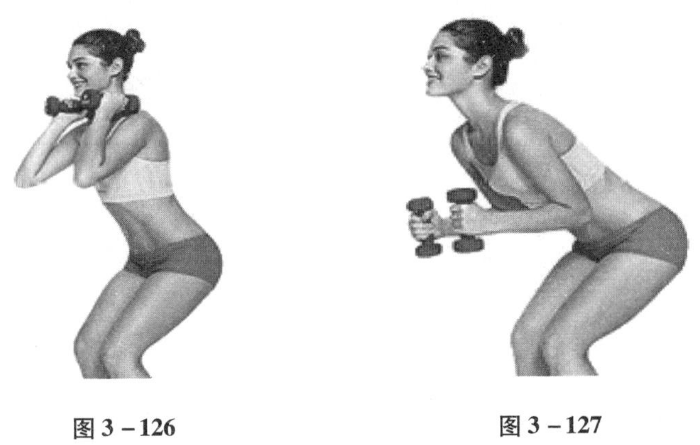

图 3－126　　图 3－127

2. 腿部姿势保持不变，上身往前倾，抬起头部，双手手臂夹紧，哑铃平举至胸前位置，动作持续 10s（见图 3－127）。

（二）6 式徒手定位塑身操

第一式：俯身上拉抬举（10－20 次为宜，见图 3－128）

从臀部起弯曲身体，放低上半身，双臂由肩部自然垂下，这个是起始作（a）。收紧双肩，抬高双臂至肩高，双肘呈90°（b）。

图 3－128

第二式:半身下蹲(10－20 次为宜,见图 3－129)。

半身下蹲

双脚分开肩宽,身体站直,抬高双臂与肩同高,向前伸直,(a)。挺起胸腔，向下压低上半身，知道臀部到大腿与地面平行，膝盖变曲呈直角（b）。保持15s后，慢慢起身回到初始动作。是为一次。

图 3－129

第三式:侧下蹲(单边各 10－20 次为宜,见图 3－130)。

侧下蹲

双脚打开与肩同宽,双手插在腰间（a）。挺起胸膛，双眼直视前方，打开并放松双肩。右腿向后退至左腿后，弯曲双膝，身体向下沉，让左腿大腿与地面平行（b）。回到初始动作后重复，换边练习。

图 3－130

第四式:伏地挺身(15－30次为宜,见图3－131)。

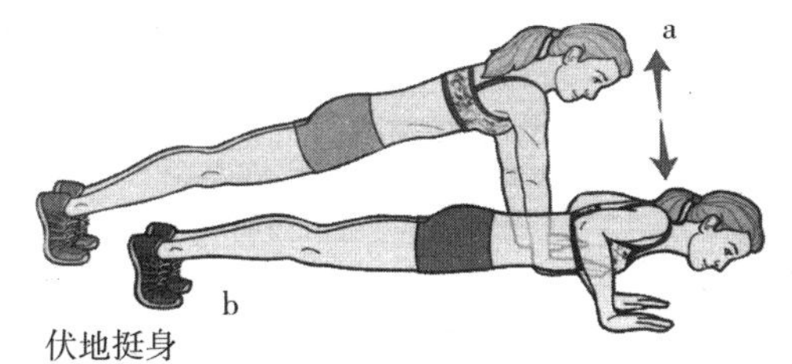

伏地挺身

双手置于双肩下,撑在地面,双腿向后伸直,脚尖点地（a）,伸直后背，慢慢放低胸腔接近地面（b）。双臂和腰腹力量推起上半身。是为1次。

图3－131

第五式:平板支撑(每次保持至少30s,见图3－130)。

平板式

伏地挺身的起始动作，弯曲双肘，用前臂支撑身体的力量。你的身体从肩部到脚踝应该保持一条直线。

图3－132

第六式:滑跳(单边各10－20次为宜,见图3－133)。

滑跳

左腿弯曲放在右腿后，半蹲，右臂垧前外侧打开，左臂从臀部前划过向后举（a），跳跃换边，改变双腿方向（b），是为1次，不停跳跃改变方向。

图3－133

(三)哑铃定位塑身操

第一式:半蹲哑铃上举(6~15 次为宜,见图 3-134)。

半蹲哑铃上举

双手握举哑铃至肩高,弯曲双肘,双脚分开肩宽(a)。弯曲双膝,大腿下蹲,直到与地面平行(b)。站起身的同时将哑铃高举过头,伸直双臂(c)。回到初始动作,是为一次。

图 3-134

第二式:单手举铃(单边各 6-12 次为宜,见图 3-135)。

哑铃曲二头肌箭步蹲

双手紧握哑铃垂直放于身两侧(a),向前迈出左脚,曲左膝,大腿与地面平行,在身体向下蹲的过程中,弯曲双肘将哑铃推送到胸前,手掌朝上(b),回到初始动作换边联系,是为1次。

图 3-135

第三式:哑铃曲二头肌箭步蹲(单边各 10 – 20 次为宜,见图 3 – 136)。

图 3 – 136

第四式:哑铃伏地挺身(单边各 10 – 20 次为宜,见图 3 – 137)。

伏地挺身的姿势起始，伸直双臂，双手紧握一对哑铃，双脚分开略宽于肩膀（a）。向地面放低身体完成一个俯卧撑（b），推动身体，并抬高一侧哑铃至胸侧（c），保持，放低哑铃至地面，换边重复，是为1次。

图 3 – 137

第五式:哑铃T形侧举(单边各10－20次为宜,见图3－138)。

伏地挺身的起始姿势，双手紧握住一对哑铃（a），将体重移至左手，高抬右臂指向天花板（b），回到初始动作，换边练习。是为1次。刚开始有点难度，可以省去俯卧撑那一步，直接练习伏地抬举哑铃。

图3－138

第四节　搏击项目组合及训练

一、武术散打

(一)实战姿势

1. 它是指为完成进攻上防守动作所采用的最有利的姿势,因人而异,但应具有身体重心稳固、暴露给对方的面积较小、利于防守和启动的灵便、便于发力、利于进攻等优点。

2. 两脚前后分开,前脚跟与后脚尖之间为一脚半距离,前脚与后脚间横向距离稍宽于肩,前脚尖略向内侧转,后脚尖朝斜前脚跟稍离地面,两臂自然弯曲,左(右)臂之间夹角约为90°左(右)拳置于体前略低于眼睛,拳面斜朝前,拳眼斜朝上右(左)臂之间夹角应小于90°,右(左)拳置于左右肋前略高于下额部,肘部与身体相距约一拳距离,以左(右)肩左(右)腹部侧向着对方,胸部略含,腹部微收,上体稍前倾,头略低,下额微收,咬紧牙齿,闭合嘴唇,目视前方(见图3－139)。

图3－139

（二）基本步法

散打步法是为保持与对手间的距离，实施进攻与防守动作或破坏对手与进攻与防守意图，而进行专门的脚步移动方法，步法好多，在这里仅介绍滑步和垫步。

1. 步法的技术特征

明代著名将领戚继光在《纪效新书·拳经》中提出“脚法轻固、进退得宜”的步法技术要求，现代转义表达则是“活、疾、稳、准”。

（1）活：活是指步法移动和变换要灵活敏捷、有弹性、有变化。运动时轻松自如，虚实变换，让对手抓不住自己重心的规律。判断对手的重心所在是使用步法的依据之一。

（2）疾：疾是指步法移动的速度。拳谚有“手打三脚打七，胜人全凭脚下疾”的说法。武术散打实战的双方，任何一方进攻，都必须以快速的步法接近对手，在有效的距离内发动进攻，同时，还必须有能力迅速地撤出以避免对手的打击。

（3）稳：稳指步法移动的稳定性。在步法移动时，首先要尽量避免两腿交叉的不稳定状态，其次重心的投影点尽量不要超过支撑面太多。

（4）准：准指步法移动的准确性。准确移动步法，能为进攻、防守和防守反击赢得时间和创造时机。进攻时步伐太小不能产生最大效果，步伐太大又影响了下一次进攻和回位防守；防守时步法移动的距离如果不够，就可能被击中，移动过多又不利于反击。把握移动的准确性取决于运动员的时空感觉能力。

2. 基本步法解析

散打基本步法主要有前进步、后退步、收步、上步、进步、退步、插步、垫步、纵步、闪步、换步等。

（1）前进步。动作要领：由实战姿势开始，后脚蹬地，前脚向前进半步，后脚紧接跟进半步，移动的步幅稍大于肩距，身体重心始终保持在两腿之间[图3－140（1～3）]。

（2）后退步。动作要领：由实战姿势开始，左脚掌蹬地，右脚稍离地面向后滑行20～30cm，左脚随即后滑一步，保持基本姿势[图3－140（4－6）]。

（3）收步。动作要领：由实战姿势开始，左脚向后收步至右脚旁，脚掌点地，重心偏于右腿[图3－140（7～8）]。

（4）上步。动作要领：由实战姿势开始，后脚经前脚前上一步，同时两臂前后交换，成反架姿势[图3－140（9～10）]。

（5）进步。动作要领：基本动作向前进步，但要求前后两脚同时快速移动。

图 3－140

(6)退步。动作要领:进步同后退步,惟两步要快速移动。

(7)插步。动作要领:由实战姿势开始,后腿经前腿后插一步,脚跟离地,两脚略呈交叉[图 3－140(11～12)]。

(8)垫步。动作要领:由实战姿势开始,后脚蹬地向前脚内侧并拢,同时前腿屈膝提起[图 3－140(13～14)]。

图 3－140

(9)纵步。动作要领:由实战姿势开始,单腿纵步:前腿屈膝上提,后腿连续蹬地向前移动;双腿纵步:两脚同时蹬地,使身体向上或向前后左右跳跃移动[图 3－140(15～17)]。

(10)闪步。动作要领:由实战姿势开始,左(右)脚向左(右)侧移半步,右(左)脚随之向左(右)滑步,同时身体向右(左)转动约 90°[图 3－140(18～19)]。

图 3－140

(11)换步。动作要领:由实战姿势开始,左脚与右脚同时蹬地并向前后交换,同时两臂也前后交换成反架姿势[图3-140(20~21)]。

(三)基本拳法

散打拳法主要包括冲拳、贯拳、抄拳、劈拳、扣拳、鞭拳、弹拳七种,其中冲、贯、抄为主体。

1. 拳法的技术要求

(1)出拳力量主要来源于后脚的蹬地,然后转髋带动转(压)肩,送臂出拳,要在击中对方的瞬间制动。

(2)出拳时切记肩关节的垂直线任何时候都不能超过自己前腿的脚踝关节,以免失去重心,被对手反击。

(3)出拳时击中对手的瞬间才突然握紧拳,击中与未击中都应迅速放松,以免动作僵硬。

(4)出拳后无论击中或未击中,都应迅速收回,做好防守或再次进攻的准备。

2. 基本拳法

(1)左冲拳动作要领:由实战姿势开始,即由左脚、左手在前的正架姿势开始,右脚微蹬地面,重心微向前脚移动,上体微右转。同时左肩由屈到伸并内旋90°,发力于腰,力达拳面[图3-141(1~2)]

(2)右冲拳:动作要领:由实战姿势开始,右脚微蹬地,并以前脚掌向内转,转腰送肩,上体左转。同时右臂由屈到伸并内旋90°,直线向前冲出,力达拳面[图3-141(3~4)]。

(3)左贯拳动作要领:由实战姿势开始,上体微向右转,同时左拳向外(约45°)、向前、向内成平面弧形横击,臂微屈,拳心朝下。同时转腰发力,力达拳面或偏于拳眼侧[图3-141(5~6)]。

(4)右贯拳动作要领:由实战姿势开始,右脚微微蹬地并以前脚掌向内转,合胯并向左转腰,右拳向外(约45°),向前、向内成平面弧形横击。同时上体左转,腰胯发力,力达拳面或偏于拳眼侧[图3-141(7~8)]。

(5)左抄拳动作要领:上体微左转,重心略下沉,腰迅速向右转,发力于腰,左拳由下向前上方勾击,上臂和前臂夹角在90°~110°,拳心朝里,力达拳面[图3-141(9~10)]。

(6)右抄拳动作要领:由实战姿势开始,右脚蹬地,扣膝合胯,腰微右转。同时右拳向下、向前、向上勾击,上臂与前臂夹角在90°~110°,拳心朝里,力达拳面[图3-141(11~12)]。

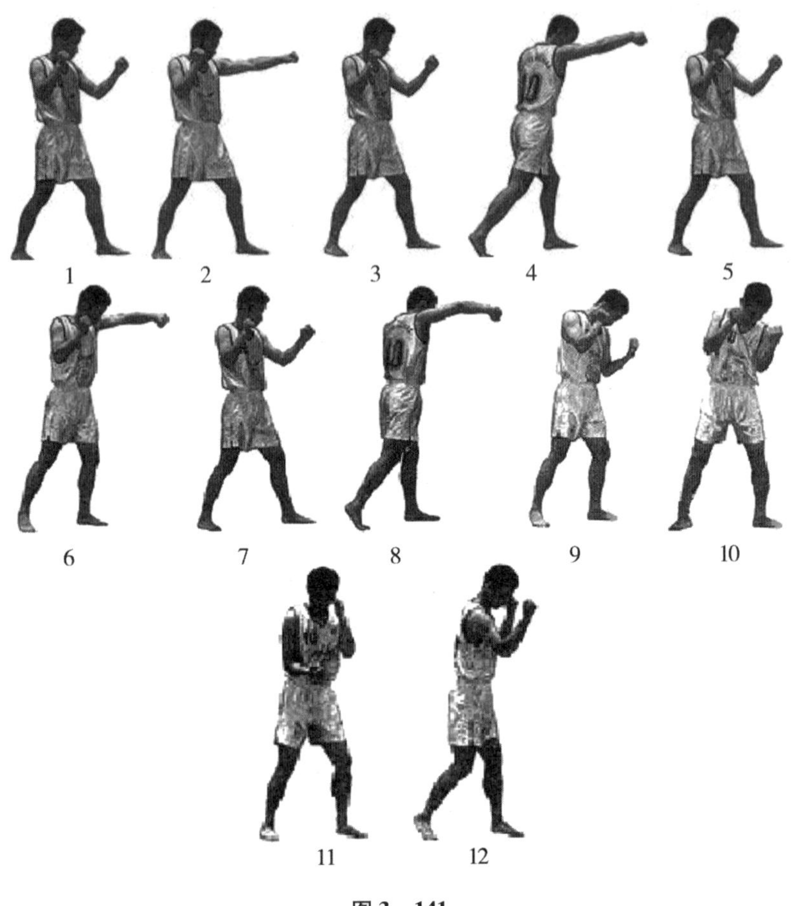

图 3－141

（四）基本腿法

腿法是散打技术中最重要的技法之一，在比赛中使用率最高，腿较手长，可发挥“一寸长，一寸强”的作用，腿较粗壮有力，攻之威力大，防之有效，腿的攻击面大容易得手，腿攻击对方下盘比较隐蔽，因此拳家常说：“手是两扇门，全凭腿打人”“三分拳七分腿”等可见腿在散打中的地位。

1. 蹬腿

左蹬腿：基本实战势站立，身体重心移至后腿，后腿略屈，左腿屈膝上抬，含胸，收腹，下腿贴近胸部脚尖勾起，脚底朝前下，随即左腿由屈而伸向前上方蹬出，力达脚跟，当脚触击目标时伸胯并使脚尖猛向前下方压踩，使力达全脚掌两拳，自然下落置体前目视前脚部，蹬腿后脚落下，还原成基本姿势。右蹬腿（反之）（见

图3－142）。

2. 侧踹腿

左侧踹腿：基本实战势站立，重心移至后腿，膝略屈，脚尖外展，左腿屈膝上，抬膝高于腰，脚尖勾起，脚底朝外侧下，随即小腿外翻脚，底朝向攻击点挺膝踹出，力达脚底，同时后腿挺直，上体向后腿侧倾，目视脚面，然后踹出，腿下落，还原成基本姿势。右侧揣腿（反之）（见图3－143）。

图3－142

图3－143

3. 边腿

左边腿：基本实战势，重心移至右腿，膝略屈左腿，屈膝上抬，高过腰，上体后左腿侧转略倾，同时膝略内收，小腿略外翻，踝部放松，随即挺膝，使小腿从外向上，向前向内弧形弹击，并使脚面绷平使力达脚面或胫骨处，目视脚部，然后侧弹腿，下落还原成基本姿势。右边腿（反之）（见图3－144）。

a

b

图 3-144

要点:弹腿的膝部猛挺发力,但要借助拧腰切胯之力加大力度,弹腿时支撑腿膝伸直并以脚掌为轴,碾地,脚跟内收,上体不可过于倾斜。

4. 勾腿

左勾腿:右腿弯曲,膝稍外展,上体稍右转,收腹合胯;左腿以大腿带动小腿,直腿向前、向右弧线擦地勾踢,挺膝勾脚,力达脚弓内侧。右勾腿(反之)(见图 3-145)。

图 3-145

5. 摆腿

左摆腿:右脚向左前上一步,腿微屈独立支撑,身体向左后转体 360°,上体稍侧倾;同时左腿经右向前摆起,脚面绷平,力达脚掌,目视左脚。右摆腿(反之)(见图 3-146)。

图 3-146

二、擒拿格斗

(一)擒拿技术的特点

擒拿技术的特点不同于其他对抗攻击方法,在实战中所应用的踢、打、摔等技术都是为了最后应用"拿"的技术做铺垫。它主要是运用"抓、拿"技术动作来进行攻击,在实战中都是以近距离或贴身来完成动作。

(二)格斗技术的特点

1. 对抗性

格斗术是军、警体育中的一个重要组成部分。它是在两人以上或与多人进行技击的一项活动。其对抗程度、动作变幻和击打效果都超出了一般竞技比赛。格斗是一种以制服对方为目的、以简单实用的技击方法为原则的。

2. 实用性

格斗术中没有固定的击打部位和技击规则,因此,在实战中要讲究实用性,攻击对方的要害能够达到一招制敌的效果为最佳。警察作为执法者在格斗动作的效力与罪犯不法侵害程度一致性前提下,要正确运用格斗技术。

3. 简捷性

擒拿格斗术中的每一个动作都把针对性放在突出位置,每个环节都要考虑到有效性。在进行对打的过程中没有固定的动作顺序。在格斗中必须应势出招,快速果断、出其不意将对手彻底制服。

4. 武器不受限制

在格斗过程中,可以充分地利用身体的各个部位和所能运用的任何一种武器来进行防卫。如手、肘、脚、头、臂、膝、牙齿等身体任何一个部位;武器如管制刀具、木棒、砖头、铁器等任何一种可以利用的器械来击垮对方。在没有武器时,要避免被敌伤害，同时又要有效的击敌要害，要求自身要充分发挥身体作用。

5. 过程变化莫测

一般性的格斗，都是在没有任何准备的情况下进行的，由于双方准备的不足，所以能否获得预期的效果会因人而异，在格斗的过程中会不断地出现一些意想不到的结果。往往是反应快、动作熟练的一方会占得先机。另外，心理作用也很重要，遇敌不慌，头脑冷静能够对突发事件做出准确的判断，也对格斗的过程有很大的影响。

(三)擒拿格斗技术的作用

1. 锻炼意志、培养品德

警体擒拿格斗的训练对意志品质考验是多方面的，对抗时，首先要克服胆怯，增加胆识；耐力训练或对抗练习时，要以顽强的毅力坚持到底；在对抗中正确认识胜者的心理锻炼等。在对抗练习的过程中培养学员的品德教育，如尊师、讲礼貌等。提倡相互学习、切磋技艺，培养胜不骄、败不馁的品德。

2. 强身健体、防身自卫

在警体擒拿格斗的训练中，紧张激烈，对抗性强，能够提高各关节的灵活性及肌肉的伸展性和吸缩能力，增强人体的速度、力量和耐力等素质。练习者通过系统攻防练习与刻苦训练能够熟练地掌握技击术，从而练就强健的体魄和过人的胆识，具备过硬的防身自卫能力。

3. 维护社会稳定、提高战斗力

警察作为执法者，担负着打击暴力犯罪，维护社会治安的神圣使命。因此掌握擒拿格斗技术的目的非常明确。只有掌握了一定的擒敌技能，才能有效地制服犯罪，保护人民生命财产和安全，提高执法队伍的战斗力。

4. 陶冶情操、丰富生活

擒拿格斗在搏击的同时也具有极高的欣赏价值和娱乐功能。尤其是在现代社会里，人们的生活节奏快，心理压力大，他们需要一种方式或者训练来缓解压力、平衡心理。擒拿格斗训练时的紧张、刺激和激烈正好满足了人们的心理需求，训练双方不仅要斗智、斗勇，而且还要斗技。通过高超的技艺展示擒拿格斗的技术特点。在对抗中不仅给予人美的享受，还能激发人的斗志，鼓舞人奋发向上，丰富了人们的业余生活。

(四)擒拿格斗技术的实用原则

警体格斗的实用原则必须严格按照动作要领准确掌握。遵照循序渐进、从易到难、从简单招式到组合招式的规律、扎扎实实地学习。在实战中，既要有战术、战略问题，又有心理策略问题。

1. 擒拿格斗具备要素

(1)心理过硬、头脑冷静

在格斗的过程中有时是自己先发制人,一击制敌;也有的时候是受敌胁迫做出反击。不管现场情况发生什么样变化,都会出现身体的接触、击打、冲撞。因此,只有具备过硬的心理和冷静的头脑,才能在临场遇事不慌,充分的发挥技能和体能,创造出克敌制胜的机会。

(2)动作熟练、身体协调

在格斗的过程中根本没有时间考虑动作的顺序,往往都是处于本能的反映做出击打的动作。特别是在受到突袭的情况下,如果掌握了熟练的格斗技能,并灵活协调的运用,这样就能从容的应对遇到的情况,化险为夷。

(3)判断准确、反应灵敏

在格斗中,自身必须要具备较强的判断能力,而且还要具备一定的空间感和距离感。根据自身准确的判断迅速做出相应的反应,抓住战机、克敌制胜。

(4)身体强健、意志坚强

身体素质的好坏决定着格斗胜负的关键。在与敌格斗的过程中既要控制对方、制服对方,还要避免敌人对自己的伤害,这就需要有一个强健的体魄作为根本的基石。即使对方强于自己也要有坚强的意志与之坚决的抵抗,往往人的意志潜力是巨大的,丧失了斗志是格斗中最为可怕的也是一大忌。

2. 擒拿格斗的基本原则

实践证明,警察的擒拿格斗技术的运用,不仅是对双方技术、技能、智慧、胆量等生理和心理上综合能力的抗争,同时还受到严格的法律制约,以及当时双方所具体环境、条件等诸多因素的影响。因此,警察在实战中如何扬长避短,最大限度地调动和利用有利因素,克服不利因素,是擒拿格斗技术中至关重要的问题。根据以往在长期复杂的对敌斗争实践中的经验教训,概括和总结出了一整套擒拿格斗技术实用技术原则。

(1)有理、有利、有节的合法性原则

有理,使用擒拿格斗技术时必须符合社会道德和法律的规范。

有利,这种行为必须是维护本身和社会合法权益的。

有节,实施擒拿格斗技术的手段和程度必须适可而止,不可超过必要限度,造成不应有的损害后果。

合法性,就是有理、有利、有节的统一。

由于侵害行为的性质和程度不同,因而,对擒拿格斗技法的选择和运用程度也必然不同,这不仅是正当防卫的基本要求,同时也是擒拿格斗技术所要掌握的基本原则。

①对一般矛盾引起纠纷的处置原则

总要求:采用以礼相让,解脱为辅的原则,必要时采用警告性反擒拿技术。

警察在日常执法活动中,一旦同群众发生矛盾冲突,发现对方有犯罪表现时。首先,警察要保持冷静,做到以礼相让、以理服人。同时,从心理上要加强戒备,迅速巧妙地调整身体姿势,使自己尽快进入戒备状态。如对方出口伤人,并上前拉扯时,应以礼相让表示歉意,求得对方谅解。如对方仍不松手,此时,应以解脱技术破解其揪抓之手,如对方是无赖之徒或酒后寻衅滋事,不仅用手抓揪而且有踢、打行为时,可以辅加警告性反擒拿技术。但应点到为止,控制住为限,不可对其造成伤害。这样"先礼后兵","兵"中有"理",容易得到群众舆论的支持,也容易使对方情绪得到控制,使矛盾得到解决,更不失警察的尊严。

②对一般违法犯罪行为人的处置原则

总要求:以擒拿制服保证安全为主,辅之以必要的控制手段。

当警察在执勤或在公共场所查缉中,缉捕现行犯罪行为人或一般违法犯罪嫌疑人时,如果缉捕对象没有使用暴力行为反抗拒捕,而仅是回避躲闪,警察在对其发出警告的同时,可用相应的擒拿技术将其制服;如对方身高体壮或有一般拒捕挣扎行为,单用擒拿技术恐难以制服对方时,可辅之以必要的踢、打、摔等制服手段。但手法应以不给对方造成伤残为度。同时,应及时揭露其犯罪行为,以求得围观群众的协助,共同将其安全、顺利地扭送到公安机关。

③对严重暴力型违法犯罪行为人的处置原则

总要求:以踢、打、摔、拿四大技法综合运用制服为主,辅之以必要的制服手段。

警察在执勤或缉捕中,如遇到缉捕对象暴力拒捕,报复伤害,抢劫,流氓滋事斗殴等严重暴力行为时,可视具体情况采取最有效的制服手段,施以踢、打、摔、拿、铐综合技术并用,拿中有打、打中有拿,达到以制服和震慑罪犯的目的。

警察的职责决定了擒拿格斗技术使用方向,主要是用于缉捕各种违法犯罪嫌疑人和制止现行犯罪行为的非法侵害,是保护人民利益的。所以,不能随便滥用。因此,本教材在对擒拿格斗对象的称谓中基本上是用"歹徒""罪犯""敌"等代称。在迫不得已,需要运用擒拿格斗技术时既要果断运用,决不手软,又要适可而止,不可斗气,斗狠,更不可滥用。总之,要根据行为的不同性质因案(事)制宜,选择相应的技术手段,达到防身自卫,制止违法犯罪行为,制服犯罪分子的目的。其要点在于适可而止。

(2)因地制宜,巧用身边物体的随机应变性原则

因地制宜,就是充分利用当时所处的地理环境和条件,以及随身携带的物品作为防守与反击罪犯的依托和武器。同犯罪分子的搏斗总是在一定的时空中进行的,必然有可以利用的环境和条件。如树木、电杆、铁栅栏、门、窗、机车及自行车、人群等,都可以用作躲闪、防守和反击的依托;在相持中,可以巧妙地使对方处于风雨天的迎风处,使其处于不利的境地。当警察处于敌众我寡,偏僻不利的境地时,还可向公共场所的人群或有公安执勤处做诱导退守,以便得到及时增援,并擒获罪犯。这种环境条件利用实质是警察的斗智和争取制胜安全的过程。

另外,一些随身物品也可用作防守与反击的有力武器。如,衣服是人人必备的,上衣在防避匕首、菜刀等凶器中则具有奇特的效果。警用腰带,也是便利的防身制敌武器。钢笔作为反击的武器其威力不亚于匕首。利用自行车可阻挡罪犯的攻击,自行车把手可顶击其胸肋,自行车链锁更是反击的有力武器,并可束缚罪犯的手、脚。公文包是警察常常携带的物品,在阻挡轿车内罪犯凶器的袭击中,具有独到的防护作用。在危急时刻,大盖帽、皮鞋同样是防身自卫的武器,打击其面部。无论是否打中,都将给罪犯精神上造成一种威胁和震慑,乘其一愣神,正是反击的时机。

总之,只要平时留心,在防身自卫的关键时刻可供人们利用的环境和条件随处都有,随时可用,唾手可得。这些辅助的防卫制敌手段,如果与擒拿格斗技术相配合将具有奇妙的作用,其要点在于随机应变。

(3)因人制宜,逢强智取的机智灵活性原则

因人制宜,就是针对罪犯行为的目的、性质、生理和心理的状态,可能对警察造成的威胁程度,而采用不同的防卫制伏手段。正所谓逢强智取,遇弱活擒。

当强壮残暴罪犯或“武疯子”手持利刃向警察扑来时,警察应保持头脑冷静,迅速占据并利用地形地物,避开其锋芒,顺势抓取沙、石、木棒等物,改变自己徒手不利的条件。应采用防守反击为主的技术,以柔克刚,巧妙地利用步法、身法躲闪伺机反击。在激烈的冲突中,狂躁的罪犯大都丧失理智,必然会漏出许多“空当”或“破绽”。这时应及时抓住战机,乘隙反击,将其制服。在反击时,可用眼神引领,或虚张声势之法迷惑罪犯,乘其左顾右盼和回头之机一举擒获。还可用扬沙、投石或假动作之法,乘敌迷眼、躲闪、愣神之机进击。

如敌弱我强时,同样要以弱当强,速战速决,决不可麻痹大意,掉以轻心,防止出现意外。如遇体壮身矮之敌,应以拳、脚放长击远。如遇瘦高之敌,应以谨慎摔打为主。如遇善拳击者,应以腿法制敌,遇善腿者,应以抄抱接腿摔为主。

当遭遇四五人甚至数十人堵截时,应沉着冷静,利用对方人多势众,无所顾忌思

想麻痹的心理,弄清对方意图,巧妙周旋。如对方有加害意图,则早做决断,选好退路,找出突破口,一举突围。退路应选在人、车较多的方向,夜间应选在有灯光、明亮处,便于得到救援,或退至有利地形、环境处,以及有沙、石、木棒可供利用处,便于防守与反击。突围时,应选定对我威胁最大的人,如手持利刃或凶狠残暴者,或年轻、腿快者,以拳、脚、肘、膝猛击其要害部位后乘机脱身。敌众赶来,频频回顾,逼近者乘势击打,击中与否撤身就走,边打边退,直至脱险。其要点在于机智灵活。

(4)出其不意,攻其不备,先下手为强的突袭性原则

实践证明,人在不备时受到攻击的成功率最高。警察的擒拿格斗技术,通常是在缉捕行动中使用,这种预有准备的突袭性特点,为警察擒拿格斗技术的运用创造了条件。

警察面临险境,在一场生死搏斗已经不可避免的情况下,抢先主动发起攻击则是最好的防御,也是最安全的进攻。在与犯罪分子对峙时,必须表现出沉着勇敢,大义凛然的气概,以压倒一切的气势,令对方伏法。同时迅速巧妙地选择、占据有利地形和环境条件,尽快从心理和身体姿态上做好调整,使自己处于一种最佳的防守与反击状态,乘与对方理论、周旋,分散其注意力时,伺机突然向对方发起进攻,出其不意,攻其不备,使对方措手不及,一举拿下。这就是人们常说的“先下手为强”。

(5)指上打下,打下制上的战术性原则

在突然对罪犯发起进攻时,可先向其面部击出一拳(掌、指)或连击二拳,作为“引手”或“虚手”。再出手时,可用延伸或诈语,向上虚领对方。待对方双手向上招架,并把主要注意力集中于头面部时,其胸部以下身体基本上处于“空当”状态。我便可用腿法乘隙攻之。实践证明,在一般对手中,面部被突然一击,从人心理的本能反应上,自然会把60% ~70%以上的注意力集中于胸部以上。如果连续两次被击则达到70% ~80%以上。如没被击中则略低于此数。如被重击则高于此数。由此可见,对方生理和心理的变化,受来自我方攻击中的威胁程度而定。因此,引手或虚手也必须虚中有实,不被对方识破。对方不接便是实招,对方一接又由实转虚,无论是否招架,都会给对方生理和心理上造成严重威胁,为随即进攻打开通路。

警察同罪犯格斗的最终目的是将其擒获。在实践中,往往是打中有拿,拿中有打。在擒拿罪犯上肢关节部位时,如罪犯拒捕挣扎,难以制服时,可腾出一只手,用拳、肘,也可以用膝、腿法攻击其胸、肋或裆、腿等部位,在其注意力向下转移的瞬间迅速运用擒拿技术将其制服。这通常是一种擒拿动作失守后的一种补救办法。一般可在擒拿同时辅之以踢、打动作。如击腹别臂、顶裆折腕等都是打上制下的范例。其要点在于诱。

(6)巧拿关节、击打要害的技术型原则

警察在缉捕行动中,怎样才能迅速有效的制服缉捕对象?当警察突遭歹徒暴力劫持时,怎样才能迅速解脱后将其反擒拿?当警察面临敌强我弱,敌众我寡的险境时,怎样才能制服罪犯或突破重围?这里除战术的运用外,在技术上主要是利用人体中关节和要害部位的弱点反折关节,击打要害将其制服。人体作为一个有机联系的整体,如果一指被折,将使全身受控、裆部被击,将疼痛难忍,失去抵抗能力。这就是人常说的"牵一发而动全身",擒拿格斗技术正是利用这一特点,巧妙地运用踢、打、摔、拿的技法,因人、因地、因事制宜而克敌制胜的。其要点在于巧。

(7)沉着、果断、随机处置的心智性原则

沉着,就是在突发的暴力性行为发生时,警察面对凶残的罪犯,能够稳住自己,保持冷静的头脑,不恐不惧,不惊不慌表现出一种大无畏的英雄气势。果断,就是在强敌面前,要有敢打必胜的信心,并能及时抓住有利战机,果断出击毫不手软。随机处置,就是在同罪犯斗争时,能充分利用当时所处的环境条件,以及生理心理的矛盾或差异,机智灵活地运用擒拿格斗的技术,而不死守某种固定模式。正所谓"练时有形,而用时无形"。

沉着,果断,随机处置,这是能否出色完成擒拿格斗技术动作的基础和前提条件。因为只有沉着,果断,随机处置,才能更好地发挥并创造性地运用出平时所掌握的擒拿格斗技术、技能。才能适应现实斗争千差万别的实际情况。这不仅是警察临战时必备的心理素质,同时也是擒拿格斗技术的实用性技术原则。

(8)控制距离,调整角度,抓住时机原则

控制距离,直攻近打,调整角度,避实就虚,抓住时机,乘隙而入,是警察格斗制胜的最基本要素和关键所在。在实战中有效的攻防动作都是在一定的距离,一定的角度,一定的时机内完成的。三者是相互联系和统一的,并成为实战的基本要素。控制好距离,第一可以使敌人招招落空,减弱其攻击力量;第二便于抢占有利的攻防角度;第三有利于选择攻击的时机。拳彦云"半步崩锤打天下"讲的就是距离在实战中的作用。当然,在攻防中距离,角度的调整和时机的抢抓都是靠步法来完成的。拳谚云"教拳不教步,教步打师傅"。可见步法在实战中的重要作用。

擒拿格斗的实用技术原则,是人们长期斗争实践经验的概括和总结。辩证唯物论的认识论认为,理论来源于实践,反过来又为实践服务。理论在为实践服务的同时,经受着实践的检验,并在实践中不断得到丰富和发展。实践是理论的真正源泉。警察在对敌斗争实践中创造的实战技术,积累的防身自卫经验,将不断丰富和发展擒拿格斗的实用技术宝库,并为现实中对敌斗争实践服务。

(五)人体关节和要害部位

关节受到超过生理限度的压迫,就会发生脱臼或韧带撕裂,而失去正常功能;任何要害部位受到击打,就会感到疼痛难忍,甚至丧失生命。了解人体关节的活动规律,要害部位的生理机制、机能,便于合法、有效地制止犯罪行为,制服犯罪行为人。在反袭击,反劫持的特殊情况下,能更好地保护自己,摆脱现犯对自己的控制和伤害,在平时训练中也可以有效地防止训练事故。

1. 人体骨骼结构

人体的运动系统是由骨、骨连接和肌肉三大部分组成。三者是有机整体,不可分割。骨是运动的杠杆,骨连接起着枢纽作用,骨肌肉则是运动的动力部分。一个正常人共有 206 块骨,多数骨在人体中是成对的。只有少数不成对。人体骨骼可分为中轴骨和四肢骨两大部分。人体骨按形状分可分为:长骨、短骨、扁骨和不规则骨四大类。

骨是有机体内最坚固的结构。骨受到压缩负荷时,是通过两端传递压力的。根据运动生物学的分析测定,骨的压缩负荷,拉长负荷,弯曲负荷都很强,而它扭转负荷较弱,也就是说骨的扭转强度小,这是其薄弱之处。

2. 人体的主要关节

人体中骨骼与骨骼相连,能活动的部位叫关节。关节在人体中起着连接骨的作用。能使身体做出转、展、旋、屈、翻等多种不同的运动姿态,人体关节包括骨关节面和关节腔以及关节四周附着关节囊、韧带和肌肉。任何一个关节部位的活动都受一定的生理限制。如果用外力使其超过一定的生理极限,就会疼痛难忍甚至伤残或死亡。在擒拿格斗技术中最常用的关节,主要有七个:颈椎关节、肩关节、肘关节、腕关节、指关节、膝关节、踝关节。

(1)颈椎关节

颈椎关节是头部与躯干相连接的关节。由 7 块颈椎骨组成。关节能前驱、后伸、左、右旋转等活动。当颈部受到外力打击时会造成颈关节正常的生理功能障碍,轻则受伤痛疼、重则致残或高位截瘫。

(2)肩关节

肩关节是由肱骨与肩胛骨、锁骨连接而成的。由于两骨的关节面相差很大,且韧带薄弱,所以关节囊薄弱而松弛。肩关节具有高度的灵活性,是全身活动范围最大的关节。可做屈、伸、外展、内收、旋内、旋外及环转运动。肩关节是人体中最灵活的关节,同时也是稳固性最差的一个关节,受外力打击时容易造成关节脱臼、关节韧带撕裂等伤害。

(3)肘关节

肘关节由肱骨远端,桡尺骨近端及关节囊组成。包括肱尺关节、桡关节,尺关节。肘关节的整体运动主要是屈伸,其次是前臂旋内与旋外,需要桡尺关节配合完成。

(4)腕关节

腕关节是桡腕关节和腕关节联合组成。腕关节可做屈、伸、内收与外展,还可以做环转运动,由于腕关节结构复杂,用力使腕关节向任何一个方向过度扭拧、扳转或击打部位不正确都会使人疼痛难忍,重则关节脱位、骨折和韧带撕裂。

(5)指关节

指关节是人体中最为复杂的关节结构部位,绕腕关节、腕骨关节、腕掌关节、掌指关节、指关节组成。它可以做屈伸、旋转、内收、外展运动,在格斗中,我们可以利用指关节脆弱、骨头细小、抓住对方手指使其指关节强行超过正常的动作范围制服对方。

(6)膝关节

膝关节是有股骨内、踝关节面和胫骨上关节面,髌骨及髌面的关节组成。它是人体中最复杂的关节。膝关节基本是屈、伸,也可以做幅度不大的内旋和外旋运动。在格斗中我们可以利用骨杠杆原理,抓住对方的脚踝,使其膝关节强行超过正常的动作范围而产生剧痛的力学原理或强烈击打、砸压时使其失去正常的生理活动。

(六)人体要害部位

人体的要害部位和器官有的在体表、有的在体内,在解剖结构上缺乏保护,便成为薄弱部位。人体还有些神经分布相当丰富、疼痛非常敏感的部位受到打击会疼痛难忍,甚至出现昏迷、休克、死亡。因此,这些部位在实战中有着特殊的意义,而被称为要害部位。

1. 头部要害

头部是人体最重要的部位,是人体的信息和指挥中心统率着人体的各种活动。面部是主要的攻击部位。其表面有眼、鼻、耳等器官,内部有大脑、小脑、脑干等重要器官。

(1)太阳穴

太阳穴在上耳郭和眼角延长线的交点上。由于这个穴位离大脑较近,所以一旦受到外力击打,轻者会使大脑受到震动和刺激,造成短时间内失去平衡感觉,甚至会导致血液不流通,大脑缺氧,使人出现头昏目眩等症状,重者死亡。

(2)后脑

后脑是脑神经最集中的部位,特别是延髓,是心血管系统和呼吸系统的中枢,击打后脑会致人昏迷,重者死亡,此处为禁打部位。

(3)眼睛

眼睛是人手足之导,是认得视觉器官,是一切行动的指南。它主要是眼球构成。由于眼球位于颅骨的眼眶内,所以受到手指戳击时出现疼痛,流血等症状,重者失明。

(4)鼻

鼻是头部的又一重要器官。它是有鼻骨和鼻软骨构成。鼻位于面部中央,鼻腔内动脉毛细血管非常丰富,而且没有脂肪,也没有丰富的肌肉。当受到正面或侧面的打击时,轻者出现流血、视线模糊,重者会导致呼吸道阻塞,引起窒息死亡。

(5)耳

耳是人体的听觉器官,是有外耳、中耳、内耳组成。耳主要是维持身体平衡的作用。当受到外力击打时会出现疼痛、耳鸣、出血等症状。当用力过猛时可造成内耳的损伤,会出现恶心、休克,严重的甚至脑脊液耳漏致人死亡。

(6)下颌

下颌又称颌下三角区,它是由下颌两侧的下颌头与颅底部颞骨下颌窝,共同组成下颌关节。受到外力打击会出现疼痛、恶心、呕吐等症状。重者会迅速死亡。

2. 颈部

颈部前有咽喉,后有颈椎,两侧有颈动脉,中间有食道,呼吸器官。它是上连头部、下连躯干,是人体重要的神经通道、呼吸通道和血液循环通道。

(1)颈动脉

颈的两侧有动脉、颈动脉的血管壁上有丰富压力感受神经末梢,对外界的压力十分敏感。当受到外力的击打时会出现压力差,导致抵制心跳,呼吸供血不足、缺氧等症状,使人昏迷或死亡。

(2)咽喉部

咽喉位于颈的前面,两锁骨内侧,是人体的重要要害部位,如用手指掐喉、勒喉、戳喉时,会引起呼吸困难,甚至窒息死亡。

(3)颈椎部

颈椎部是指颈后颅骨内与颈椎连接处,其中椎动脉是人体向脑供血的重要通道,椎动脉损伤会使脑失去一条重要的供血渠道,当受到击打或拧掐时可造成供血、供养不足,重则会使人休克截瘫,甚至死亡。

3. 胸腹部

胸部是指胸骨剑突以上至锁骨的部位。腹部是指胸腔以下的躯干部位。胸腔内脏器官有心脏下部(即心室),右边是肝和胃的重叠处。腹腔内有肝、胃、脾等重要器官。许多内脏的血管也通过这里。

(1)胸窝

胸窝位于胸下端的剑突处。其表面的感觉神经非常丰富。受到外力时感到疼痛难忍,使其丧失抵抗的能力。

(2)左软肋

左软肋是指上腹部脾区,脾脏由大量的血窦构成,而表面被膜又非常薄,所以击打时会导致脾脏破裂,造成腹腔内出血、休克,甚至死亡。

(3)右软肋

右软肋是指腹部肝区,肝脏是人体中重要的造血和储血的器官,打击右肋可导致肝脏破裂和肋骨骨折,肝破裂会造成腹腔内出血,人体内的毒素无法继续在肝脏内进行分解。导致伤者“肝昏迷”或因中毒性休克而死亡。

4. 裆部

裆部是指外生殖器及会阴部位。是神经、血管分布最为密集的地方。对外界反应特别敏感。在格斗中,男子裆部如被人踢、揪、抓、顶会造成睾丸破裂,剧烈疼痛,全身乏力,休克,甚至死亡。女子会阴也是十分敏感的部位,攻击女子裆部会造成女子会阴出血,引起剧烈疼痛。

(七)格斗技术及特点

是敌我攻防的一种技能,它是利用身体的各个部位或辅助器械制服对手的一种技能。也可以说格斗是一种综合搏斗技能。

格斗是对抗性很强的技能,并且伤害性极大。它不同于竞技项目,受一定的规则限制,格斗取得胜利的结果可能就是让对方失去抵抗力甚至行动能力,所以它是与一般武术、搏击类技能有所不同。

1. 武器不受限制

在格斗中,要求格斗者在近战、初战充分利用身体的各个部位和所能利用的武器。如手、肘、脚、头、肩、膝等,甚至牙齿,来击垮对方。在没有武器时,要避免被敌伤害,同时又要有效的击打敌人的要害,这就要求充分发挥身体的作用,“远踢近打贴身摔”就是讲的这个意思。

2. 动作迅猛,伤害性强

格斗时一般不会有太多反应时间,多是突发性的对抗,所以,动作大部分都非常迅猛、凶狠。通常情况下,要连续击打敌人一个或数个要害,如连续进攻敌人头部、颈部、裆部等位子,使其瞬间丧失反抗能力,因此,人的反应、灵敏、爆发力及熟练程度等是能否可敌制胜的关键。

3. 避其锋芒,以巧制敌

格斗中应避免遭敌重击,或先敌而动。主要攻击敌要害部位及关节,讲究进攻的效果。多通过击敌要害使其丧失反抗能力后,控制住敌人某一关节从而达到制敌的目的,即所谓“拿其一点,制其全身”。

4. 动作简练,效果突出

格斗不会像竞技比赛一样有充足的准备时间,多是“遭遇战”,往往一两个动作就会分出胜负。所以,格斗所追求的是“一击得手”。

5. 过程变化莫测

格斗时因双方都准备不足,所以能否获得预期的效果会因人而异,往往反应快、动作熟练的一方能站得先机。另外心理作用也很重要,遇到突然打击时,是手足无措还是能迅猛做出反应,也对格斗的过程有很大的影响。

格斗时应具备的条件如下。

1. 过硬的心理,冷静的头脑

在格斗中有时是自己先发制人,一招制敌;也有时是受敌威胁,做出反抗。不管怎样双方都会有身体接触、击打和冲撞。因此,只有具备过硬的心理素质、冷静的头脑,才能充分地发挥技能和体能,创造出可敌制胜的机会。

2. 熟练的动作,协调的身体

格斗时没有过多的时间考虑,往往是在出于本能的前提下做出动作。尤其是在遭遇战或受到袭击时,如果掌握了熟练的格斗技能,并灵活协调的加以运用,就能从容地应对遇到的各种情况,所谓“艺高人胆大”。

3. 准确的判断,灵敏的反应

这是所有习武者都应具备的条件,练习格斗术也不例外。在格斗中,只有具备精确的判断能力,才能抓住战机。包括判断对方的动机、距离、速度等,并依据自己的判断迅速做出相应的反应。

4. 强健的身体,坚强的意志

与敌人格斗,不仅仅是技术方面的较量,而且是身体极限与意志力的较量。与敌人格斗时,既要控制敌人、制服敌人,同时还要避免敌人对自己的控制和伤害,这就需要我们有一个强健的体魄。即使身体条件与敌相当或弱于敌人,也要有超过对方的意志力,要知道在压力之下人的潜力是巨大的,丧失斗志才是格斗者的大忌。

第四章

航空体育专项类模块

航空体育专项模块主要是选择了航空体育专项器械为基本组合，主要是发展飞行大学生民航驾驶所必须提高和发展的身体素质和体能，以适应现今民航业的快速发展对民航飞行员的身心智综合要求(图4－1)。

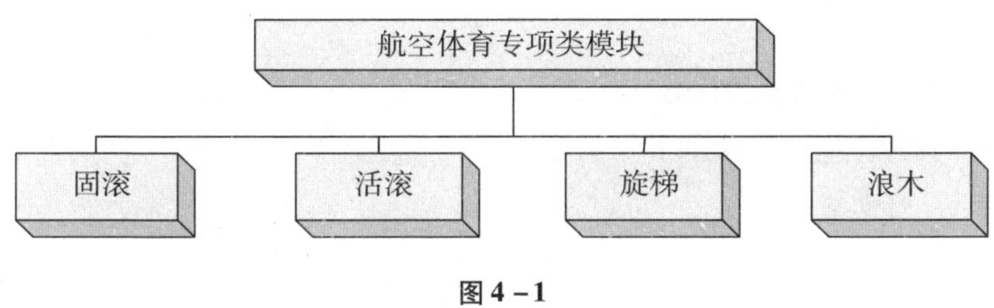

图4－1

第一节　专门器械体操的内容及特点

一、航空体育专门器械体操

航空体育专项器械体操主要包括：固定滚轮、活动滚轮、旋梯、旋转秋千、浪木等项目。

(一)固定滚轮

固定滚轮具有转动速度快、离心力较大的运动及对前庭器官刺激比较大的运动特点，经常进行固定滚轮锻炼，能提高飞行人员的前庭耐力。

(二)活动滚轮

活滚具有技巧性强的运动特点，且复杂、变化多样。在练习过程中既可做矢状面绕额状轴的前后回环运动，又可做额状面绕矢状轴旋转的左右运动。除此之外，还可做矢状面、水平面绕矢状轴、额状面、额状轴、垂直轴旋转的“前后螺旋”运动。通过反复练习不同类型的动作，对飞行人员的灵敏协调能力和平衡能力等身体素质能起到改善的作用。

（三）旋梯和旋转秋千

旋转和旋转秋千具有转动速度快、离心力大的运动特点。经常进行此项锻炼，可有效地提高神经系统对心血管系统的调节功能，从而增强飞行员的抗正反负荷的能力。

（四）浪木

浪木具有灵敏协调性及平衡型较强、变化较多的运动特点，通过该项目的锻炼，能够提高飞行员本体感觉的精细程度及协调人体在空间的所在位置，对于飞行员在空中工作有一定的适用意义。

二、专门器械体操的分类

专门器械体操的分类如下。

（一）固定滚轮

1. 左右侧转
2. 前后转
3. 前后卧转
4. 挂足前后转

（二）旋梯

1. 前后大回环
2. 坐杆后回环

（三）活滚

1. 挂足前后滚
2. 大错臂前后滚
3. 侧滚
4. 踏环侧滚
5. 支撑前滚
6. 挂膝后滚
7. 穿杠摆越

8. 燕式前滚

9. 骑杠滚

10. 前后螺旋

（四）旋转秋千

1. 回环

2. 回环中旋转

（五）浪木

1. 摆动中跳上与跳下

2. 摆动中向后转体，摆动中跳跃

第二节　固定滚轮技术及训练

一、固定滚轮的结构

如图4－2所示，固定滚轮的结构由大环、小环、轮柱、纵踏板、横踏板等组成。

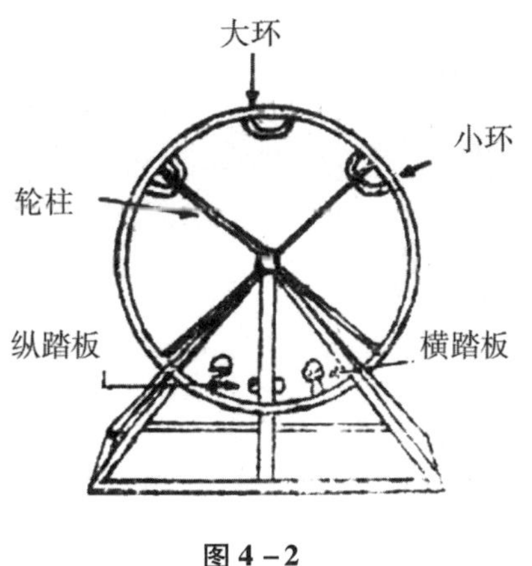

图4－2

二、侧转

（一）预备姿势

两脚站在横踏板上（可系或不系保护带），两手正握小环或轮柱（见图4－3）。

图 4－3

（二）动作要领

1. 起动：在向右转时，用右脚踏杠，将臀部右转，右、左臂依次用力支撑，向右转动。经倒立部位时，顶肩屈膝勾脚尖，臀部靠近圆心板。经倒立部位后，用右手拉环，蹬左腿，将臀部移向转动方向，连续转动（见图 4－4）。向左转动时，要领与向右侧转相同，但方向相反（见图 4－5）。

图 4－4

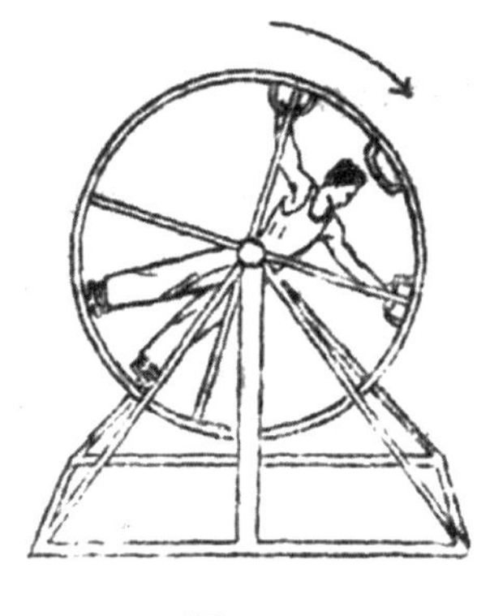

图 4－5

2. 制动：当滚轮转到人体近直立位（45°～70°）时，将臀部迅速移向转动的相反方向，上体向转动方向转至约 90°，同时含胸坐臀面向转动方向，同时，将转动方向同侧的手松开。

（三）教学与训练方法

1. 在滚轮内练习左右踏杠和移动臀部。

2. 在滚轮内做转体含胸坐臀，松开转动方向同侧手的练习。

3. 在他人帮助下体会侧转。

(四)保护与帮助

保护者站在滚轮的一侧扶住滚轮,协助练习者进行起动和制动,并给练习者提示动作要点。在练习过程中,一定要做到“四紧”,即“两手握紧,两肩直臂顶紧,臀部靠近圆心板,脚尖勾紧横踏板”。

三、前后转

(一)预备姿势

两脚站在纵踏板上(可系或不系保护带),两手前后正握大环后轮柱(见图4-6)。

(二)动作要领

1. 前转:两臂伸直顶肩前压,低头、含胸、收腹、提臀,身体前移开始向前转动;仰身成水平位后,向前挺身,至身体成正立后,按以上要领连续向前转动(图见4-7)。

2. 后转:当前轮制动后,两臂向后拉杠,将臀部后移,开始向后转动;头朝下时稍挺身,接着两臂用力推,收腹、臀部后移,连续向后转动(图见4-8)。

图4-6　　**图4-7**　　**图4-8**

3. 制动:当身体正立后,臀部迅速移向转动的相反方向。

(三)教学与训练方法

1. 在滚轮内做压杠、低头、含胸、收腹、提臀动作。

2. 在滚轮内做拉杠、臀部后移的动作。

3. 在帮助下体会前转和后转。

(四)保护和帮助

具体做法与侧转练习相同。自我保护时要做到两手握紧轮柱,顶肩及时,头朝下后,两脚勾紧。

四、前后坐转

(一)预备姿势

臀部坐在纵踏板上,用保护带绑住髋部,两手分握轮柱,一脚踏轮柱下端,另一脚踏地(见图 4 –9)。

(二)动作要领

1. 起动:蹬地脚迅速蹬上轮柱下端。当后上方回落时上体后仰,当前上方回落时上体前倾。

2. 制动:由前上方回落至垂直部位时,上体迅速后仰;由后上方回落至垂直部位时,身体迅速前屈。

3. 前转:当前上方回落时上体顺势前屈,低头、屈肘向内收;当转至后上方时两臂伸直,抬头、肩向前移,向前转(见图 4 –10)。

4. 后转:当后上方回落时,上体顺势后仰;当至前上方时低头、体前屈,屈肘向内收,向后转(见图 4 –11)。

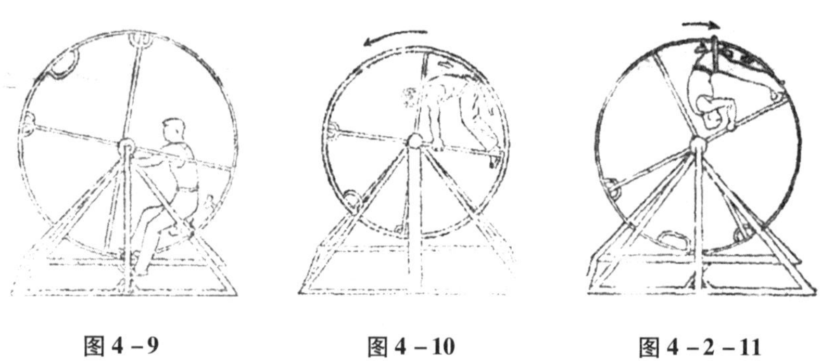

图 4 –9　　图 4 –10　　图 4 –2 –11

(三)教学与训练方法

1. 做起、制动练习。

2. 在帮助下做慢动作的转动练习,使之加深整个动作过程的概念。

3. 在保护下独立完成动作。

(四)保护与帮助

1. 具体做法与侧转相同。

2. 自我保护要做到两手握紧轮柱,脚掌踏紧轮柱下端。

五、前后卧转

(一)预备姿势

臀部坐在轮与轮柱的交叉点上,一脚踏入纵踏板,一脚踏地,两臂伸直上举分握轮柱,背靠轮见图4-12。

(二)动作要领

1. 起动:蹬地脚向前下方用力蹬地,使轮向后上方摆动,当蹬地脚离地后,迅速踏入纵踏板;当轮由后上方回摆时,上体后仰,两臂伸直,上体前移挺胸,使轮向前上方摆动;由前上方回摆过垂直部位后,两臂伸直拉杠,上体前移挺胸,使轮向后上方摆动(见图4-13、图4-14)。

2. 制动:当轮转至垂直部位时,积极向圆心挺腹,转至上方时收腹靠轮,反复进行。

3. 前转:逐渐加大摆动,当轮从前上方回摆过垂直部位后,两臂伸直拉轮,上体前移挺腹,使重心移向圆心,过最高部位后,低头、收腹,使背靠紧轮前转(见图4-15)。

4. 后转:当前转至后上方时,上体后移收腹制动;当轮由后上方回摆时,两臂伸直推轮,上体后仰背靠轮;转至前上方时稍挺腹,使重心移向圆心;转至后上方时,随即收腹,背靠轮向后转动。

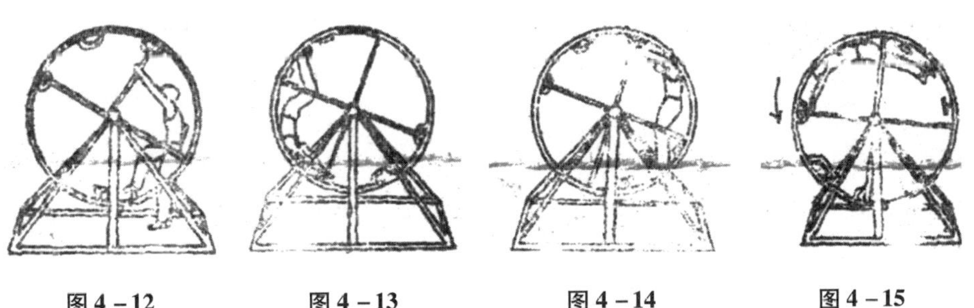

图4-12　图4-13　图4-14　图4-15

(三)教学与训练方法

1. 在初学时用保护带绑着髋部进行练习。

2. 在保护者的推动下用慢动作体会前后回环。

3. 在熟悉向前回环后再做向后回环。

(四)保护与帮助

保护者站在滚轮一侧,帮助练习者完成起、制动。在必要时,可助力转动。

第三节 旋梯技术及训练

一、前后回环

(一)预备姿势

两手握梯柱,用一脚蹬底杠,另一脚蹬地,起动后蹬地脚跨过第二横杠并勾住下杠,两手分别由外向内握上杠(见图 4－16 至图 4－18)。也可用助跑起跳的方法起动。

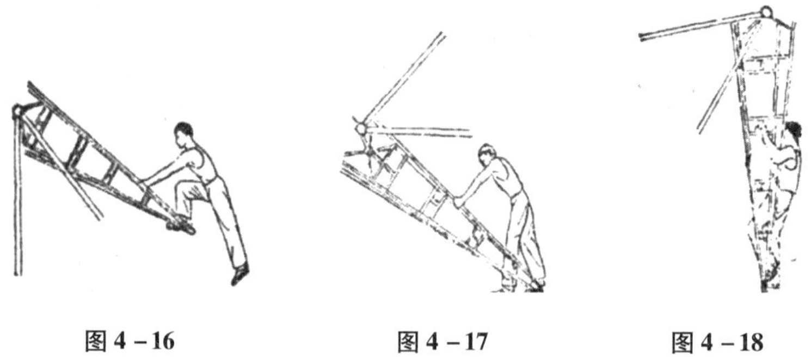

图 4－16　　图 4－17　　图 4－18

(二)动作要领

1. 摆动

由前上方回摆时屈腿蹬杠,当摆过垂直部位后,将臀部后移迅速蹬直两腿;由后上方回摆时屈腿蹬杠,当摆至垂直部位时,用力向前送髋,同时迅速蹬直两腿,抬起上体(见图 4－19 至图 4－22)。

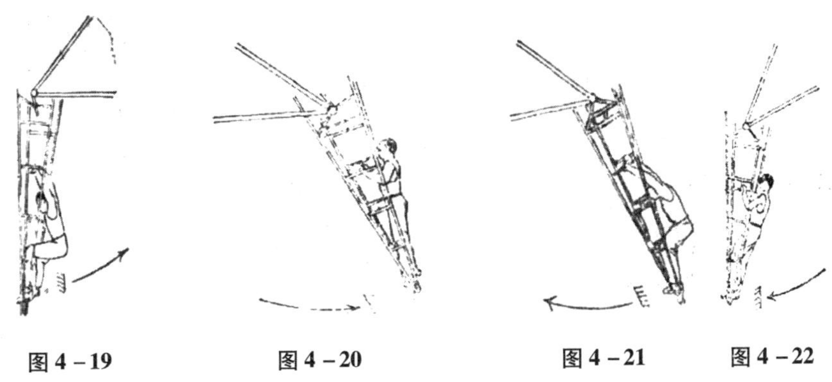

图 4 – 19　图 4 – 20　图 4 – 21　图 4 – 22

2. 制动

当摆至下方垂直部位时，身体迅速下蹲、接近终点时，逐渐伸直身体。

3. 前回环

迅速加大摆动幅度，当后摆至后上方时，迅速完成蹬杠动作，抬头挺胸（握梯柱时，两臂伸直），腹部贴紧横杠，向前回环（见图 4 – 23）。

4. 后回环

逐渐加大摆动幅度，当前摆至前上方时，迅速完成蹬杠动作，稍低头含胸（握梯柱时，两臂伸直），腹部紧贴横杠，向后回环（见图 4 – 24）。

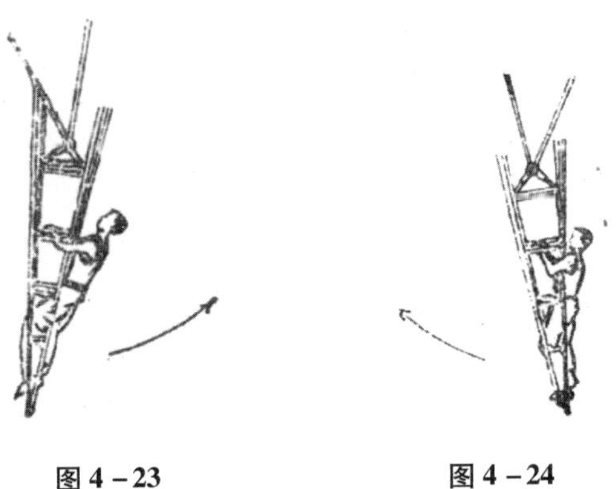

图 4 – 23　图 4 – 24

5. 下法

（1）当前摆接近极点时，两手握中、下杠之间的后梯柱，两脚蹬底杠；后摆时，一脚蹬底杠，另一脚擦地面（见图 4 – 25）。

（2）当后摆接近极点时，两脚蹬底杠，两手顺梯柱后滑跳下（见图 4 – 26）。

（3）当后摆接近极点时，两手握中、下杠之间的后梯柱，两脚蹬底杠；前摆接近极点时，两脚蹬离底杠，伸展身体，松手挺身跳下（见图 4－27）。

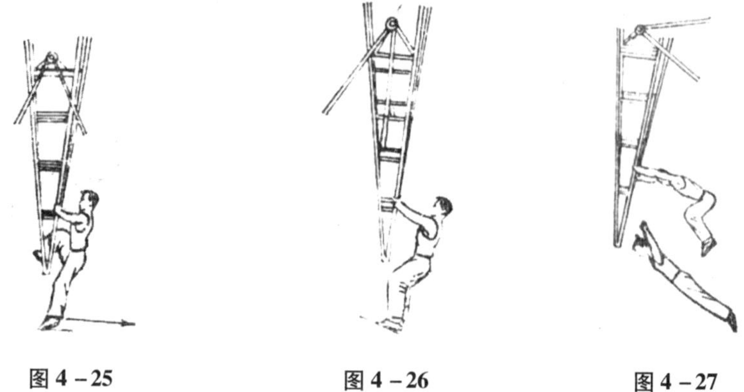

图 4－25　　图 4－26　　图 4－27

（三）教学与训练方法

1. 学习起、制动。
2. 在同伴帮助下体会回环动作。
3. 独立完成练习。

（四）保护与帮助

1. 当转至上方垂直部位不能回环时，稍用力推梯帮助回环。
2. 做挺身跳下时，保护者站在练习者一侧，扶住练习者的腰部，防止其摔倒。
3. 做挺身跳下时，保护者扶住旋梯，防止其继续转动时将人撞伤。

二、坐杠后回环

（一）预备姿势

加大摆动，当旋梯从前上方回摆时，踏杠脚跨入下坐或坐姿，两脚钩住梯柱。

（二）动作要领

加大回环速度后，由后上方前摆时，两腿并拢伸直，收腹，大腿用力压杠；至前上方时，伸直髋关节，抬头挺身向后回环；过上方垂直部位后，两臂伸直，收腹屈体，连续向后回环（见图 4－28、图 4－29）。

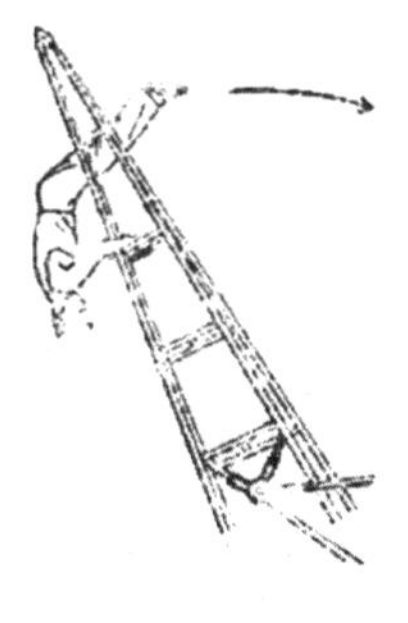

图 4－28

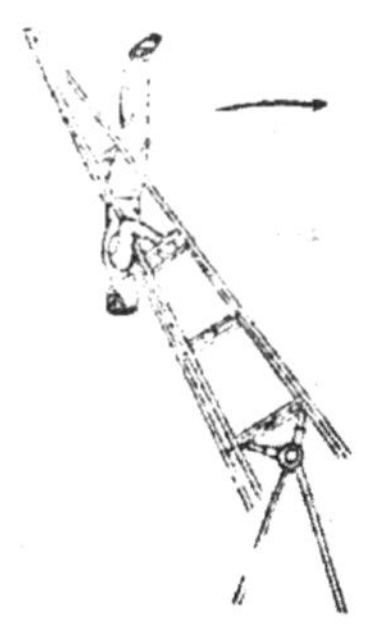

图 4－29

（三）教学与训练方法

1. 在前后回环相当熟练后，再学习坐杠后回环。

2. 练习前上方回摆时，踏杠脚跨入下杠或坐姿。

3. 在同伴帮助下完成动作。

4. 独立完成动作。

（四）保护与帮助

1. 初学者可用保护带绑着髋部，或用一脚尖别住梯柱或底杠。

2. 自我保护：头朝下身体下坠时，两腿分开靠紧梯柱；回环速度慢时，两脚尖别住梯柱或底杠。

第四节　活动滚轮技术及训练

一、活动滚轮的结构

如图 4－30 所示，活动滚轮的结构主要由大轮、小环、上杠、中杠和下杠组成。

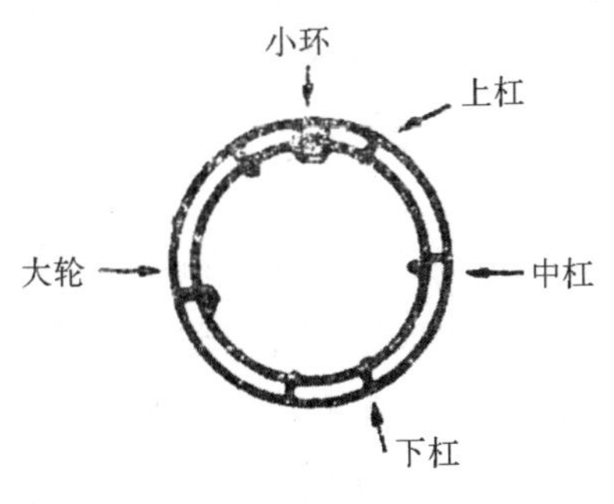

图 4－30

二、挂足前后滚

（一）预备姿势

两手正握中杠，上体稍后仰，左腿弯曲，脚踏入小环，右脚着地（见图4－31）。

（二）动作要领

1. 起动：两手向后上方拉杠，先使滚轮稍向后滚，然后右脚迅速踏入小环内，两臂腿向前下方压杠，随即上体前屈，收腹，身体成直角向前滚动；由最高点开始回摆时，脚逐渐伸直后蹬，上体后到抬头挺胸展髋，两臂拉杠向后滚（见图4－32至图4－35）。

2. 制动：前滚至头朝下时，将两臂伸直，两腿迅速弯曲，使小腿靠近臀部；后滚超过垂直部位时，将两臂弯曲，伸直髋关节，身体前移（见图4－36）。

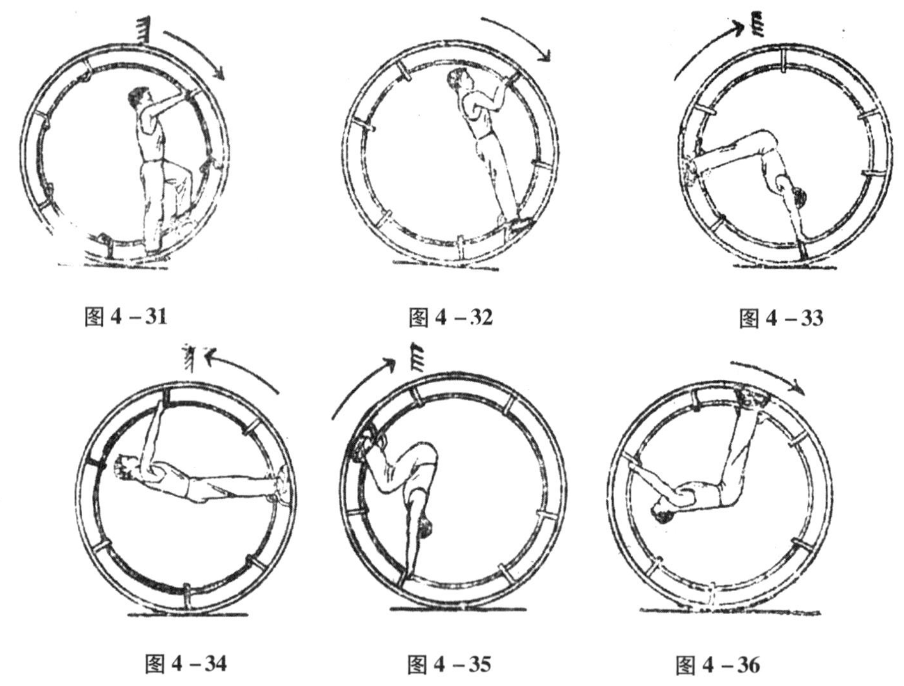

图4－31　图4－32　图4－33

图4－34　图4－35　图4－36

3. 前滚：在加大摆动的同时，使两臂伸直压杠，上体前屈、低头、含胸、收腹屈髋，将两腿伸直，身体成直角，臀部移向圆心；滚至前上方时，伸直髋关节，身体前移，向前滚（见图4－37、图4－38）。

4. 后滚：当前滚制动后，两腿逐渐伸直后蹬，两臂向后上方拉杠，随即上体后倒，完成抬头、挺胸、展髋动作；滚至后上方时，开始屈腿、收腹、拉肩，使两臂与上体成直线,连续后滚(见图 4－39、图 4－40)。

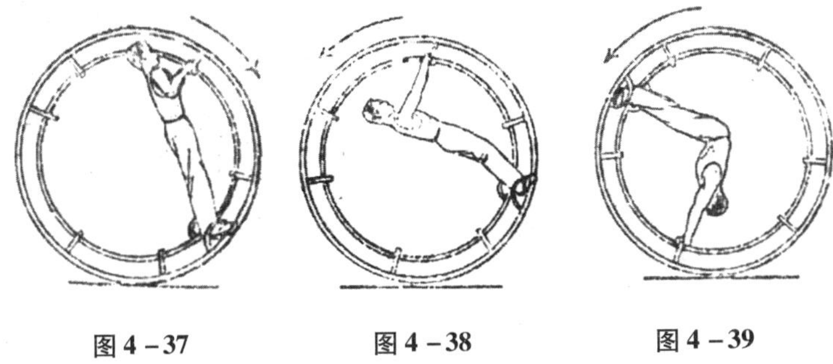

图 4－37　　图 4－38　　图 4－39

5. 退孔下:后滚至极点时,用一脚踏杠前滚,另一脚从小环退出向前着地,完成退孔下(见图 4－41、图 4－42)。

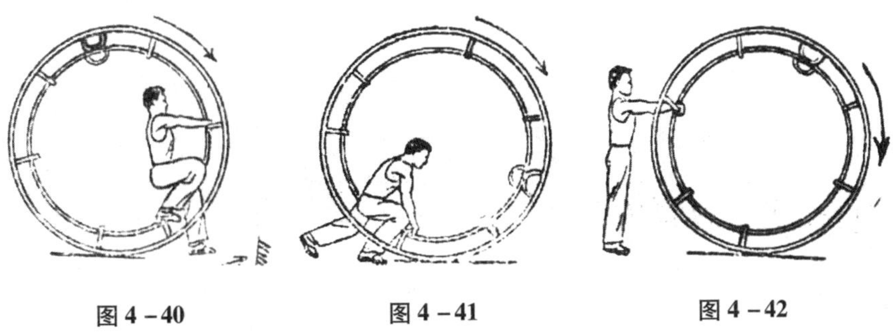

图 4－40　　图 4－41　　图 4－42

(三)教学与训练方法

1. 一人推轮慢滚,一人保护,帮助练习者体会挂足前后滚动作要领。

2. 练习起、制动和退孔下,较熟练后再做完整动作。

(四)保护与帮助

保护者站在活滚一侧,练习者头朝下时托肩,滚至仰身时托背。

三、大错臂挂足前后滚

(一)预备姿势

右手正握前下杠,左手反握前中杠,左脚踏入小环,右脚蹬地,上体稍后仰(见图 6－43)。

图 4－43

(二)动作要领

前滚时,将右脚踏入小环,左右臂依次用力直臂压杠，上体前屈，低头、收腹、屈髋，两腿伸直，臀部移向圆心，滚至前上方时伸直髋关节，身体前移，继续向前滚（见图4－44至图4－46）。后滚时，两腿迅速伸直后蹬，上体后倒，收腹，臀部移向圆心，滚自至仰身接近水平时抬头、挺胸、展髋；滚至后上方时收腹屈腿。制动后，右手移握前中杠，退孔下（见图4－47至图4－49）。

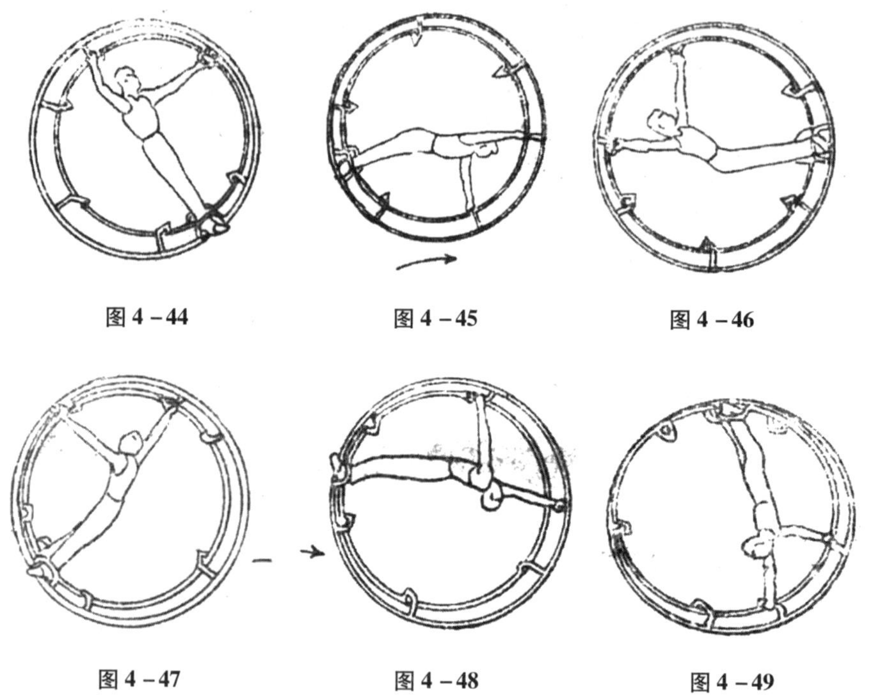

图4－44　图4－45　图4－46

图4－47　图4－48　图4－49

（三）教学方法

1. 一人帮助，一人推轮体会滚动。

2. 保护下完成动作。

（四）保护与帮助

1. 头朝下时，一手托肩，一手扶腰臀部，以防脱手掉下。

2. 仰身接近水平时，一手托背，一手托练习者的大腿。

四、侧滚

（一）预备姿势

两手上举分别正握上杠，两腿分开，脚踏下杠。

（二）动作要领

1. 起、制动：向左起动时，左脚蹬杠，左手放开，向左转体90°，同时右手前推，微含胸,收腹、坐臀,使整个身体靠近滚轮边沿,接着向右摆动。当身体至正立部位时,臀部迅速移向滚动的相反方向即可制动。

2. 侧滚:加大摆动,臀部左移,左腿伸直蹬杠,左臂伸直顶肩向左滚。滚至身体接近水平时,用左手和左脚支撑,同时屈右臂,右脚夹杠,以保持身体平衡,臀部逐渐右移,右臂伸直推杠。当头朝下时,直臂屈腿稍踏腰,收腹并抬头,用两脚夹杠,接着右脚蹬杠支撑身体,依次用力连续侧滚。

向右滚时,动作要领与左滚同,但方向相反。

(三)教学与训练方法

1. 徒手练习侧手翻。

2. 在帮助下练习侧手翻成分腿手倒立。

3. 在他人协助下,练习慢速侧滚。

4. 成套动作完整练习。

(四)保护与帮助

1. 当头朝下时,在背后一手托肩,一手托腰或髋部。

2. 当身体接近水平时,脚跨入轮中托腰。

第五节 浪木技术及训练

一、摆动中跳上与跳下

(一)动作要领

1. 跳上

站在浪木左(右)侧,当浪木迎面回摆至最低点时按右、左脚(或左、右脚)的顺序跳上浪木,接着上体稍前倾,自然小跑(见图4-50)。

2. 跳下

(1)浪木向后摆至终点时,按左、右脚的顺序向左前方跳下(见图4-51)。

(2)浪木向前摆至最高点时,迅速向侧上方跳起,挥臂挺身跳下(见图4-52)。

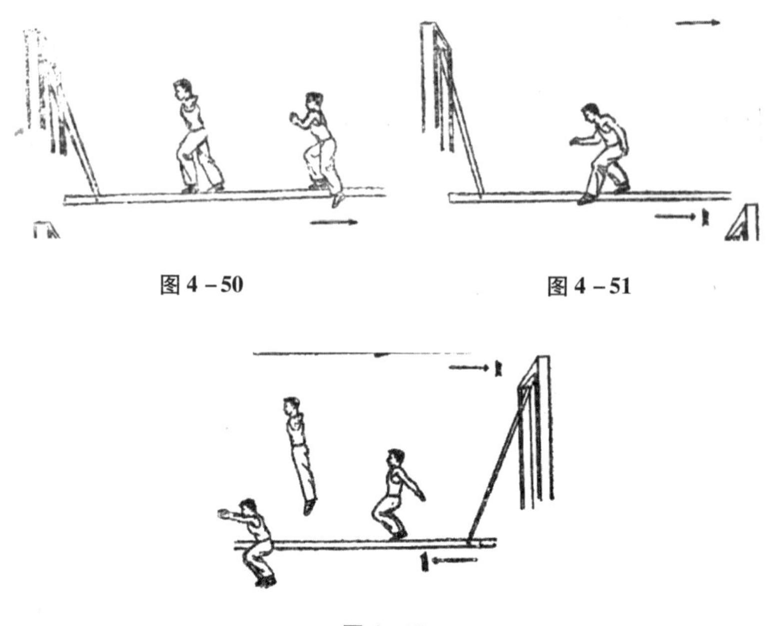

图 4-50

图 4-51

图 4-52

（二）教学方法

在同伴的扶持下练习跳上、跳下。

（三）保护与帮助

保护者站在练习者跳下的一侧，防止摔倒。

二、摆动中前进与后退

（一）动作要领

浪木向后摆动，上体稍前倾，身体放松，自然前进；前摆时，上体稍后仰，脚跟提起，身体放松（配合两臂自然摆动），自然后退（见图 4-53、图 4-54）。

图 4-53

图 4-54

(二)教学与训练方法

练习者站在浪木上,在同伴的扶持下练习前进与后退。

(三)保护与帮助

保护者站在练习者任何一侧,随其前后移动,防止摔倒。

三、摆动中向后转

(一)动作要领

浪木向后摆时,两腿前后分开,自然弯曲,(如左脚在后即向左转,右脚在后即向右转),上体稍前倾,后摆接近最高点时,以两脚前脚掌为轴,迅速向后转,趁浪木回摆之势前(见图4-55、图4-56)。

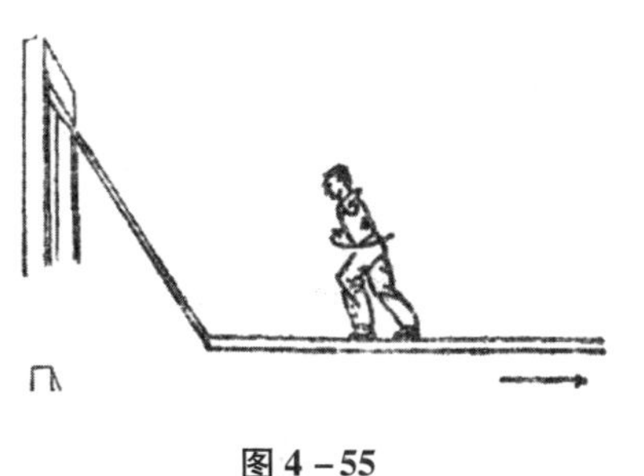

图4-55

图4-56

(二)教学方法

1. 在同伴的扶持下完成练习。

2. 独立完成练习。

(三)保护与帮助

保护者站在练习者任何一侧,随其前后移动,防止摔倒。

四、摆动中跳跃

(一)动作要领

练习者站在浪木的近端,当浪木前摆结束时,两臂向侧上摆,两腿弯曲迅速向上跳起;下落时,两腿弯曲有弹性地落于浪木上,上体稍前倾,趁浪木回摆之势前进(见图4-57)。

图4-57

(二)教学与训练方法

1. 在同伴的扶持下完成练习。

2. 独立完成练习。

(三)保护与帮助

保护者站在练习者任何一侧,随其前后移动,防止摔倒。

第五章

航空体育休闲类模块

航空体育休闲模块选择了当下最流行且非常实用的运动项目，既时尚，又能很好地发展学生的身体素质和体能。特别是所选项目与民航职业素养密切相关，开发智力，培养团队精神，自救与救生，养生，野外生存等都是当代民航飞行员应具备的素质（见图 5－1）。

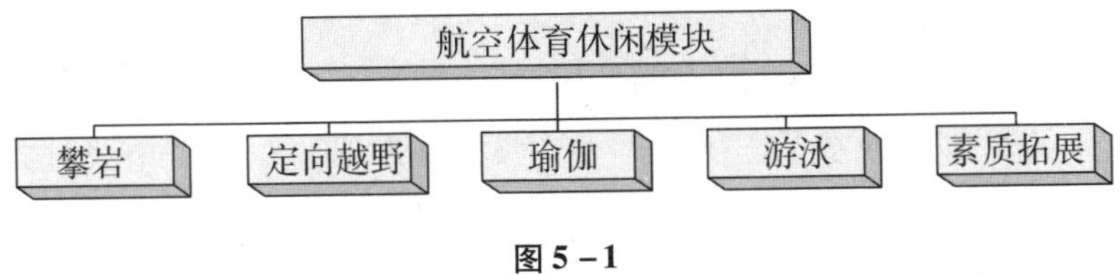

图 5－1

第一节　攀岩技术基本概述与训练

一、攀岩的种类

（一）按地点分类

1. 自然岩壁攀登

（1）定义：在野外攀爬天然生成的岩壁，一般是开发和清理过的难度或抱石路线。

（2）优点：可以接近自然，充分体会攀岩的乐趣；岩壁角度、石质的多样性带来攀登路线的千变万化；由于岩壁固定，路线公开且可长期保留，所以自然岩壁的定级可经多人检测对比，成为攀岩定级的主要依据。

（3）缺点：野外岩场地处偏僻，交通不便，时间和金钱花费都较大；路线开发也比较费力,路线开发时间长后会老化。

2. 人工岩壁攀登

(1)定义:在人工制造的攀岩墙上攀登,包括室内攀岩馆和室外人工岩壁。

(2)优点:对攀岩者安全性较高;交通方便,省时省力;不可预见因素少,可以定期训练或进行专项训练;人员密集,便于交流切磋;另外,人工岩壁可以对路线进行保密性设置从而成为攀岩比赛的主要形式。

(3)缺点:缺少特殊地形,创意性少,自由发挥余地小;支点的可调性使得人工岩壁路线常变,定级主观性更强,准确度偏低,相对自然岩壁线路问题会比较尖锐,人工线路难度越大对力量要求越高。

(二)按攀登形式分类

1. 自由攀登

(1)定义:不借助保护器械(主绳、快挂、铁锁等)的力量,只靠自身力量攀爬。

(2)特点:此种攀登形式在我国占主导地位,较符合体育的含义范畴,考验人体潜能。

(3)自由式按攀登的风格又细分为:

①on sight,就是只在下边看,然后一次没掉下来就上去了,没有尝试或演习,也没从顶上滑绳下来仔细研究路线,这是攀登者能力的最好说明。

②red point,就是允许在练习时多次坠落,但你能至少有一次做到从底爬到顶一次也没掉下来。能 red point 条路线说明攀登者的自由先锋攀登能力最高能到多少。

2. 器械攀登

(1)定义:借助器械的力量攀登。

(2)特点:在大岩壁攀登中较为常用,对于难度超过攀登者能力范围的路线有时也借助器械通过。其意义存在于攀登者的项目目标和活动历程中而不在于攻克难度动作。对器械操作的要求较高。

3. 顶绳攀登

(1)定义:在岩壁上端预先设置好保护点,主绳通过保护点进行保护,攀登者在攀登过程中不需进行器械操作。

(2)特点:安全,脱落时无冲坠力,适合初学者使用;但对岩壁的要求苛刻,岩壁必须高度合适(8 ~ 20m)且路线横向跨度不大,由于需要绕到顶部进行预先操作,架设和回撤保护点的工作都比较烦琐。有时为方便初学者,可在先锋攀登的路线上架设顶绳。

4. 先锋攀登

(1)定义:路线预先打上数个膨胀钉和挂片,攀登过程中将快挂扣进挂片成为保护点并扣入主绳保护自己,攀登者需要边攀登边操作。

(2)特点:在欧洲尤其法国最为盛行,它比传统攀登安全性高,可以降低心理恐惧对攀爬的影响,从而全力以赴突破生理极限,挑战最高难度;另外,在角度较大或横向跨度较大的路线中,先锋攀登方式比顶绳保护有更大的便利,可以让攀登者脱落后很容易地重新回到脱落处,对难点进行反复练习。由于这种方式使攀岩由冒险的刺激运动变成安全的体育训练,所以先锋攀登称为 sport climbing。

(三)按比赛形式分类

1. 难度攀岩

难度攀岩是以攀岩路线的难度来区分选手成绩优劣的攀岩比赛。难度攀岩的比赛结果是以在规定时间里选手到达的岩壁高度来判定的。在比赛中,队员下方系绳保护,带绳向上攀登并按照比赛规定,有次序地挂上中间保护挂索。比赛岩壁高度一般为 15m,线路由定线员根据参赛选手水平设定,通常屋檐类型难度较大。

2. 速度攀岩

如同田径比赛里的百米比赛充满韵律感和跃动感,按照指定的路线,以时间区分优劣。

3. 抱石比赛

线路短小,难度较大,需要较好的爆发力和柔韧性。比赛设置结束点和得分点,抓住得分点并做出一个有效动作得分,双手抱住结束点 3s 得分。比赛一般设 4 ~6 条线路,一条线路 5min 时间。判定名次首先看结束点的多少,如果结束点同样多看得分点数量,最后看攀爬次数。

4. 室内攀岩

室内攀岩是在一个高而大的房间内设置不同角度、不同难度的人工岩壁,在上面装有许多大小不一的岩石点,供人用四肢借助岩点的位置,手攀脚登。室内攀岩的难易程度可由人直接控制。岩壁也分为人工岩壁和天然岩壁。人工岩壁是人为设置岩点和路线的模拟墙壁。可在室内和室外进行攀岩技术的训练,难易程度可随意控制,训练时间比较机动,但高度和真实感有限。天然岩壁是大自然在地壳运动时自然形成的悬崖峭壁,给人的真实感和挑战性较强,可自行选择攀岩的岩壁和攀岩路线及攀登地点,而且天然岩壁的路线变化丰富,如凸台、凹窝、裂缝、仰角等,让你体会“山到绝处我为峰”的感受。

(四)按照比赛性质分类

攀岩的分类有很多种方法,按照比赛性质可分为速度攀岩、难度攀岩和大圆石攀登,世界上每年都有这三类运动的比赛。

1. 完攀

参赛者在比赛之前可以收集路线的有关资料和观察路线,在攀登过程中一旦脱落或犯规即判其失败。

2. 看攀

参赛者在比赛前对路线的信息一无所知,边观察边进行攀登,在攀登过程中一旦脱落或犯规即判其失败。

3. 红点攀登

参赛者可以对路线进行反复的观察和试攀,只要最终达到终点即可。

4. 速度攀岩

上方系绳保护,参赛者按指定路线进行速度攀登的比赛。参赛者按完成比赛路线所用的时间来决定每轮比赛的名次。

5. 大圆石攀岩

岩石高度不得超过4m,每条路线不超过12个支点。攀登时运动员不系保护绳,每次比赛需要选择10条路线攀登。

二、攀岩的基本要领

1. 抓,用手抓住岩石的凸起部分。

2. 抠,用手抠住岩石的棱角、缝隙和边缘。

3. 拉,在抓住前上方牢固支点的前提下,小臂贴于岩壁,抠住石缝隙或其他地形,以手臂和小臂使身体向上或向左右移动。

4. 推,利用侧面、下面的岩体或物体,以手臂的力量使身体移动。

5. 张,将手伸进缝隙里,用手掌或手指屈曲张开,以此抓住岩石的缝隙作为支点,移动身体。

6. 蹬,用前脚掌内侧或脚趾的蹬力把身体支撑起来,减轻上肢的负担。

7. 跨,利用自身的柔韧性,避开难点,以寻求有利的支撑点。

8. 挂,用脚尖或脚跟挂住岩石,维持身体平衡使身体移动。

9. 踏,利用脚前部下踏较大的支点,减轻上肢的负担,移动身体。

三、攀登技术的分类

根据不同的地貌特点,可将攀登技术分为岩石作业和冰雪作业两大类,其中,岩石峭壁的攀登技术简称攀岩技术。攀岩是从登山活动中派生出来的一项运动。登山者即使选择最容易的路线攀登几千米的高峰,在途中也免不了要遇到一些悬崖峭壁,所以说攀岩也是登山运动的一项基本技能。

四、攀岩的基本方法

三点固定法是攀岩的基本方法,要领是对身体各部位的姿势和动作有一定的要求。

(一)身体姿势

攀登岩石峭壁时身体要自然放松,以 3 个支点稳定身体重心,而重心要随攀登动作的转换移动,这是攀岩能否稳定、平衡、省力的关键。要想身体放松就要根据岩壁陡缓程度,使身体和岩壁保持一定距离,靠得太近,会影响观察攀岩路线和选择支点。但在攀登人工岩壁时要贴得很近。在自然岩壁攀登时,上、下肢要协调舒展,盘眼要有节奏,上拉、下登要同时用力,身体重心一定要落在脚上,保持面向岩壁、三点固定支撑、直立于岩壁、三点固定支撑、直立于岩壁上的攀登姿势。

(二)手臂的动作

手在攀登中是抓住支点、维持身体平衡的关键,手臂力量的大小直接影响攀登的质量和效果。因此,一个优秀的攀岩运动员必须有足够的指力、腕力和臂力。对初学者来说,在不善于充分利用下肢力量的情况下,手臂的动作就显得更为重要。手臂如何用力,在人工岩壁攀登和自然岩壁攀登时情况不同,前者要求第一指关节用力抠紧支点的同时,手腕要紧张,手掌要贴在岩壁上,小臂也要随手掌紧贴岩壁而下垂,在引体时,手指(握点)有下压抬臂动作,其动作规律是,重心活动轨迹变化不大,节奏更为明显。但攀登自然岩壁时其动作就变化很大,要根据支点不同采用各种用力方法,如抓、握、挂、抠、扒、捏、拉、推压、撑等。

(三)脚的动作

一个优秀攀岩运动员的攀登技术发挥得好坏,关键是两腿的力量是否能充分利用。只靠手臂力量攀登不可能持久。脚的动作要领是,两腿外旋,大脚趾内侧贴近岩面,两腿微屈,以脚踩支点维持身体重心,在自然岩壁支点大小不一和方向不同的情况下,要灵活运用。但要切记,膝部不要接触岩石面,否则会影响到脚的支撑和身体平衡，甚至会造成滑脱而使膝部受伤。另外，在用脚踩支点时，切忌用力过猛，并要掌握用力的方向。

（四）手脚配合

凡优秀攀岩运动员，上、下肢力量是协调运用的。对初学者或技术还不熟练的运动员来说，上肢力量显得更为重要，攀登时往往是上肢引体，下肢蹬压抬腿而移动身体。如果上肢力量差，攀登时就容易疲劳，表现为手臂无力，酸疼麻木，逐渐失去抓握能力。失去抓握能力后，即使有好的下肢力量，也难以继续维持身体平衡。所以学习攀岩，首先要练好上肢力量，上肢又要以手指和手腕、手臂力量为主，再配合以脚腕、脚趾以及腿部的力量，使身体重心随着用力方向的不同而协调地移动，手脚动作的配合也就自如了。

五、攀岩的装备

攀岩的装备器材是攀岩运动的一部分，是攀岩者的安全保证，尤其在自然岩壁的攀登中。因此，平时要爱护装备并妥善保管。攀岩装备分为个人装备和攀登装备。

（一）个人装备

个人装备指的是安全带、下降器、安全铁锁、绳套、安全头盔、攀岩鞋、镁粉和粉袋等。

1. 安全带

攀岩用安全带与登山安全带有所不同，属于专用，并不适合登山，但登山用安全带可权作攀岩时使用。我国大部分攀岩者多使用登山安全带，这是因为国内没有攀岩安全带生产厂家，而攀岩爱好者又常是登山人，于是两种安全带也就混用了。

2. 下降器

8 字环下降器是最普遍使用的下降器。

3. 安全铁锁和绳套

安全铁锁和绳套有攀登过程中休息或进行其他操作时自我保护之用。

4. 安全头盔

一块小小的石块落下来，砸在头上就可能造成极大的生命危险，因此，头盔是攀岩的必备装备。

5. 攀岩鞋

攀岩鞋是一种摩擦力很大的专用鞋，穿起来可以节省很多体力。

6. 镁粉和粉袋

手出汗时,抹一点粉袋中装着的镁粉,立刻就不会滑手了。

(二)攀登装备

攀登装备指绳子、铁锁、绳套、岩石锥、岩石锤、岩石楔,有时还要准备悬挂式帐篷。

1. 绳子

攀岩一般使用直径为9~11mm的主绳,最好是11mm的主绳。

2. 铁锁和绳套

铁锁和绳套是连接保护点,下方保护攀登法必备的器械。

3. 岩石锥

岩石锥是固定于岩壁上的各种锥状、钉状、板状金属材料做成的保护器械,可根据裂缝的不同而使用不同形状的岩石锥。

4. 岩石锤

岩石锤是钉岩石锥时使用的工具。

5. 岩石楔

岩石楔与岩石锥的作用相同,但是可以随时放取的固定保护工具。

6. 悬挂式帐篷

当准备在岩壁上过夜时使用的夜间休息帐篷,须通过固定点用绳子固定保护起来悬挂于岩壁。

其他装备包括背包、睡具、炊具、炉具、小刀、打火机等用具,视活动规模、时间长短和个人需要携带。

第二节 定向越野基本概述与训练

定向运动(Orienteering)就是凭借专门制作的精确的地图和指北针,按规定的比赛路线寻找一系列预先设置在比赛场地中的检查点,以准确找点且用时短者为胜的运动。

定向运动通常被人们看作日常生活、工作和户外娱乐活动中的重要工具,一种找到安静的垂钓地、偏僻的野餐地的工具,一种帮助确定自己在森林中的位置、走出森林的工具。军人、野外勘测者、狩猎者、垂钓者、徒步旅行者、登山者、探险者及其他许多人都有机会体会到定向的重要性。随着越来越多的人参加以回归自然为主题的户外运动,定向又成了一种必须掌握的生存技能。我们将会发现,现代生活中定向的应用几乎是无所不在,它的重要性不仅在于它的有用性,而且也在于它的趣味性。

在欧洲,特别是在定向运动发源地斯堪的纳维亚半岛,定向运动通常是一种全家人参与的富有情趣的户外运动,父母与子女一起去参加一项比赛,或者各自根据自己的年龄、技能水平分别参加专门设计的比赛项目。而在其他一些国家,定向运动更趋向于是一种令人兴奋的,充满挑战性的"智者"的竞技性运动,或是一种冒险者的运动,一种体适能爱好者的运动。

定向作为一种新兴的、利用地图和指北针导航的运动,在世界各地正吸引着越来越多的人参与并为之狂热。它既是一种户外休闲、娱乐运动,又是一种竞技运动。参加定向运动除需要指北针和地图外,不需要特殊的设备,是一种较为经济的运动项目。定向运动通常在森林中举行,也可以在公园、校园,甚至城市街头举行;而且定向运动容易设计出满足不同年龄、性别、体能和定向技能水平参赛者需要的比赛路线,因此参与定向运动很少受到条件限制。根据国外有关报道,定向运动的参赛者年龄最小的才 3 岁,最大的则已达 80 多岁的高龄。你将会看到,它不但考验人们的体能、智能和定向技能,还考验人们在环境压力下迅速做出正确判断和果断决策的能力及应变能力,这一点更具挑战性。定向运动还是一种个人体验型运动。这可能也可以说是它的一个缺点。从目前来看,定向运动主要还是在森林和公园中进行,不论是现场观赏、还是电视传播都受到很多限制,因此除了亲身体验,观众很难体会到其中的挑战、刺激和乐趣。

定向运动有许多形式,按照运动模式,定向运动项目划分为徒步定向或定向越野、滑雪定向、山地自行车定向和轮椅定向。本书主要讨论徒步定向,因此,此后书中涉及定向运动,如果没有特别说明,均指徒步定向。定向越野的技巧有以下几个方面。

一、标定地图

标定地图就是为了使越野图的方位与现地的方向相一致。这是使用越野图的最重要的前提。

(一)概略标定

越野图上的方位是:上北、下南、左西、右东。当我们在现地正确地辨别了方向之后,只要将越野图的上方对向现在的北方,地图即已标定。这种方法简便迅速,是定向越野比赛中最常用的方法。

（二）利用指北针标定

先使透明式指北针圆盒内的定向箭头“↑”朝向地图上方，并使箭头两侧的平行线与越野图上的磁北线重合（或平行），然后转动地图，使磁针北端对正磁北方向，地图即已标定（见图5－2）。

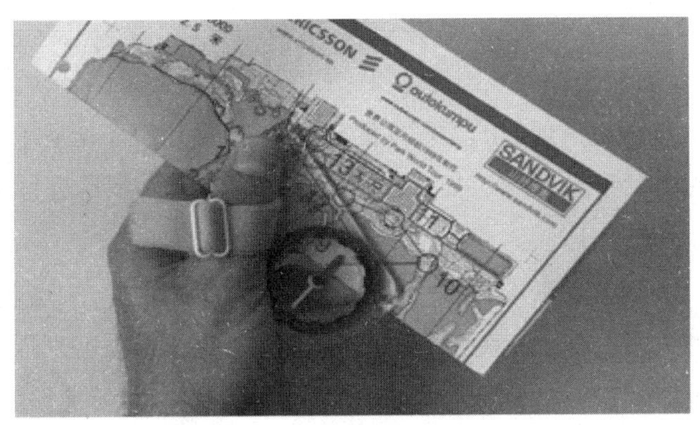

图5－2

（三）利用长直地物标定

利用直长地物（如道路、土垣、沟渠、高压线等）标定地图，首先应在图上找到这段直长地物，对照两侧地形，使图与现地各地形点的关系位置概略相符，然后转动地图，使图上的直长地物与现在的直长地物方向一致，地图即已标定。

（四）利用明显地形点标定地图

当你位于明显地形点上，并已从图上找到该地形点的位置（即自己所在的站立点）时，可以利用明显地形点标定地图。方法是：先选择一个图上与现地都有的远方明显地形点（目标），然后转动地图，使图上的站立点至目标的连线与现在的站立点至目标的连线相重合，此时地图即已标定。

二、对照地形

对照地形，就是要通过仔细地观察，使图上和现在的各种地物、地貌“对号入座”，即相互对应。对照地形在定向越野比赛中的作用主要有两个：一是在站立点尚未确定时只有正确地对照地形，才能在图上找出正确的站立点位置；二是在站立点已经确定，需要变换行进方向时只有通过对照地形，才能在现地找到已选定的最佳行进路线。对照地形一般应先标定地图，然后根据不同的需要采用不同的对照方法。

（一）在站立点尚未确定前

首先应概略地标定地图，然后迅速地观察一下周围，记清最大或最有特征的地物、地貌的大概方位与距离，并从图上找到它们，此时站立点的位置即可概略地确定。若想较精确地确定，则需按下节中所介绍的方法去做。

（二）在站立点已经确定之后

同样首先应概略地标定地图，然后从图上查明自己选定的运动路线上近前方两侧的特征物，同时记清他们的大概方位与距离，并将它们在现地辨别出来，然后再前进。如果因为地形太复杂，如山丘重叠、形状相似等，不易进行对照，可以先采用较精确的方法标定地图，然后用带刻度尺的指北针的长边切站立点和特征物，并沿这条直长边向前瞄准，则特征物一定在此方向线上。如此方法还不能解决问题，应变换对照位置，或者登高观察和对照。在这里需要特别强调的是，无论在什么情况下进行现地对照地形，都必须特别注意观察和对照地形的顺序与步骤问题。现地对照地形的顺序一般是：先对照大而明显的地形，后对照一般地形；由近及远，由左至右；由点及线，由线及面；逐段分片，有规律地进行对照。在步骤方面，首要的、也是必不可少的是要保持地图方位与现地方位的一致，然后再根据不同需要进行下面的步骤。

三、确定站立点

熟练地掌握在图上确定站立点的各种方法是学习使用地图的关键。对于这些方法，除了要记住它们各自的步骤、要领，尤其重要的是要学会根据不同情况，对它们进行选择使用和结合使用。

（一）直接确定

当自己所处位置是在明显地形点上时，只要从图上找出该地形点，站立点即可确定。这是一种在行进中，特别是奔跑中最常用的方法。但是，采用直接确定法的困难在于：在紧张的进程中，怎样才能很快地发现可供利用的明显地形点？当同一种明显的地形点互相靠近的时候，怎样才能够正确地区别它们，防止“张冠李戴”？

可以称得上是明显地形点的地物主要有：

1. 单个的地物。

2. 现状地物的拐弯点、交叉点（呈“十”字形）、交汇点（呈“丁”字形）和端点（见图5－3）。

图5-3

3. 面状地物的中心或者有特征的边缘。

可以称得上是明显地形点的地貌主要有：

（1）山地、鞍部、洼地；

（2）特殊的地貌形态：陡崖、冲沟等；

（3）谷地的拐弯、交叉和交汇点；

（4）山脊、山背线上的转折点、坡度变换点。

（二）利用位置关系确定

当站立点位于明显地形点附近时，可以采用位置关系法。利用位置关系法确定站立点主要是依据两个要素：一是站立点至明显点的方向；二是站立点至明显点的距离。在地形起伏明显的地方，还可以结合高低差情况进行判定。

（三）利用“交会法”确定

当站立点附近无明显地形点时，可以利用“交会法”确定站立。按不同情况，它又可以具体分为90°法、截线法、连线法、后方交会法和磁方位角交会法。这些方法的优点是：不需要判断或测量距离也能确定出较为准确的站立点位置，这对于初学者学习、巩固使用越野图的训练是很有意义的。但是，它们中的一些方法，要么只能在某些特定的条件下才能运用，要么就是步骤烦琐，费时费力，因此在定向越野比赛中一般较少使用。

1. 90°法。当待测点位于线状地形（包括道路、沟渠、山背线、谷底线、坡度变换线等）上时，如果在与运动方向相垂直的方向上能够找出一个明显地形点，那么确定站立点就简单得多：线状地形符号与垂直方向线的交点即为站立点。

2. 截线法。当待测点位于线状地形上，但在其与运动方向相垂直的方向上没有明显的地形点时,可以采用此法。其步骤是:标定地图;在线状地形的侧方选择一个图上与现地都有的明显地形点;利用指北针的直长边缘(也可用三棱尺、铅笔等)切于图上明显地形点的定位点上(为便于操作可插一细针),然后转动指北针,使其直长边照准该地形点;沿指北针的直长边向后画方向钱,该方向线与线状地形符号的交点,就是站立点在图上的位置。

3. 连线法。当待测点位于线状地形上,同时待测的位置恰好是在某两个明显地形点的连线上,可以利用这种方法确定站立点。

4. 后方交会法、磁方位角交会法。这两种方法只在下述情况下使用,即在待测点上无线状地形可利用,而且地图与现地相应的都有两个以上的明显地形点。

(1)后方交会法通常要求地形较开阔,通视良好。其工作步骤如下:在图上找到选定的方位物之后,标定地图;然后按照截线法的步骤分别向各个方位物瞄准并画方向线,图上方向线的交点就是站立点。

(2)磁方位角交会法既可以在地形开阔时使用,也可以在丛林中使用。但是,在丛林中需要攀爬到便于向远方观察的树上或其他物体上进行。其步骤如下:选择图上和现地都有的两个明显地形点,并用指北针分别测出至该两地形点的磁方位角;标定地图,将所测磁方位角图解在地图上。图解磁方位角时,要先转动指北针的分度盘,让指标分别对正所测的方位角值,再将指北针的直长边分别切于图上被照准的两个地形点符号并转动指北针;待磁针与定向箭头重合后分别沿直长边描画方向线。两方向线的交点,就是站立点在图上的位置。

(3)利用地图行进是定向越野的基本运动方式,它有赖于运动员对前面所述各种专项技能的综合运用。换句话说就是,学习辨别方向,识别越野图及标定地图,对照地形确定站立点,都是为了能够熟练地利用地图行进。因此,在实践中要根据地形情况、个人特点,选择下述对自己最适合的一两种方法,反复练习,融会贯通,以便在比赛时不降低或少降低运动速度的情况下,始终正确地行进在自己选定的路线上,顺利到达目的地。

①记忆法

一般要按行进的顺序,分段地记住路线的方向、距离、经过的地形点、两侧的辅助(参照)物。通过记忆,应该使自己具备这样一种能力:现在的情景能够不断地与记忆的内容“叠影”、印证,即“人在地上跑,心在图上移”。

②拇指辅行法

先明确自己的站立点和将要运动的路线,到达目标,然后转动地图(身体要随之转动),使地图与现地的方向一致,并用拇指压于站立点一侧,再开始行进。行进中要根据自己所到达的位置，不断移动拇指，转动地图，保持位置、方向的连贯性与正确性（见图 5－4）。

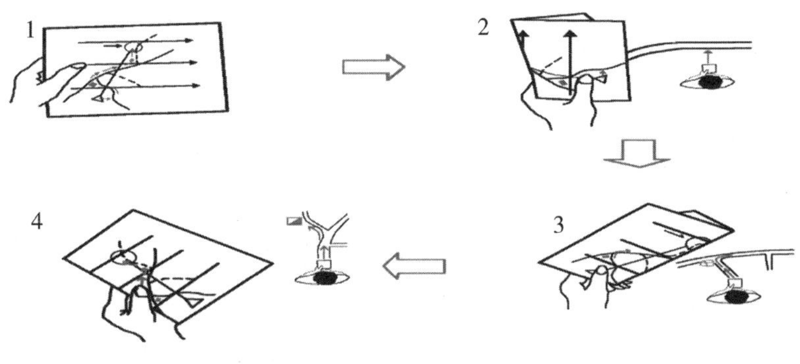

图 5－4

③借线法

当检查点位于线状地形或其附近时，可以采用此法。行进时，要先明确站立点，尔后利用易于辨认的线状地形，如道路、围栏、高压线、山背线、坡度变换线等，作为行进的“引导”，使自己运动时更有信心。由于沿着线状地形前进犹如扶着楼梯的栏杆行走，因此国外称这种方法为“扶手法”。

④借点法

当检查点附近有高大、明显的地形点时，可用此法。行进前，要先将目标辨认清楚（亦可用其他物体佐证），然后用最快的速度前往检查点。

⑤导线法

当站立点距离检查点较远，途中地形又很复杂时，可以采用此法。行进过程中，要多次利用各个明显地形点，确保前进方向与路线的正确性。但须注意：切勿将相似的地形点用错。

（四）迷失方向时的处理方法

1. 沿道路行进时

标定地图，对照地形，判明是从哪里开始发生的错误及偏差有多大，然后根据情况另选迂回的道路前进。如果错得不多，可返回原路再行进。

2. 越野行进时

应尽早停止行进，标定地图后选择最适用的方法确定站立点，然后尽量取捷径插到原来的正确路线上去，不得已时再返回原路。

3. 在山林地中行进时

根据错过的基本方向、大概距离，找出最近的那个开始发生偏差的地点，并以此为基础，确定出站立点的概略位置。如果错得太远，确定不了站立点，又不能返回原路，就要在图上看一看，迷失地区附近是否有较大型或较突出的明显地形（最好是线状的），如果有，就要果断地放弃原行进方向向它靠拢，并利用它确定站立点。如果没有这个条件，那么就继续按原定方向前进，待途中遇到能够确定站立点的机会后，再迅速取捷径插向目的地。在山林中行进，最忌讳在尚未查明差错程度和正确的行进方向都不清楚的情况下，匆忙而轻易地取"捷径"斜插，这样很可能造成在原地兜圈子。

四、基本定向技术

（一）正确握持地图及拇指辅行法

先将地图正置，把拇指放在地图上自己的位置。这样你要前进的方向便在地图前面，使你清楚观察四周的环境及地理特征。当前进时，拇指随着移动；当改变前进方向时，地图也要随着转移，即保持地图北向正北方。那样你可以在任何时候都能立即指出自己在图中的位置，省下不少时间和精力。

（二）利用指北针

利用指北针，准确地找出目标的方向，每次前往目标前，可先观察目标周围的地势，加深印象，务求快速及准确地到达目的地。

（三）扶手法

利用明显地理或人为特征做引导，使前进时更具信心。如小径、围栅、小溪涧、山丘等，皆是有用的扶手（见图 5 –5）。

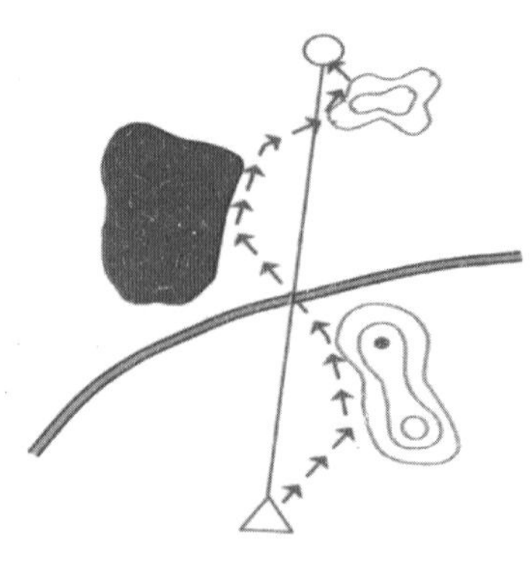

图 5 –5

（四）搜集途中所遇特征

辨别前往控制点途中所遇到的地理特征，确保前进方向及路线正确。切勿将相似的特征误认。

（五）攻击点

先找出控制点附近特别明显的特征，然后利用指南针，从攻击点准确及迅速地前往控制点。攻击点必须容易辨认，如电塔架、小路交点等。

（六）数步测距

在地图上量度两点间的距离，然后利用我们的步幅准确的测量要走的路程。方法：先量度 100m 我们所需步行的步数（设 120 步），当我们在地图上发觉由 A 点到 B 点的距离是 150m 便可计算出应走 180 步。为了减少数步的数目，我们利用“双步数”，只数右脚落地的一步，便可把步数减半。上面的例子双步数为 90 步。

（七）偏向瞄准

利用指北针前进，把目标偏移，当到达目标的上面或下面，才沿“扶手”进入目标（见图 5－6）。

图 5－6

第三节 瑜伽运动基本概述与训练

一、瑜伽技巧

瑜伽的运动动作缓慢,当利用丹田进行腹部深呼吸,使体内供氧量充足时,瑜伽各种不同的姿势,能充分伸展身体的肌肉与韧带,在训练筋骨的柔软度上有相当好的效果。尤其是伸展脊椎的动作,以刺激自律神经,促进新陈代谢,做完一堂课后气喘吁吁、汗流浃背。瑜伽的减肥效果比不上有氧运动立即而明显,但长期持续地练瑜伽,能修饰全身曲线均匀的线条,练习一段时间后就会发觉腰腹部位,穿衣服时明显变得宽松,体态也更匀称。

清晨、早饭之前是瑜伽锻炼的最佳时间,傍晚或其他时间也可以练习,但要保证在空腹或饭后三四个小时后练习,在多喝水的情况下,最好是在喝水后半小时才开始练习。一般早晨可以练习体位法,晚上多练习冥想,每天练习四十分钟左右。

(一)蜥蜴式——晨醒

一日之计在于晨,缩短早上恋床的时间,简单地做些瑜伽练习。长痛不如短痛,少了与床半个小时的肌肤之亲,换来的是整天的神清气爽和好心情。我们开始四个晨起瑜伽的动作,一起让血液在体内酣畅地流动,30min 迅速唤醒你的最佳状态。

动作要领:两膝跪地,大小腿九十度左右。手掌撑地,与地面垂直。深吸一口气后,慢慢放低身体,双手逐渐向前,直到下巴与胸触地。保持自然的呼吸,集中注意力在背部,感受血液在脊柱周围的流动(见图 5 -7)。

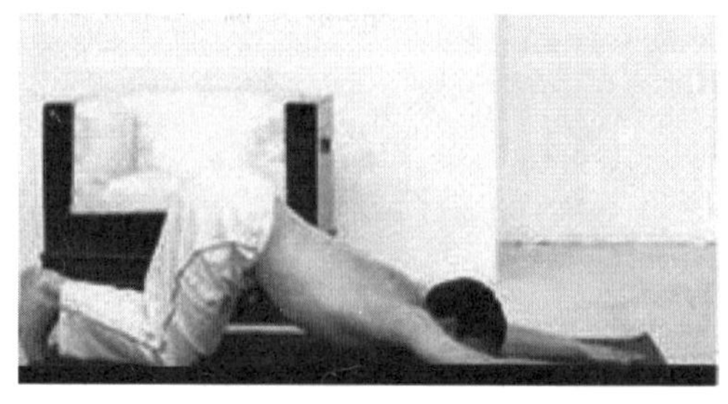

图 5 -7

功效:蜷缩着睡了一晚,脊柱以一种姿态保持了七八个小时,开始逐渐僵硬。蜥蜴式能帮助脊柱呈现一种反向的姿势,使它受到挤压,血液开始流动,迅速通过神经流入器官,促进体内的血液循环,能让人立即从昏睡状态中醒过来,为之一振。

(二)眼镜蛇式

动作要领:俯卧,手臂放于体侧,手心向上。两腿伸直,并拢。先慢慢移动两臂,将手放在胸前,肩膀之下。吸气时,将上半身逐渐离开地面,手臂缓缓伸直,颈部往后放松,耻骨始终不离地。保持自然的呼吸,注意力集中在背部,感受脊柱的弹性(见图5-8)。

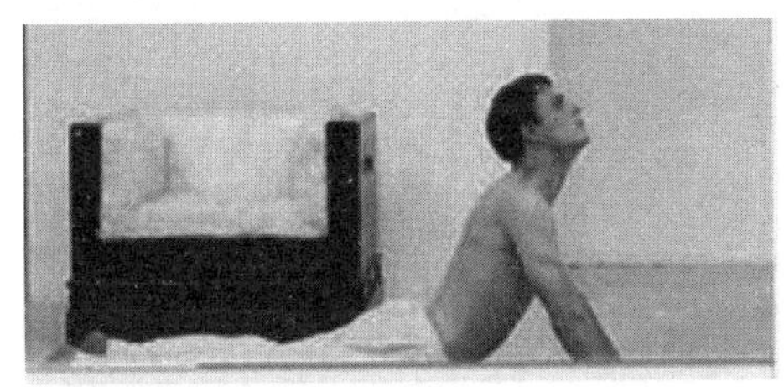

图5-8

功效:这个姿势对肾脏施加了压力,暂时使其中的血液被挤了出来。当恢复原态时,血液就涌回了双肾,有助于冲走结石沉淀物。生殖器官也在这个姿势中受益,能够增强性能力。

(三)犁式

动作要领:仰卧,手臂于体侧,手心向下。两腿伸直,并拢。吸气,将两腿慢慢离开地面,到与身体呈90°的状态。然后呼气,手臂稍稍用力,使背部离开地面,双腿在头的上方。根据自己身体的情况,轻柔地将脚趾接近地面,直到触地为止(见图5-9)。

图5-9

功效:犁式收缩了腹部器官,给他们补充了活力,刺激消化功能,帮助消除便秘。背部的神经得到滋养,从而消除各种背痛、腰部风湿痛。还刺激了甲状腺,调整身体的新陈代谢,加强性的控制能力。

(四)半脊柱扭转式

动作要领:将右腿放于左臀下,左腿绕过右腿,放在右大腿的外侧。右臂缠绕左小腿,右手抓住左脚背或脚踝,左手放于背后,上半身尽量转向左后方,注意力集中在扭转的上半身,体会脊柱与背部肌肉的扭挤。还原后,再换另一边做(见图5-10)。

图5-10

功效:五脏六腑从这个姿势中大获益处。腹部器官受到揉挤,促进肠脏的自然蠕动,调整肾上腺的分泌,使胰脏活动增强,有助于治疗糖尿病。肝脾得到强壮,并按摩了肾脏,强壮前列腺。

(五)坐角式

动作要领:两腿尽量分开,但不要太用力。双手放在身体前面。深吸一口气,呼气时身体慢慢往下,尽自己最大的能力,直到整个胸部和腹部触地。保持自然呼吸,体会大腿根部肌肉与韧带的伸拉(见图5-11)。

图5-11

功效:这个姿势能够治愈不太严重的疝气,放松髋部,减轻坐骨神经痛,刺激生殖系统,使人精力旺盛。

(六)肩倒立式

动作要领:仰卧,两手托着腰部将两腿慢慢向上伸直,背部离地,直到整个身体呈一直线,且垂直于地面。保持自然呼吸。放松身体对颈部的压力(见图5-12)。

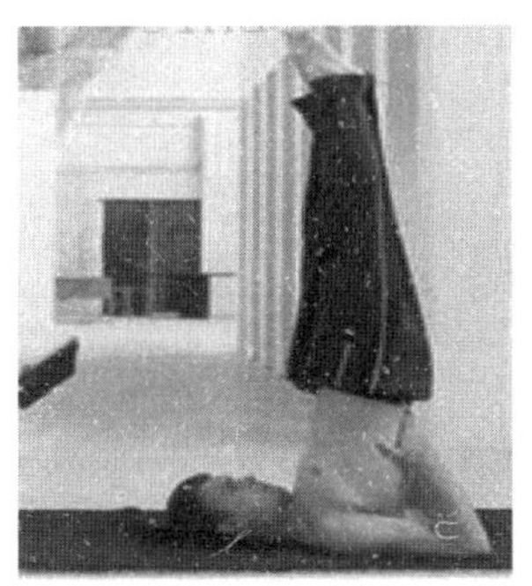

图5-12

功效:这个姿势使大脑补充了活力,增进思考能力,促进甲状腺,调节新陈代谢。能使神经系统平静,减缓心烦易怒、过度紧张、失眠、头疼等病症,有助于防止和治疗感冒,增进性的控制力和健康。

(七)山式

动作要领:可以选择半莲花坐。吸气,手指在头顶交叉,手臂伸直,手心向上。呼气,垂头放松。闭眼,保持自然呼吸,感受体内的宁静(见图5-13)。

图5-13

功效:山式有助于使神经安宁,扩张胸部,强壮腹部器官,并消除两肩的僵硬和风湿痛。

(八)瑜伽休息术

动作要领:仰卧,两腿分开30cm左右,两臂自然放于体侧,与身体呈30°,手心向上。闭上眼睛,合上嘴唇,脸部肌肉放松,牙不要咬紧。在心里默念身体各部位的名称,然后从脚到头依次放松。此时试想自己的身体如一片云,越飘越高,树丛、花草、山川、河流,都从视野中飞驰而过。此时心旷神怡,宠辱皆忘。

功效:在瑜伽休息术中,大脑皮层极度放松,10min的瑜伽休息术,相当于两小时的睡眠时间。

二、瑜伽益处

练习瑜伽要有耐性,瑜伽需要时间展现效果,以下是练习瑜伽后出现的益处。

(一)活力增加

来自瑜伽对脑部与腺体的作用。

(二)外观与心情的年轻

瑜伽减少面部皱纹,产生天然的“拉皮”效果,这主要归功于倒立。我们通常的直立体位,促使地心引力将肌肉下拉。假以时日,面部肌肉逐出现下榻现象。每日倒立数分钟,我们得以扭转地心引力的作用,使其成为我们回春的助力,令面部肌肉不致松弛,它使皱纹减少,皮肤自然拉平。瑜伽倒立体位经常能使灰发恢复其原来色泽,并延缓挥发现象。这是因为倒立使得流向头皮内发囊的血液数量增加。这个体位令颈部弹性增加,除去了颈部血管与神经的压力,使得更多血液流向头皮肌肉。也就是说,发囊得到更多营养,产生更丰富的健康头发。

(三)活得更久

瑜伽影响所有长寿的条件:脑部、腺体、脊柱与内部器官。

(四)增加疾病抵抗力

瑜伽锻炼出一副健壮的体格,免疫能力也增加。这个加强的抵抗力可以对付从感冒到诸如癌症的各种严重病症。

(五)改善视力与听力

正常的视力与听力主要是靠眼睛与耳朵得到良好的血液循环与神经传送得以保证。供应眼睛与耳朵的神经与血管必须通过颈部。年岁增长时,颈部正如脊柱其他部分一样失去弹性,神经与血管经过颈部时就有可能遇到滞疑难行的状况。如此变化妨碍神经与血液对眼睛与耳朵的供应,因而影响他们的运作。瑜伽体位与瑜伽颈部运动能改善颈部状况,进而加强视力与听力。

（六）心智情绪的改善

由于瑜伽使包括脑部在内的腺体神经系统产生回春效果，心智情绪自然会呈现积极状态。它使你更有自信，更热诚，而且比较乐观。每天的生活也会变得更有创意。

第四节　游泳运动基本概述与训练

游泳，是在水上靠自力漂浮，借自身肢体的动作在水中运动前进的技能。游泳运动可分为竞技游泳和实用游泳，竞技游泳是奥林匹克运动会中的第二大项目，它包括蝶泳、仰泳（也称背泳）、蛙泳和捷泳（也称爬泳/自由泳）四种泳姿的竞速项目，以及花样游泳等。

一、游泳的意义

（一）保障生命安全

地球上布满江、河、湖、海，人类在生活中不可避免地要与水打交道。如果会游泳，自身的生存就会有保障。

（二）促进身心健康

游泳是最受欢迎的健身运动项目之一。坚持游泳锻炼，不仅能增强体质，还能给人带来心理上的愉悦。

（三）休闲娱乐

游泳运动，不受年龄、性别限制，越来越多的人喜欢上了游泳。通过游泳，既锻炼了身体，又达到了娱乐休闲的目的。

（四）为生产、国防服务

如水利建设、防洪抢险、渔业等，都要掌握游泳技能才能更好地完成。

（五）创造优异成绩，为国争光

奥运会游泳比赛中设有 32 个项目，是名副其实的金牌大户。把游泳作为奥运会的重点项目，对取得优异成绩，为国争光有着非常重要的意义。

（六）防病治病

游泳能帮助和促进功能恢复，对瘫痪患者和残疾人的康复很有帮助。

二、游泳的安全卫生注意事项

(一)安全第一

1.“水火无情”,参加游泳运动时切实确立安全第一的思想。

2. 游泳前必须要严格体检。

3. 要选择安全卫生的游泳场所。

(二)游泳保健常识

1. 入水前必须按规定清洗身体。

2. 做好充分的准备活动。

3. 睡眠不足,身体过于疲劳,或情绪激动,都不宜游泳。

4. 不要冒险跳水。

5. 遵守游泳池各项规则。

6. 饭后45~60min内不要游泳。

7. 了解水温,最理想的是27℃。

8. 不要单独游泳。

三、游泳应备器具

(一)合身的游泳衣裤

游泳衣裤要合身,既不能太紧,也不能太松。太紧了,会挤肉;太松了,游泳时会膨涨起来。所以游泳衣裤以贴身为宜。

(二)合适的游泳帽

游泳时应戴游泳帽,这样一方面可以防止头发散乱和减轻池水损害发质,同时也能避免脱落的头发堵塞泳池的排水管。

(三)游泳眼镜

主要是为了预防眼病的发生。

(四)沐浴的物品

游泳池水经过处理后,里面会有化学物质,游泳后需要沐浴。

四、游泳常见事故的处理

(一)抽筋

下水前的准备活动应当充分,在水里时间别太长。一旦出现抽筋,千万不要慌乱。比方脚趾抽筋,那就马上将腿屈起,用力将足趾拉开、扳直;小腿抽筋,先吸足一口气,仰卧在水面,用手扳驻足趾,并使小腿用力向前伸蹬,让收缩的肌肉伸展和松弛;手指抽筋时,手握成拳头,然后用力张开,如此反复即可解脱。

(二)眼睛痒痛

可能是由水不洁净引起。上岸后应马上用清洁的淡盐水冲洗眼睛,然后用氯霉素或红霉素眼药水点眼,临睡前最好再做一下热敷。

(三)皮肤发痒出疹

主要皮肤过敏所致。立即上岸。服一片阿司咪唑或氯苯那敏,很快就会好转。

五、熟悉水性

熟悉水性是游泳教学的第一步。通过熟悉水性的教学可使初学者尽快适应水环境,改变人们陆上生活所形成的思维方式和动作习惯,消除怕水心理。

熟悉水性教学的主要内容:水中行走、呼吸、漂浮、滑行。

(一)水中行走

水中行走练习的目的,主要是体会水的阻力,掌握在水中站立和行走时维持身体平衡的方法,消除怕水心理。

1. 练习方法

(1)扶池边向前、向后、向两侧行走。

(2)集体拉手向前、向后、向两侧行走。

(3)各种方向的走、跑及转身、跃起。

2. 教学训练提示

水中行走宜在齐腰深的水中进行,练习时应提醒学生相互注意,以防止因滑倒而呛水或发生溺水事故。

(二)呼吸

呼吸练习的目的,在于初步掌握游泳时的呼吸方法、呼吸过程和呼吸节奏,适应头浸入水中的刺激,消除怕水心理。

1. 练习方法

(1)闭气练习:面对池壁,两手扶池边站立。练习时用口吸气后闭气,然后低头,将面部和头没入水中,在水中停留片刻后起立,在水面上呼气和吸气。在水中闭气的时间,可随练习次数的增加而逐渐延长,但须控制在学生能力范围之内。

(2)呼气练习:同上练习,当面部和头没入水中稍闭气后,用口或口和鼻缓慢而均匀地呼气,但不要把气呼完,在呼气的后部分,一边呼气一边抬头,当口出水面时用力将气呼完。然后起立在水面上用口吸气。

(3)连续呼吸练习:同上练习,但要求练习动作连贯。如此反复,直到能连续做20~30次。

2. 教法训练提示

(1)呼吸是游泳教学的难点,应贯穿教学的始终。

(2)强调呼吸的方式是用口吸气,用口或口和鼻呼气;呼吸的过程是吸气→闭气→呼气;呼吸的节奏是快吸气,慢而逐渐加速地呼气。

(3)为了不中断练习和适应游泳时的呼吸动作与节奏,在做连续呼吸练习时,尽量不要用手去抹脸上的水,或用甩头的方式将脸上的水甩掉。

(4)在学生能比较熟练地做呼吸练习时,可要求学生在水中睁开眼睛。

(三)浮体与站立

浮体与站立练习的目的是体会水的浮力,掌握在水中浮体、维持身体平衡和由浮体到站立的方法,进一步消除怕水心理。

1. 练习方法

(1)抱膝浮体:站立在齐胸深水中,深吸气后闭气,下蹲低头抱膝团身,使身体自然漂浮于水中。站立时,松手,向前伸两臂,然后轻轻下压使头抬起,同时两腿下伸,脚触池底站立,两手臂在体侧拨水维持身体平衡(见图5-14a)。

(2)展体浮体:站立在齐胸深水中,两臂放松前伸。深吸气后,屈膝下蹲,身体前倾并低头,两脚轻蹬池底,两腿放松上浮成俯卧展体姿势漂浮于水中(图5-14b)。站立时,收腹、屈膝、收腿,两臂向下轻轻压水并抬头,同时两腿下伸,脚触池底站立,两手臂在体侧拨水维持身体平衡。

a　　b

图5-14

2. 教法训练提示

(1)教授浮体时,必须同时教授站立的方法,以确保安全。

(2)在开始做浮体练习时,应提醒学生相互关照,在有需要时,出手帮助同学站立。

(3)在做展体浮体时,身体要展平,通过低头和向前伸两臂的动作,调节重心与浮心的位置,使身体能较长时间地平浮于水中。

(四)滑行

滑行练习的目的,是使学生体会和掌握游泳时身体的水平位置与流线型姿势,提高学生在水中控制身体的能力,为学习各种泳式打好基础。

1. 练习方法

(1)蹬池底滑行:两脚前后开立于齐胸深水中,两臂前伸,两手并拢。深吸气后上体前倾并屈膝,当头和肩没入水中时,前脚掌用力向后下蹬离池底,随后两腿并拢,使身体成流线型向前滑行(图 5 – 15a)。

(2)蹬池壁滑行:背对池壁,一手扶池边,一臂前伸,一脚在池底站立,另一脚蹬在池壁上。深吸气后低头,上体在水中前倾成俯卧姿势。然后提臀向上收支撑腿,两脚贴于池壁,臀部后移,两臂前伸并拢,头夹于两臂之间,两脚用力蹬池壁,使身体成流线型姿势向前滑行(图 5 – 15b)。

a　　　　b

图 5 – 15

2. 教法训练提示

(1)滑行是熟悉水性的重点,呼吸是难点。

(2)滑行时,身体应适度紧张,保持流线型姿势。

六、蛙泳

蛙泳是人们最为常见的一种泳姿,也是经常选择练习的一种游泳方式,游泳对于飞行大学生而言,通过学习和练习游泳,不仅可以塑性,保持良好健美的身材,对体能提高,肺活量的增强都有极大的好处。学习蛙泳,首先要熟知蛙泳的技巧,然后在水中实践,最终形成蛙泳熟练的技术。

（一）蛙泳口诀

学蛙泳很容易，熟记口诀，结合要领：
两臂同时一划水，抬头吸气紧相随；
收腿翻脚蹬夹水，吐气水中用鼻嘴；
收手同时慢收腿，两臂前伸再蹬腿；
此种配合要牢记，协调配合要学会。

蛙泳手臂动作口诀：

蛙泳手臂对称划，桃型划水向侧下；
两手屈腕来抓水，屈臂高肘向后划；
划到肩下快收手，两肘用力向里夹；
双手平行向前伸，伸直放松往前进。

蛙泳腿部动作口诀：

蛙泳蹬腿像青蛙，向后蹬夹向前滑；
收腿脚跟臀边靠，两膝相距似肩宽；
边收边分慢收腿，翻脚脚尖向两边；
用力向后蹬夹水，两脚并拢漂一会。

（二）蛙泳技术要领

1. 手臂动作要领（见图5－16）

（1）开始姿势

两个手臂自然前伸，手掌张开，掌心向下，与水平面平行，身体处于自然伸直状态。

（2）手臂外划

手肘伸直，掌心由向下慢慢转为向外，手掌倾斜大约45°角，边转手掌边将全臂向外斜下方推开，这时是没有向前的推进作用的，不需要太用力，以免浪费体力。

提示：手臂外划要放松，不需用力。

（3）高肘抓水

当手掌和手臂感觉到有压力时，开始抓水，这是抓水推进力最为关键的一步，过早抓水，会导致内划距离缩短，影响速度。

提示：抓水速度根据个人水平高低而定，水平高者，抓水速度快，否则则慢。

（4）内划收手

当手臂张开大概45°角时，手腕开始弯曲，掌心由外向内，手臂带动手肘加速向内划水,将水推向身体内侧,这时由于水的推力,上半身可以处于一个较高的位置;该动作完成时,手肘将收置于腋下,双臂贴紧身体,以减少水阻力;掌心也同时由外向上(朝向胸部),置于头部前下方位置。

提示:在整个内划收手的过程中,手的速度要快、要圆滑、要用力,收手结束时,肘关节必须低于手。

(5)手臂前伸

掌心由向上转为相对,再到合并,在手掌转向的同时慢慢伸直手肘,用暗力往前伸,尽量伸到缩紧肩宽,减少阻力,创造更好的流水线,提高滑行速度,在最后动作结束前掌心慢慢转为向下,为下一个向外划水做好准备。

提示:在整个前伸的过程当中,手掌到手指要伸直,尽量减少水的阻力。

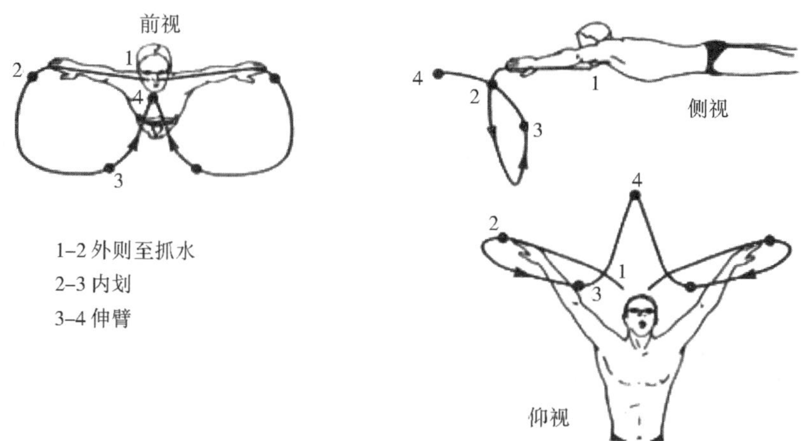

图 5 – 16

2. 腿部动作技巧图解(见图 5 – 17)

(1)收腿

屈膝收腿,收腿时力量要小,将脚跟向臀部靠拢,小腿尽量贴近大腿,收腿时最好处于大腿投影面之内,这样可以尽可能地减少收腿阻力;收腿结束后最佳位置,是小腿差不多于水平面垂直,脚掌接近水平面,两膝与肩部差不多同宽。

(2)翻脚

这动作可以说是整个腿部动作中最为关键的一个,它可以直接影响到蹬腿的效果;勾起脚板,脚底朝上,脚尖向外,双脚外翻,使脚和小腿内侧对着蹬水方向,在后面看起来就像个英文字母“W”,这样做可以充分发挥蹬水的力量,创造更好的前进推力。

(3)蹬夹水

说白了就是一个由屈腿到伸直的过程,甚至脚板都要伸直;蹬水时候,由腰部和大腿发力,以小腿和脚底向外蹬水,直到双脚甚至位置差不多与肩同宽的时候,伸直脚板,用力夹水,直到双脚并拢伸直;整个过程中蹬水夹水是圆滑连续的,没有那么明显的分开步骤,尽量要控制好脚板地伸直时间,在蹬水中过早伸直,会严重影响推进速度,过慢又会加大水阻力,拖慢速度。并拢滑行,双脚并拢伸直后,自然滑行,一般是 1 ~ 2s 的时间。

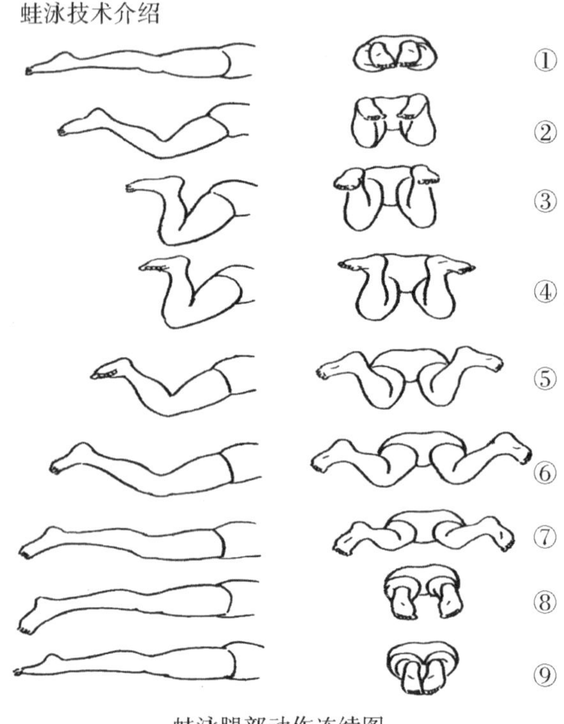

蛙泳腿部动作连续图

图 5 – 17

3. 换气技巧图解(见图 5 – 18)

(1)准备姿势

可以选择池边、高台跳跃(建议专业训练者),或者站在池里,双手伸直并拢,鼻子和嘴深深吸一口气,双脚一跃,钻进水里滑行,将嘴里的空气慢慢吐出,调整身体与水面平行。

(2)外划抓水

双手外划抓水,嘴里依旧徐徐吐气,双脚必须伸直,切勿弯曲,这是初学者经常犯的错误,殊不知,在弯曲的同时,已经大大增加了水阻力,减少了流水型,拖慢了滑行速度。

(3)内划收手

收手同时收脚,由于水的托力,人体上半身处于较高位置,抬起头,张开嘴巴连同鼻子深深吸一口气,再次潜进水里。

提示:切忌过早收腿,拖慢滑行速度,收手即时收腿。

(4)双臂前伸

继续慢慢呼气,当双臂前伸差不多一半时,双脚往蹬水方向踢水。

提示:切忌伸手过慢,错过蹬水最佳时间,影响前进速度。

(5)继续滑行

双臂尽量前伸,缩紧肩宽,脚板甚至,尽量形成很好的流水型,减少阻力,徐徐吐气,自然滑行 1 ~2s。

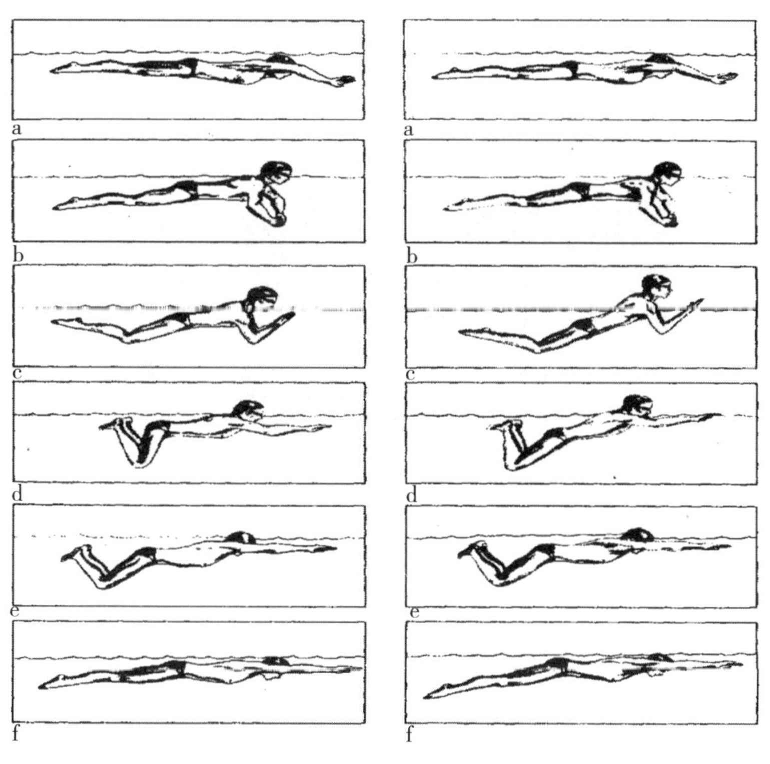

图 5 –18

七、蛙泳教程

（一）学习腿部动作

1. 蛙泳入门陆上模仿

（1）坐撑模仿蛙泳腿：坐在板凳或池（岸）边上，上体稍后仰，两手支撑于体后侧，两腿伸直并拢，髋关节展开，身体成一条直线，做蛙泳腿的收（腿）、翻（脚）、蹬夹（水）、停（一会儿）的动作练习：

收——大腿带小腿，边收边分。大腿于躯干的角度不能小于90°。

翻——向外翻脚，勾脚尖，膝关节稍内扣，以小腿内侧斜对蹬的方向。

蹬夹——移脚心对准的侧后方向逐渐用力，逐渐加速，边蹬边夹。

停——两腿并拢伸直放松，做明显的停顿动作。

初学者在练习时，可以先进行分解练习，即每做一个动作稍停，想清楚之后，再做下一个动作，这样逐渐过渡到连贯的动作。刚开始时，可以用眼睛看着自己腿的动作是否正确。

这种练习只是在学习的初期用以理解正确的动作概念，它的重点是体会翻脚时的肌肉感觉，其优点是自己能判断动作的错误与否，缺点是容易造成收大腿过多的错误动作（见图5－19）。

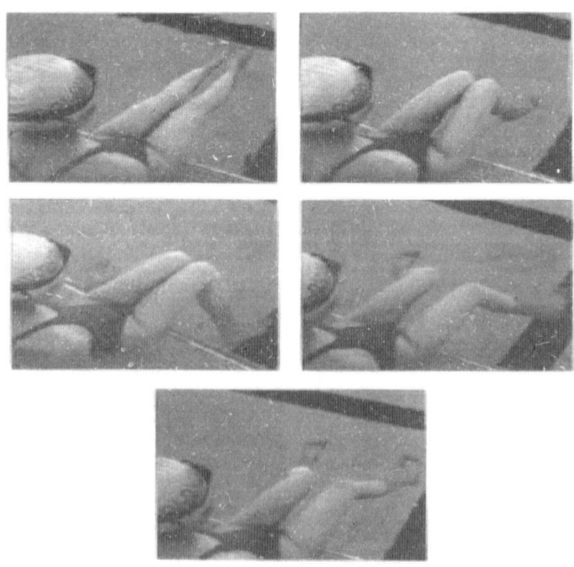

图5－19

(2)俯卧模仿蛙泳腿:以大腿的上三分之一处贴近板凳或池(岸)边成俯卧,这样既省力,又可控制大腿少收。

这种练习重点是体会翻脚和腿蹬夹的路线及动作节奏,但是由于他全凭各然的肌肉感觉进行,在动作不熟练的情况下,往往容易出错,因此最好是在同伴或老师的指导下进行(见图 5 - 20)。

图 5 - 20

2. 蛙泳入门水上练习

(1)固定支撑做蛙泳腿的练习:收扶池(岸)边或同伴的手,也可支撑在浅水的池底,身体俯卧于水中,髋关节展开两腿放松伸直并拢,做收、翻、蹬夹、停的动作。

水中练习要注意以下几点:

躯干:双肩浸入水中,要腹部肌肉稍紧张,深日接近水平面。

收:放松慢收,稍挺髋,脚跟尽量贴近臀部,大腿于躯干的角度不得小于 90°。

翻:向外翻脚要充分,脚和小腿内侧对准水,脚心向侧后斜上方。

蹬夹:向侧后做弧形蹬夹要连贯,并逐渐加速、用力,要感觉到小腿内侧及脚心有阻力。

停:并拢伸直漂的时间不能太长,以免身体下沉,要有意识地增加向上抬腿的力量。

以上练习为了保证动作的准确性,最好在有专业人士指导下进行(见图 5 - 21)。

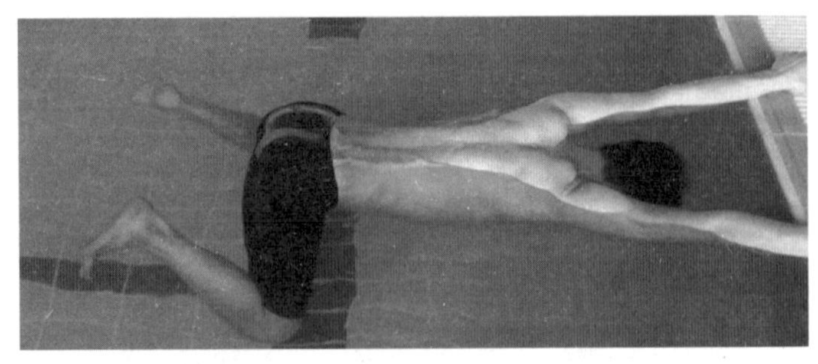

图 5 - 21

(2)蛙泳腿和呼吸的练习:腿部动作基本掌握之后,就开始做腿和呼吸的配合练习。边收边抬头,翻脚时已吸气完毕;板蹬边低头,用鼻或口鼻慢慢呼气,在抬头吸气前,迅速用嘴将体内的余气吐光。此练习应反复多练,在以后的学习过程中也用穿插进行附带型的练习。

(3)滑行做蛙泳腿的练习:蹬池(岸)边或者蹬池底滑行后做蛙泳腿的练习。身体自然放松,两腿蹬水后漂浮的时间稍长,注意体会蹬腿的效果及动作的节奏。

(4)扶板做蛙泳腿的练习:两臂伸直肩放松,两掌心相对,抓住扶板的边缘,小臂置于板上,肘关节正好处在扶板的末端。肩与水平面差不多齐平,眼睛向前看,身体保持平稳的姿势。再进行水上练习时,初学者最好在腰上带上浮漂,以帮助身体上浮,使脚的蹬夹水方向正确。

(二)学习手臂动作以及和呼吸的配合技术

1. 陆上模仿

站立,上体前倾,两臂前伸,掌心向下做蛙泳臂的动作,基本掌握之后,配合呼吸练习,计划臂抬头吸气,伸手低头呼气。

2. 水中练习

(1)站立水中做划臂练习。

(2)在水中边走边做划臂和呼吸的练习。

(3)俯卧滑行做划臂练习。

(4)俯卧滑行做划臂和呼吸的练习。

(三)学习完整配合技术

1. 陆上模仿

两脚分开站立,两臂上举并拢伸直紧贴耳际,两臂和单腿配合呼吸做练习。

这种练习,重点时体会臂、腿与头部呼吸之间的配合,一般在学习的初期练习以上内容,以后没有练习的价值。

2. 水上练习

(1)单臂、腿和呼吸的配合练习:一手扶板或扶池(岸)边或抓同伴的手进行练习。注意身体要平,不能"立着"做。

(2)水中滑行做臂和腿的分解配合:即先划一次手,在蹬一次腿,体会手臂动作在先腿在后的动作概念。

(3)臂、腿连贯配合练习:可以低头憋气或抬头进行,重点体会臂腿的配合时机。

(4)臂、腿、呼吸的完整配合练习:在做此练习时,开始可以做多次臂腿配合,一次呼吸的练习;也可做多次蹬腿一次手臂和一次呼吸的动作练习;还可以做抬头不做呼吸的臂腿配合练习。

(四)蛙泳水中实战练习

1. 蛙泳身体姿势

蛙泳时身体水平地俯卧在水面上,两臂向前伸直并拢。头略低,水齐前额,脸下部浸入水中。稍收腹、微塌腰,身体纵轴于前进方向约成5°~10°,保持身体的流线型。

2. 蛙泳时腿部动作

腿部动作是推动身体前进的主要动力。可分为滑行、收腿、翻脚和蹬水四个不可分割的动作阶段。

(1)收腿

收腿是接滑行开始的,腿由于本身的重量而开始下沉,这时两腿稍内旋,使脚跟分开,小腿和脚尽量靠近臀部,膝关节随腿的下沉向前边收边分。收腿结束时,大腿和躯干之间成130°~140°。要求收腿路线既要短,阻力要小,又要为蹬水创造有利条件。

(2)翻脚

翻脚是收腿的继续,蹬水的开始,随着收腿的结束,两脚继续向臀部收紧,大腿内旋使膝内压的同时,小腿向外翻,脚尖也同时向两侧外翻,使脚掌内侧正对蹬水方向。

(3)蹬水

蹬水是由翻脚后由髋部发力,带动膝、踝相继伸直,以大腿、小腿内侧和脚掌内后作急速有力的蹬夹动作。在蹬夹过程中,当两腿逐渐并拢时略向下压,以形成最后鞭打动作。

(4)滑行

蹬水结束身体借助惯性力向前滑行,两腿(包括脚尖)并拢向后伸直,臀肌、大腿股四头肌和腓肠肌稍紧张,身体成水平姿势,为收腿做好准备。

3. 蛙泳臂部动作

蛙泳臂部动作可分为抓水、划水、收手和伸臂四个不可分割的动作阶段。

(1)抓水

紧接滑行,肩保持前伸,两臂内旋,使两臂和掌心转向外斜下方屈腕,两手分开向侧余下方压水。当手掌和前臂感到有压力时,就开始划水。

(2)划水

紧接抓水就开始加速划水,划水的方向是向侧、下、后、内方。划水时肘部保持较高的部位,前臂和上臂屈的角度在整个划水过程中是不断变化的,划水主要阶段肘关节弯曲度接近90°。

(3)收手

收手是划水的继续,能产生上升力和前进力。两臂向里、向上收速收到下颌的下前方,掌心由后转向内。肘低于手,上臂不超过两肩的延长线,尽量把臂收在身体的投影之中,使其发挥划水造成的推进惯性作用,减少水对伸臂时的阻力。

(4)伸臂

紧接收手,继续推肘伸臂。掌心转向下,两臂放松,先伸肩后伸肘,两臂先向前上再向前伸,身体保持流线型,伸臂结束时,两臂恢复滑行姿势。

4. 臂、腿和呼吸的蛙泳时配合技术

蛙泳的呼吸和手臂划水动作是紧密配合的,一般采用一个动作周期呼吸一次。呼吸方法分为“早呼吸”和“晚呼吸”两种,“早呼吸”是在两臂开始划水时即抬头吸气,划完臂低头呼气。“晚呼吸”是划水几乎结束时才开始抬头,两臂划到胸前使身体达到最高点时吸气,继而随伸臂低头闭气,当两臂开始外划时逐渐呼气。初学者用“早呼吸”较有利,因两臂划水时有较大的支撑面使头露出水面进行吸气。

臀、腿和呼吸的完整配合,可采用蹬腿结束后,两臂前伸和两腿伸直并拢滑行,再开始手臂的抓水动作,此时抬头吸气。当收手的同时收腿,伸臂中做蹬腿动作。

(五)蛙泳易犯错误及纠正方法

1. 手臂易犯错误与纠正方法

(1)划水时平摸水水(划不到水)。纠正方法:A. 讲解、示范、明确要领。

B. 划水时,要求掌心向外,侧下,高肘屈臂,小幅度划水。C. 加强手臂力量训练。

(2)划水路线太宽,超过肩的延长线。纠正方法:A. 讲解、示范、明确要领。B. 要求小划臂或在腋下放一限制杆。

2. 腿部易犯错误与纠正方法

(1)蹬水时没翻脚。纠正方法:A. 讲解示范,明确要领。B. 陆上模仿或多在水中做翻脚的强制性练习。C. 强调蹬水时勾脚状态。

(2)平收腿,蹬得过宽。纠正方法:用绳子固定两膝距离,限制其外张,或用矫枉过正法,要求收腿时,两膝内扣。

(3)收腿时脚的部位太低。纠正方法:A. 低头提臀,腰部肌肉适应紧张,使身体平卧水面。B. 积极收小腿,脚沿水面收,收腿后小腿应垂直。C. 蹬水时太腿带动小腿加速蹬夹水,顺势将髋关节展开。

(4)收腿或快或收腿过多。纠正方法:A. 讲解示范,明确要领。B. 强调收腿时要放松,慢性,而蹬腿时要快,加速进行。

(5)收腿蹬腿时,臀部上下起伏。纠正方法:A. 头肩抬起,收腿时稍挺腹,不主动收大腿,而应主动收小腿。B. 收腿时不收腹,蹬腿时也就不会挺腹。

(6)收腿时身体下沉的太多。纠正方法:A. 陆上模仿。B. 多做扶池边的腿部练习,强调收腿时两膝应自然下沉。

(7)蹬夹分解或只蹬不夹。纠正方法:A. 讲解示范,明确要领。B. 腿跳出去在两膝未伸直就应积极向里夹水。C. 蹬腿应加速进行,蹬腿最后的1/4应迅速伸踢关节,加速并拢两腿。

3. 蛙泳配合动作常见错误

(1)蹬夹的同时划臂

直接原因:A. 手臂前伸后没有滑行,急于划臂。B. 收腿太慢,蹬夹滞后。

纠正方法:A. 强调腿蹬直后手臂保持伸直并拢姿势滑行一段距离(滑行5秒)。B. 多做臂一次腿一次的分解练习,体会臂、腿交替的要领。C. 从蹬三次腿划一次臂,过渡到蹬两次腿划一次臂;最后回到正常的蹬一次腿划一次臂,限制手臂的过早外划。

(2)蹬夹的同时伸

直接原因:A. 手臂内划结束没有迅速前伸而在胸前停留。B. 收腿动作太早太急。

纠正方法:A. 强调先伸臂在蹬夹,多做臂一次腿一次的分解练习,体会臂、腿交替的要领。B. 强调划水动作连贯,内划紧接前伸,中间不停顿。C. 推迟收腿,放慢收腿速度。

(3)吸不到气

直接原因:A. 基本呼吸方法不对头,呼气不彻底,吸气动作太慢。B. 抬头太迟,来不及完成换气动作。C. 腿部动作效果差,身体位置低。

纠正方法:A. 多做水中原地连贯呼吸的练习,掌握好水中呼吸的基本方法。B. 多做水中原地划臂配合呼吸的练习,强调“先抬头,后划手”,延长水面呼吸的时间。C. 改进腿部动作,提高身体位置。

八、爬泳

(一)爬泳口诀

1. 总口诀

身体伸展像只船,两臂打水风车转;
转头吸气莫抬头,打腿动作小轻快。

2. 分口诀

头擦水面,颈脊平长,下颏收敛,换气莫昂;
通体要刚,腰腹紧张,圆木滚动,脐望两旁;
伸臂入袖,转肩进框,近体直划,拉柔推刚;
大腿夹住,小腿如簧,足踝放松,有张有弛。

(二)爬泳技术要领

1. 身体姿势

爬泳时身体俯卧在水面成流线型,背部和臀部的肌肉保持适当的紧张度,在游进中保持头部平稳(眼睛的视线方向决定头的位置,自由泳两眼应朝池底斜前方为好,要求固定视线,固定头部位置),躯干围绕身体纵轴有节奏的自然转动35°~45°(身体以纵轴为中心的滚动,滚动幅度以提肩的高度为准)(见图5-22)。

技术要点:

(1)一手在划水时,另一手总是处在前伸位置,其前伸的手必须在肩前方充分伸展,并感觉前伸手压住了身体的重量,使之控制在较高位。

(2)固定眼睛的视线,固定头的位置,尤其在吸气阶段,头向侧转动应尽可能地小,以致不影响身体的纵轴滚动幅度为好。吸气后头的回复仍须依原视线的回归固定,保持良好的身体位置。

(3)要保持良好的身体位置,必须有良好的打腿能力,以持续的小幅度而快频率的打腿,有利于身体位置的上浮。

2. 臂部动作

自由泳是臂部动作是推动身体前进的主要动力。以一个周期分为入水、抱水、划水、出水和空中移臂五个不可分割的阶段。

(1)入水:完成空中移臂后,手在控制下自然放松入水。手的入水点一般在身体纵轴和肩关节的前后延长线之间。入水时手指自然伸直并拢,臂内旋使肘关节抬高处于最高点,掌手斜向外下方,使手指首先触水,然后是小臂,最后是大臂自然插入水中。

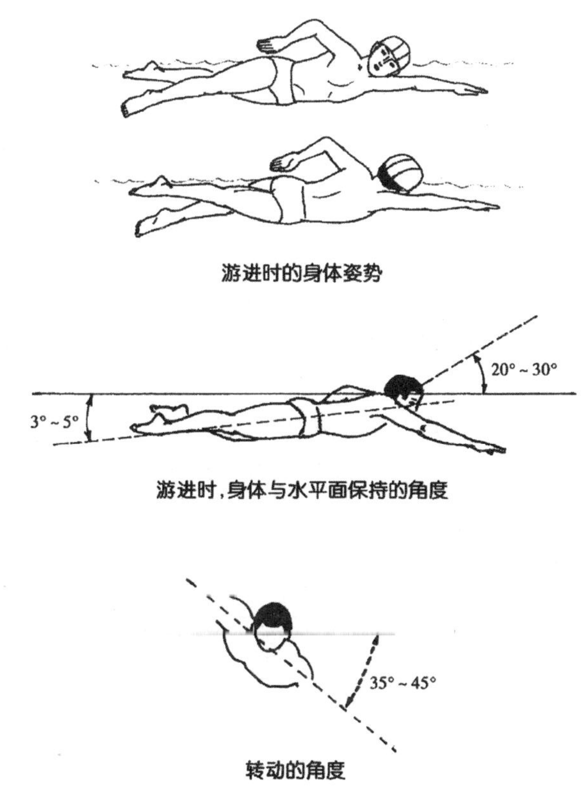

游进时的身体姿势

游进时,身体与水平面保持的角度

转动的角度

图 5-22

(2)抱水:臂入水后,在积极向下方插入的过程中,手掌从向斜外下方转向斜内后方并开始屈腕、屈肘,肘高于手,以便能迅速过渡到较好的划水位置。抱水结束,手掌已经接近对水,肘关节屈至 150°左右,整个手臂像抱着一个大圆球似的为划水做准备。

(3)划水:划水是发挥最大推进作用的主要阶段,其动作过程可分为拉水和推水两个部分。紧接抱水阶段进入拉水,这时要保持抬肘,并使大臂内旋。同时继续屈肘,使手的动作迅速赶上身体的前进速度,能使拉水动作造成合理的动作方向和路线,同时,也使主要肌肉群在良好的工作条件下进入推水动作,拉水至肩的垂直平面后,即进入推水部分,这时肘的屈度约100°左右。大臂在保持内旋姿势,带动小臂,用力向后推水。同时,使肩部后移,以加长有效的划水路线。向后推水有一个从屈臂到伸臂的加速过程,手掌从内向上,从下向上的动作路线加速划至大腿旁。整个划水动作,手的轨迹始于肩前,继之到腹下,最后到大腿旁,呈s形。

(4)出水:划水结束时,掌心转向大腿,出水时小指向上,手臂放松,微屈肘。由上臂带动,肘部向外上方提拉带前臂和手出水面,掌心转向后上方。出水动作必须迅速而不停顿,同时应该柔和、放松。

(5)空中移臂:紧接出水不停顿地进入空中移臂,移臂时,肘高于手。

技术要点:

(1)手臂入水应快而有力,抓住自由泳协同用力地节奏感。

(2)入水后的抓水,手掌下压,手指应感到有压力,尤其在小指、无名指、中指的压力更为明显,形成抓水时的稍向外的曲线路线。

(3)划水至肩平位时,整个手臂从手掌、小臂、大臂形成方向向后的最大阻力面。

(4)推水方向向后,但不宜推至肘部伸直后再提肩,应边推边提肘。

(5)划水的全过程应发力早(抓水后发力),持续用力后划,并伴随加速度至划水结束。

(6)移臂必须强调提肩、转肩(见图5-23)。

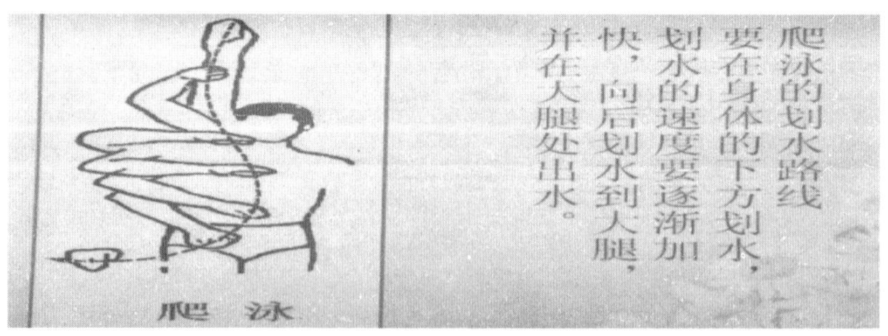

图5-23

3. 腿部动作

自由泳腿部动作虽有一定的推进力,但主要起平衡作用,保持身体的稳定和协调双臂做有力地划水。要求两腿自然并拢,脚稍内旋,踝关节关松,以髋关节为轴,由大腿带动小腿和脚掌,两腿交替做鞭打动作,两脚尖上下最大幅度 30 ~ 40cm,膝关节最大屈度约 160°。打腿各阶段的技术要领是:直腿上抬—踝伸内旋—屈膝下打。打腿时,由大腿带动小腿,向上抬腿,伸直膝关节(直腿),向下打腿时,膝关节自然弯曲,脚背伸直内旋,向下打腿的过程是“向下向后”的感觉,形成鞭状动作,并必须向下打到底(见图 5 - 24)。

技术要点:

(1)无论是向上还是向下的动作,都应是大腿带动小腿,避免仅膝关节的弯曲,小腿的上下运动完成腿的动作。

(2)向下打腿时必须打到底,避免浮在水面上打腿,其效果差。

(3)踝关节的内旋是提高打腿效果的关键。

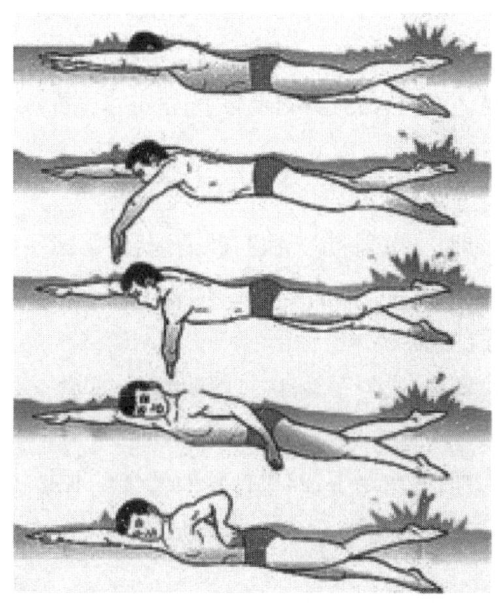

图 5 - 24

4. 呼吸动作

自由泳吸气动作是头部的侧转,由于侧向转动会改变身体的平衡位置,应将侧向的动量减少到最低限度,以保证流线型的形体,最好的吸气时机是当吸气时,对侧臂刚入水,而吸气一侧的臂开始提肘回臂时,同侧肩止提肩,身体向同侧滚动,头部侧转,使口处在一个受头、肩屏护的波谷内完成吸气,由于此时身体沿中轴侧转,为了保持平稳的身体位置,其侧转的时间要短,吸气要快。

强调要点:

(1)在头、肩屏护的波谷中吸气。

(2)身体的转动要小,吸气要迅速。

(3)前伸臂刚入水,头即可转动。

(4)吸气时,视线应朝侧偏前方向为好。

5. 两臂配合

自由泳的两手配合通常以一手入水阶段时,另一手所处的位置可分为三种类型:

(1)中前交叉,一臂入水时,另一臂以前摆至肩前方与平面成30°左右。前交叉有利于初学者掌握自由泳动作和呼吸。好处:划水路线长,效果好,手的支撑比较理想。不足:动作频率加不快。

(2)中交叉,一臂入水时,另一臂处在向内划水阶段与水平面成90°。好处:动作比较连贯,频率能加得上去。不足:不易抓水,尤其水感较差的更易失去水感。

(3)后交叉,一臂入水时,另一臂划至腹下,手与水平面成150°左右,即正在推水后阶段。

6. 手腿配合

(1)六次腿配合,即:一次划手,三次打腿的配合,掌握一手入水至抱水后,打对侧腿,划水至推水前段,打同侧腿,推水后阶段,打对侧腿。初学者一般采用,易保持平衡和协调掌握自由泳技术。

(2)两次腿配合,即:一次划手,一次打腿的配合,掌握一手入水,打对侧腿,另一手划水至推水阶段。

(3)四次腿配合,即:一次划手,两次打腿的配合。本配合亦称两次带交叉打腿配合。在两次腿配合的前提下,每打一次腿后再加一次交叉打腿动作,以维持身体的平衡。

强调要点:

(1)必须抓住一手入水,打对侧腿的节奏点。

(2)抓住自由泳节奏点的同时,必须配合另一手正值划手阶段的用力(六次腿配合时,另一手在划手至推水前阶段。两次腿配合时,另一手在推水阶段,前交叉配合时,另一手在划手至推水前阶段,中交叉配合时,另一手在推水阶段)。

7. 臂、腿、呼吸配合

自由泳时,一般是在两臂各划水一次的过程中进行一次呼吸。以向右边吸气为例:右手入水后,嘴和鼻开始慢慢呼气。右臂划水至肩下,开始向右侧转头和增大呼气量。右臂推水即将结束,则用力呼气。右臂出水时,张嘴吸气,至空中移臂的前半部为止,并开始转头还原。然后,直至臂入水结束,有一个短暂的闭气过程,脸部转向前下。头部稳定时,右臂入水,再开始下一慢慢呼气的过程。

8. 身体重心前倾

(1)提肩移臂时,应感觉随手臂提出水面之后,让同侧背阔肌也跟随微微露出水面,将重心上提。

(2)手臂入水时,手指、肘、肩依次从手指入水点形成的水洞中进入水中,使重心自然前移。

(3)自由泳的移臂像人在陆地上走路一样,走路时,必须移动腿向前跨出。游自由泳时,一手正值划动而产生作用力,人自然前进,另一手应有意识的向前“跨”出移动。

九、自由泳

(一)水中扶边打水练习

双手扶池边将肩浸入水中,身体平直髋关节伸展,练习时可要求大腿带动小腿打水,向下打水时稍用力,向上则放松,可做快打和慢打的交替练习。

(二)陆上模仿练习

坐在池边,身体往前靠以臀部接触支撑身体,以免影响大腿打水,上体稍后仰,脚面伸直足踝放松,做直腿和屈腿的打水练习,打水幅度 30 ~ 40cm。

(三)划臂练习

两腿前后并立或左右并立,上体前倾肩部入水,划水时要用力,移臂时放松。开始可先单臂练习,一开始划水可分为:入水、抱水、划水、空中移臂四段练习,然后缩短为两段练习:即抱水划水、移臂入水。移臂时宜强调肘高于手,并由单臂逐渐过渡到双臂连贯练习,也可做臂和呼吸的配合练习(见图 5 - 25)。

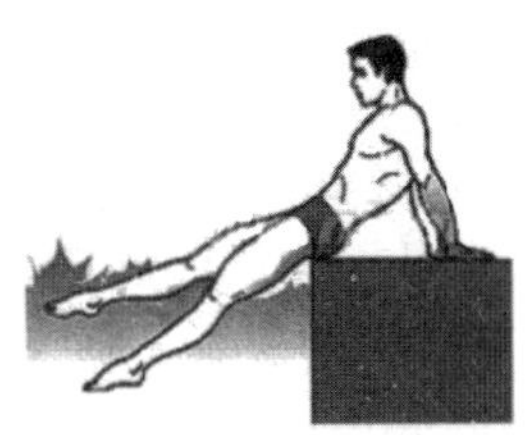

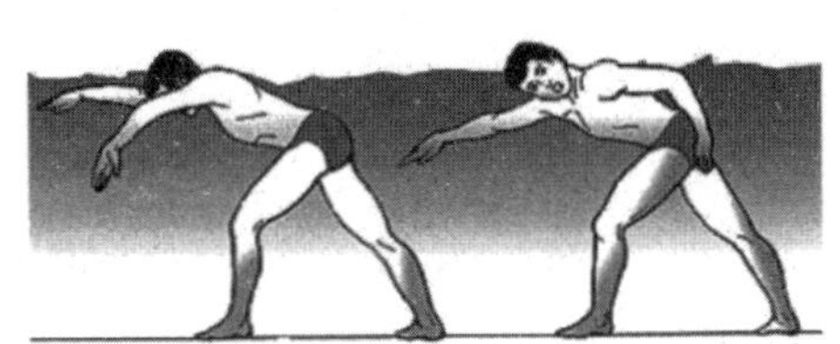

图 5 - 25

（四）水中滑行打水练习

吸气后蹬边，缩小腹，身体尽量伸展，腰背保持适当张力，头夹于两臂之间成流线型，滑行后开始打水。

（五）单臂配合打水练习

蹬壁滑行后，在打水的基础上做单臂的划水练习，当一臂划水结束并完成臂前移入水的动作后，另一臂才开始做划水动作，熟悉后并配合换气练习。

练法口诀：

1. 身：身体平稳水中趴、双臂交叉轮流划、两腿鞭状上下打、慢呼快吸向前划。

2. 臂：移臂放松肩前插、小臂手掌对准水、沿着中线把速加、两臂轮流交替划。

3. 腿：大腿发力带小腿、两腿交替来打水。

4. 换气：头在水中慢吐气、转头张嘴快吸气。

教学要领：

1. 自由泳不像蛙泳那样复杂，这是较蛙泳容易教的原因。初学者作往往紧张或侧向换气不易适应，造成游泳难以持久，因此教学中宜强调动作放松。

2. 两腿正确的鞭状打水，是游好自由泳的基础，一关始可先采用直腿打水，要求髋关节充分伸展，膝关节伸直，足踝放松。在直腿打水的基础上，逐渐过渡到学会屈腿的鞭状打水。

3. 双臂是自由泳的主要动力来源，为了让初学者容易掌握划水的技巧，可先练习直臂划水，再过渡到屈臂划水。节奏上宜强调划水段用力，其他阶段放松。空中移臂时，以大臂带动小臂，并强调肘高于手。

4. 呼吸是自由泳技术教学的一个难点，因此，一开始应要求初学者身体纵轴随着两臂划水自然转动时，头同时侧转呼吸，并应多加练习，以熟悉换气的技巧。另手脚已可配合游动时，应注意换气时避免头向上抬，以免造成下肢的下沉。

十、仰泳

仰泳，又名背泳，是一种人体仰卧在水中的游泳姿势。仰泳包括反蛙泳和反爬泳，因为脸面在水面上，呼吸很方便，但是游泳者看不到在往哪里游，容易错方向。仰泳是唯一运动员在水中开始的姿势，其他都是跳入水中。

（一）仰泳技术要领

1. 积极的流线型

所谓“积极的”流线型，是指在任何时候都要使自己的身体姿势保持流线型，而不仅仅在移动速度最快的出发和转身后。不论你的身高如何，都要使自己游起来显得很高。将身体尽量伸展，把自己想象成一个只移动数寸的圆滑的、滑动的贝壳，而不是在水中前进的小舟或驳船。

2. 平稳身体姿势

尽量使身体与水平面平行。通过微向前耸肩使脊背保持挺直。髋部下沉会带来较大的阻力，而且使腿的负荷加大，在比赛前半段就会耗费较多能量。克雷泽伯格的髋部很高，因为在他快速游进时身体漂在水面较高的位置，身体保持平衡。反过来，游得越快，身体位置也会越高。

3. 身体的转动

像滚动的原木那样使身体向两侧转动。要注意把肩和髋关节看作一个整体来转动。像在滑冰或轮滑时那样将身体的重量从一侧向另一侧转换。转动速度要快，使自己在多数时间都处于侧位，而不是平平的仰卧位。这样既可以减小阻力，又能够充分发挥躯干大肌肉群的力量。

4. 移臂和入水

通过猛然向侧方转动使手快速离开水面。事实上，肩应该比手早离开水面。如果手先出水，肩会遇到很大的阻力。移臂应放松，且垂直于身体来保持身体的平衡。如果移臂过宽，往往导致过早转体，使手在头前入水。其结果是使节奏减慢，并影响身体的转动。正确的入水点应在肩延线上。

5. 打腿

踝关节的灵活性对仰泳腿十分重要。两腿要窄，足尖伸展，脚位于身体截面内。水花不宜过大，但要通过打腿始终使脚周围的水像圆屋顶那样。利用打腿引起身体的转动。记住侧卧时的速度比仰卧要快，爬式仰泳的配合动作与自由泳相同。基本技术包括身体姿势、腿和臂的动作，以及呼吸与动作配合等方面。

身体姿势：仰泳时身体几乎水平仰卧在水中，胸部自然伸展与腹部成一直线，头部没于水中，脸部露出水面。在游进时，头部始终保持正直姿势，躯干围绕纵轴因两臂的轮流划水动作而自然转动。

腿的技术：仰泳时腿的动作作用有三：一是推动身体前进，二是维持身体平衡，三是保持身体有较高水平姿势。腿打水的幅度比自由泳稍大。打水时，以髋关节为支点，大腿发力，带动小腿及脚用力上踢。向上踢水时膝关节微屈，约成140°角，踝关节伸展，脚向内转，动作要有力。向下打水时，膝关节自然伸直，两脚跟的上下最大距离 40 ~ 50cm。踢水时脚尖稍向内旋，以加大踢水面积。（见图 5 – 26）。

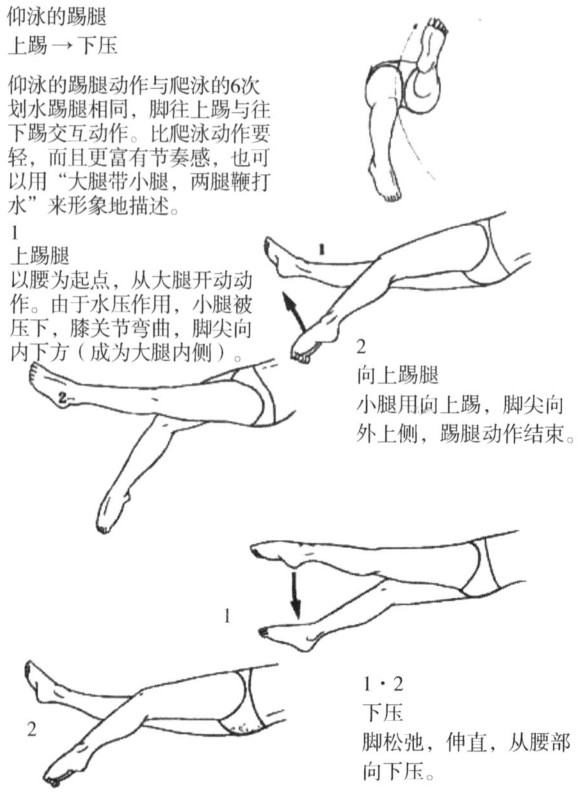

图 5-26

臂的技术：臂的技术分入水、抱水、划水、出水和空中移臂几个部分，几个动作连贯地进行。入水时臂自然伸直，手小指朝下在肩延长线的前方，臂切身入水。抱水，当手切入水中后，向外侧下滑，然后手掌向上向后方勾手，同时肩内旋，肘关节向前下方引，手继续上提，拉开肩带肌群，使手和小臂对好划水方向。划水是动作的主要部分。从臂抱水与身体纵轴成40°~50°角开始屈臂划水，手后划的速度要快于肘。划水至肩侧时，手距水面约15cm。这时手、前臂、上臂同时向后方做推水动作。肘关节将靠近体侧时，手向后下方压水，肩关节向上转动，内旋，手掌内转下压至大腿旁时结束划水。划水结束后，借助手掌下压的反作用力，以提肩带动上臂和前臂出水，手放松，臂出水后沿肩线上方前移，臂伸直。两臂的配合是一臂入水时，另一臂出水（见图5-27）。

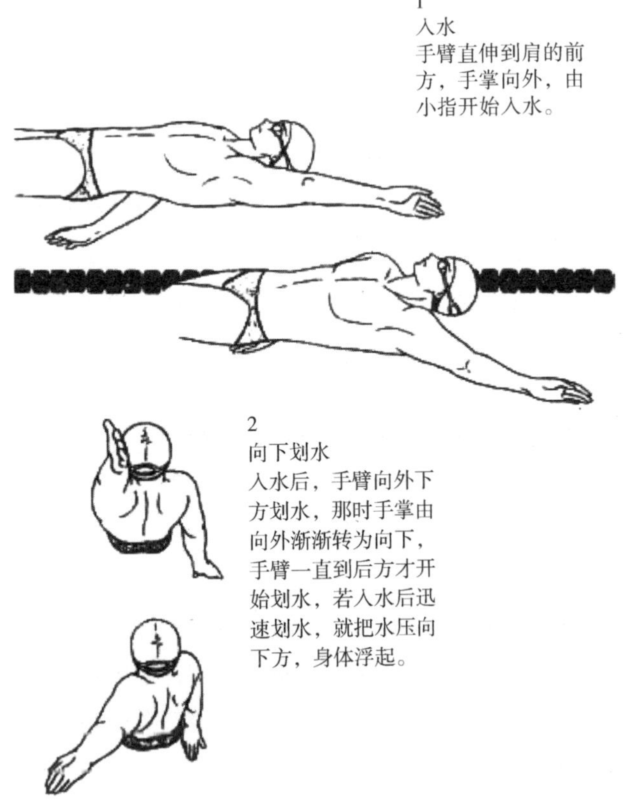

图 5－27

呼吸与动作配合：由于脸露出水面，呼吸比较自然，一般是右臂出水时吸气，移臂至将垂直水面时吸气结束，然后憋气，手入水后均匀吐气，手将出水时吐气结束。臂腿配合动作一般是两臂各划水 1 次，腿打水 6 次。

（二）注意事项

1. 仰泳膝盖不能弯

很多游泳爱好者说，仰泳看起来很漂亮，游起来却感觉不那么舒服，也就是在一些技术问题上不得要领。

很多人仰泳时身体老是浮不起来，问题最有可能出在腿部动作上。仰泳时双腿一定要绷直,膝关节、踝关节均伸直,双脚稍内扣。打腿时须大腿用力,直腿下压。两腿交替不能有停顿。初学者可以先在陆上做一些腿部模仿练习,来体会动作要领。

另外,仰泳不是全身放松地躺着,必须挺胸、收腹、敛臀。千万不能坐在水里,那样就快就会沉下去了。如果动作足够标准,想提高速度的话,仰泳时就要加快打水的频率。一般平均打腿 6 次、划手 1 周是标准频率。

行进间两臂要交替划水,两臂之间保持 180°最好。在水面上胳膊要伸直,手入水的时候大臂最好碰到自己的耳朵。手入水后,先屈腕,再屈肘,手至肚脐位置时再用力推水。建议初学者先在陆上作模仿动作,先做站立模仿,等动作熟悉后,做仰卧模仿。

有的人抱怨仰泳时鼻子里进水。其实,这个问题很好解决,只要下巴尽量靠近自己的胸就行了。

2. 仰泳呼吸:别让自己总喝水

仰泳的姿势决定了它没有什么换气技术可言,但仰泳却是喝水最多的泳姿,手臂挥动时带出的水往往全都到了嘴里,呛得非常难受。有的人为此把头部微微前倾出一定的角度,可以减少喝水,但同时带来的问题就是速度慢下来了,所以其中的取舍就因个人而异了。

仰泳最注重的身体的平衡,不同于其他三种泳姿,仰泳是没有参照物作为前进的方向的所以两臂的用力均匀及自己的感觉显得特别的重要。

(三)仰泳教程

1. 学习腿部动作

(1)陆上模仿

①坐撑直腿练习:做在池台(或其他地方)上,上体稍后仰,双手在身体侧后支撑,双腿绷直,即膝关节、踝关节均伸直,双脚稍内扣,以髋关节位支点,进行仰泳腿的练习。此练习重点体会大腿用力,直腿下压。

②坐撑屈腿练习:在上面练习的基础上,进行直腿下压,屈腿上踢的练习。注意移大腿带动小腿发力,踝关节放松,重点体会上踢的“鞭状”动作。

③仰卧踢腿练习:同上练习,将身体水平仰卧,双臂置于体侧,踢腿的动作离开自己的视力范围,靠肌肉的感觉进行练习。

(2)水上练习

①坐在池边,小腿在水中分别进行直腿、屈腿的练习。

②支撑仰卧踢腿练习:两手扶住池边或支撑在浅水底做以上练习。

③仰卧扶板踢腿练习:双手扶板,头枕在扶板的后缘上进行踢腿练习。

④双臂置于体侧,双手掌向下压水,身体平躺做仰泳腿的练习。

2. 学习手臂动作

(1)陆上模仿

①站立模仿:两脚稍分开站立,先从单臂直臂划水,过渡到双臂轮流划水;再做单臂屈臂划水过渡到双臂屈臂划水。要求在做双臂划水时,身体要绕纵轴滚动。

②仰卧模仿:同上练习,仰卧在池台(或其他地方)进行双臂的屈臂划水练习。

(2)水上练习

①单臂练习:一手臂扶住支撑物(池边、同伴或水线),另一臂进行从直臂到屈臂的划水练习。

②双臂练习:把腿置于水线上或由同伴抱住,进行双臂的划水练习。

3. 学习完整配合技术

(1)陆上模仿

双脚稍分开站立做臂腿配合的模仿练习。

(2)水上练习

①水上仰卧踢腿,一臂置于体侧,另一臂划水。注意不要局限于踢腿的次数,随意自然。

②双臂练习:从双臂置于体侧踢腿开始,一臂做划水,另一臂在体侧做压水的动作,反之亦然。每个动作做完都可以做稍微地停顿休息,但腿始终在做踢水的动作。

③缩短手臂在踢侧停留的时间进行练习,逐渐加长游进的距离。

在做完整练习时,一定要注意挺髋及手臂和呼吸的配合。

第五节 素质体能拓展项目及训练

当你计划进行素质拓展项目时,要考虑到一系列的问题。首先,考虑的是素质拓展活动应与所需要的学习成果相连接。如果拓展训练与学习目标无关,那么它产生的持久印象就没有什么价值可言。其次,素质拓展过程中、讲解的质量是连接工作的关键因素。

素质拓展有多种形式,其课程主要由水上、户外和场地三类课程组成。

水上课程:游泳、跳水、扎筏、划艇、潜水等;

野外课程:远足露营、登山攀岩、野外定向、溶洞探险、伞翼滑翔、户外生存技能等;

场地课程是在专门的训练场地上,利用各种训练设施,如高台跳水、高架绳网等,开展各种团队组合课程及攀岩、跳越等心理训练活动。

一、雷区取水

项目介绍:在一个直径5m的深潭中间有一盆水,你要在仅用一根绳子,不接触水面的情况下取到全体队员的救命宝物,想一想可能吗?团队的智慧可以把它变成事实。

项目目的:提高队员组织、沟通和协作的能力和技巧,团队的领导艺术和技巧,人力资源的合理分配和运用,行动之前的讨论和计划对于事情的成败起重要作用,培养人处理事情时良好的计划性和条理性,培养队员集体荣誉感,为团队勇于奉献的精神。

二、无敌风火轮

项目介绍:提供的只有报纸,剪刀,胶带。靠大家的智慧和团队的协作走完一段不容易的路程。

项目目的:合理配置资源,分工配合;检验组织成员工作主动性,建立团队自己的节奏,协调一致对组织的重要性,个人与团队的相互作用(个人的能量只有透过组织才能发挥出来),如果个人与团队目标不统一,个人能量越大,对组织的破坏性越大,个人发展必须跟上组织的节奏对领导的认同,明确的团队目标,有效的沟通与合作。

三、背摔

项目介绍:参加实施的队员,两手反交叉握拢弯曲贴紧自胸前,两脚并拢,全身绷紧成一体;后倒时,头部内扣,身体不能弯曲,两手不得向外打开,参加保护的队员,两腿成弓步且相互抵紧,两手搭于对方肩上,掌心向上,上体和头部尽量后仰,当实施队员倒落时,全身协力将实施队员平稳接住。

项目目的:

1. 信任环境的营造;

2. 建立换位思考的意识;

3. 通过身体接触、实现情感的沟通信任与责任。

四、断桥

项目介绍:参训队员爬越9m高的断桥立柱,站立于断桥桥面之上,两臂自然平伸,保持身体平衡,移步至桥面一侧边缘,以后脚的蹬力,使身体向前跃出,跨过断桥落于桥面另一测,平稳走到终点。

项目目的:

1. 成功与失败永远只差关键的一步,勇敢地跨出这一步,成功就属于你;
2. 克服紧张情绪、战胜恐惧心理、果敢的执行力;
3. 借助外势、建立突破自我、挑战困难的自信心与勇气。

五、孤岛求生

项目介绍:将所有队员分成三组,安置于三个已规定的岛上(珍珠岛、瞎子岛、哑巴岛),各组队员扮演各自岛上的角色,在规定的时间内,按规定完成任务(见图5-28)。

项目目的:

1. 团队结构与沟通协作;
2. 团队的动态管理;
3. 有效沟通与协作;
4. 新角度管理的诠释。

图5-28

六、有轨电车

项目介绍:两块木板就是一双鞋子,全组队员双脚分别站在两块木板上,双手抓住系于木板上的绳子,向指定的方向行进。

七、鳄鱼潭

项目介绍:利用三个油桶、两块木板,所有人不得落地安全通过一个个的鳄鱼潭。

项目目的:统一沟通标准,避免因标准的不统一而造成大家的混乱,延误时间,链式沟通的利弊,如何改善?如何解决?最好的方法与最有效的方法,最适合团队的办法就是最好的办法,制定行动计划时注意工作的前瞻性,正确分析资源,有效利用资源,细节管理:不论多完美的计划,如果在操作过程中不谨慎,一切就都要重新开始。

八、时速极限

项目介绍:下达开始的口令后才可以采取行动。所有队员不能进入绳圈内,不能接触除数字外的区域。拍数字必须按数字的顺序进行,不能漏拍或同拍。项目过程中,不能有队员讲话或发出其他声音。必须在规定的时间内完成。

项目目的:群体决策的方法及意义,启发战略管理眼光。大胆尝试,勇于100%全力的付出。挑战未知领域,培养创新意识,合理的分工与合作,资源的优化配置,认识统一指挥的意义与重要作用,体会对于团队的领导技巧运用与角色的合理分配,避免“熟练工”对团队造成的负面影响,团队学习保证新的创意。

九、毕业墙

项目介绍:团队在没有任何器材的情况下共同努力翻越4m高的墙壁(见图5-29)。

项目目的:

1. 自我管理与定位、有甘为人梯的精神;
2. 团队的协作与激励;
3. 共建高效团队。

图 5 – 29

十、钻电网

项目介绍：面对高压电网，参加者必须同心协力，尽量避免伤亡，以最小的代价换取最大的胜利。

培训目标：改变沟通方式，如何理解、倾听他人，如何让他人更能接受，如何分配合理的资源，资源的浪费与团队目标的关系；个人的利益与整个团队的利益关系将直接决定目标的达成。此培训项目强调整体协作与配合，资源的重要，好胜与莽撞都将遭遇淘汰，只有依靠团队的力量才能顺利完成任务。

十一、捆绑行动

项目介绍：这是一个放松性的游戏，鼓励队员更好地相互了解。

1. 所有人都站好，靠近，整个团队挤作一团。

2. 把绳子绕所有人捆五圈后扎紧，以不妨碍他们运动和呼吸为宜。

3. 整个团队沿着指定的小路前进。

4. 他们沿着小路前进时，每个人都要展示自己独特的，或曾经参与过，引以为豪的才能或经历。

培训目标：

1. 使队员们参与到一个具有创新精神的团队中来。

2. 让队员们从队友身上学到东西。

3. 让队员们能够自然地进行身体接触和配合，消除害羞和忸怩感。

十二、珠行千里

项目介绍:利用PVC管或者报纸将乒乓球或者弹珠运送到指定的地点。

培训目标:

1. 了解团队协作的重要性,培养团队共同解决问题的能力。
2. 了解不断创新给团队带来的好处,提高团队创新能力。

十三、八仙过海

项目介绍:项目进行中要求每个学员各显神通,各自以不同的方式顺利通过的浩瀚大海。能否顺利通过,得经过海边意念魔王与方法魔王的重重考验。否则,就只能从头再来啦!

培训目标:

1. 突破原有思维的局限,培养创新意识;
2. 坚定目标,增强意志;
3. 学会发现身边更多的可以利用的资源。